최영성(崔英成)

성균관대학교 유학대학 한국철학과 졸업(1985)

동 대학원 동양철학과 박사과정 졸업(철학박사)

현 국립 한국전통문화학교 문화재관리학과 교수

저서 : 《註解 四山碑銘》(1987), 《崔致遠의 思想研究》(1990), 《한국유학사상사》(1994~1997), 《역주 최치원전집》(1997~1998), 《최치원의 철학사상》(2001), 《역주 梅竹軒文集》(2002), 《개정판 한국철학사상사》(공저, 2003), 《한국유학사상 대계 철학사상편》(공저, 2005), 《한국유학통사》 전3권(2006) 외 다수 논문

孤雲思想의 脈

초판 1쇄 인쇄 2008년 11월 15일
초판 1쇄 발행 2008년 11월 20일

지은이 | 최영성
펴낸이 | 최원필
편　집 | 윤태욱, 김미량
마케팅 | 최용규
펴낸곳 | 심산출판사
주　소 | 서울시 은평구 갈현동 463-3 동원빌딩 4층
전　화 | 02-357-0633
팩시밀리 | 02-357-0631
E-mail | simsan@korea.com
등　록 | 제1-2114호(1996년 11월 28일)

ISBN 978-89-89721-78-9 93150

※ 책값은 뒤표지에 표시되어 있습니다.

孤雲思想의 脈

孤雲思想의 脈

최영성

심산

자서(自序)
해설을 겸하여

내가 고운(孤雲) 최치원(崔致遠)을 전문적으로 연구하는 사람으로 세상에 알려진 지도 십수 년은 된 것 같다. 어쩌다 학자들과 만나는 자리에서 최치원을 연구하게 된 동기나 계기를 묻는 이들도 더러 있었다. 사실 나는 학부를 졸업할 때까지 최치원에 대해 잘 알지 못하였다. 다만 최치원의 글 가운데 《사산비명(四山碑銘)》이란 것이 있고 이것이 우리나라 고대 사상사 연구에 중요한 자료라는 말을 듣고 관심을 가진 정도였다. 전문(全文)을 대학 노트에 큼직하게 쓴 뒤 모로하시 테츠지(諸橋轍次)의 《대한화사전(大漢和辭典)》을 뒤적이며 어려운 전고(典故)를 하나 둘씩 찾아보는 것이 재미있었다.

그러다가 은사 청람(淸嵐) 김도련(金都鍊) 교수님으로부터 "자네는 성품이 차분하고 진득하니 최고운의 《사산비명》을 가지고 10년 정도를 기한으로 해서 역주 작업을 해 보게!"라는 당부를 받았다. 1985년 9월, 대학원 2학기 개강 직후로 기억한다. 이것이 최치원 연구의 본격적인 계기가 될 줄은 당시에는 미처 몰랐다. 난해하기로 정평이 있는 《사산비명》의 중요성을 일러 주시며 굳이 역주 작업까지 권한 이유는 무엇일까. 그냥 권면(勸勉)의 뜻으로 하신 말씀일까. 아니면 무슨 깊은 뜻이라도 있었을까. 당시에 여쭈어 보지 못한 것이 지금도 아쉽다.

교수님의 속마음을 제대로 헤아리지 못한 나는 공명심에 사로잡혀 성과를 빨리 내려고 애를 썼다. 모든 것은 때가 있고 어느 정도 적공(積功)이 있어야 하는 법인데, 발로 뛰고 몸으로 부딪치면 다 되는 줄 알았다. 10년은커녕 5년도 채우지 못하고 1987년 연말에 '주해 사산비명'이라는 이름으로 책자를 펴냈으니, 하룻강아지 범 무서운 줄 모른다는 격이 아니겠는가. 나의 가벼운 처신에 청람 선생의 실망은 어떠하였을까. 지금에 와서 생각하면 이마에 진땀이 날 일이다. 다만 이것이 계기가 되어 최치원 연구로 전문 저서와 번역서를 네댓 권 펴냈으니, 애써 자위할 일이 없는 것은 아니다.

1987년 이후 지금까지 나는 최치원과 관련하여 크고 작은 글을 약 삼십여 편 썼다. 2001년에는 1차로 철학 사상에 관계된 글들을 모아 다시 체계를 세우고 내용을 보완하여 '최치원의 철학사상'이라는 이름으로 책을 펴냈다. 그 뒤로 발표한 것이 약 십여 편인데 이번에 이것을 묶어서 '고운사상의 맥'이라는 이름으로 펴내려고 한다. 전자가 최치원 연구의 기본 틀이라면, 후자는 전자에 소개한 내용을 다시금 풀어 쓰거나 미처 다루지 못한 내용을 일부 보충하는 성격이 짙다. 전자를 훨씬 뛰어넘는 진전된 연구 성과를 내놓아야 할 터인데, 한 사람의 시각과 관점으로 연구하는 것에는 근본적으로 한계가 있다고 생각한다. 나 아닌 다른 사람의 연구가 필요한 것은 이런 이유에서다.

이 책에는 《최치원의 철학사상》과 겹치는 내용이 있고 또 옮겨 싣다시피 한 부분도 있다. 《최치원의 철학사상》의 조박(糟粕)이라고 해도 달게 받아들이겠다. 편차를 짜면서 어느 정도는 걸러 내거나 서술을 달리하였지만, 중복되지 않게 손을 댄다는 것은 사실상 불가능하였다. 상당 부분에서 잔손질을 하였지만 그 골자는 허물지 않았다. 아무리 미흡하더라도 한번 발표된 글은 역사성을 지닌다고 믿기 때문이다. 이 점 독자 여러분의 양해를 바란다. 다만 고운사상의 정체가 무엇이며 이것이 후대에 어떠한 맥락에서 전승되어 왔는지를 일관되게 살피려 한 저자의 의도만큼은 헤아려 주시기를 바라는 바이다. 속 깊이 트이는 글을 독자에게 보내지 못한 자신을 부끄러워하며 후일을 기약해 본다.

○ ○ ○

제1부에 실린 〈최치원의 삶과 사상 형성의 배경〉[1]은 최치원 철학 사상의 형성 배경이 되는 생애를 비교적 심도 있게 조명한 것이다. 그의 민족 주체 의식과 문명 의식이 어떠한 배경 아래 형성되었는지에 초점을 두었다. 〈최치원의 철학사상 연구 서설〉[2]은 최치원 전공자들이 모여 고운학회를 결성하고, 2002년 3월 30일 창립총회를 열 때 발표한 것이다. 《최치원의 철학사상》에서 제시한 내용을 간명하게 요약한 것이라고 할 수 있다. 〈최치원과 고대 생명 사상의 원류〉[3]는 2004년 11월 11~14일에 개최된 '세계생명문화포럼—경기 2004'(아시아출판문화정보센터, 파주출판도시)에서 발표한 것이다. 본래 제목은 '고대 생명사상의 원류와 생성'이고 '최치원을 다시 읽는다'가 부제였다. 최치원이 찬한 〈난랑비서〉에 나오는 풍류 사상을 통해 우리 고대 생명 사상의 원류를 탐색해 달라는 주문에 따라 쓴 것이다. 사실상 이것은 '포함삼교(包含三教), 접화군생(接化群生)' 여덟 자를 재해석하는 문제라 할 수 있다.

〈최치원의 역사의식〉[4]은 최치원의 역사 서술에 보이는 사관(史觀)이 어떠한지와 그가 우리의 역사를 어떻게 인식했는지를 살핀 글이다. 최치원이 유교적 관점에서 학술 활동을 하였고, 춘추 정신에 입각하여 역사의식을 전개하였으며, 또 그의 역사 서술이 유교주의 사학을 우리나라에 뿌리내리게 한 선구자 구실을 하였다는 사실을 밝혔다. 〈최치원의 승전(僧傳) 찬술과 그 사상적 함의〉[5]는 〈최치원의 역사의식〉과 자매편이라 할 수 있다. 〈최치원의

1) 원제는 〈최치원 사상 형성의 歷程에 대한 연구〉이다. 《동양고전연구》 제10집, 동양고전연구회, 1998.
2) 《한국사상과 문화》 제16집, 한국사상문화학회, 2002.
3) 〈고대 생명사상의 원류와 생성-최치원 사상과 관련하여〉, 《신라사학보》 제7집, 신라사학회, 2006.
4) 〈최치원의 역사의식 연구〉, 《한국사상사학》 제11집, 한국사상사연구회, 1998.

역사의식〉이 역사 서술과 관련한 총론 격의 연구라면, 이 논문은 주로 고승의 전기 내지 '승사(僧史)'를 통해 그의 역사 인식과 역사 서술에 대해 고찰한 것이다. 최치원이 찬한 승전은 불교홍통(佛教弘通)을 위한 삶을 살았던 고승대덕의 업적을 기린 것일 뿐 아니라 승전을 전기 문학(傳記文學) 내지 역사 서술로까지 끌어올렸다는 점에서 그 중요성을 인정할 수 있다. 또 승전의 구성이 독특하며 사재(史才)를 잘 발휘한 것으로도 평가할 수 있다고 보았다.

제2부에 실린 〈이규보와 최치원〉[6]은 2004년 8월 14일, 삼랑성 역사문화 축제 조직위원회와 강화(江華)역사문화연구소가 '이규보 연구의 회고와 전망'이란 주제로 공동 주최한 학술 대회(전등사 강설당 세미나실)에서 발표한 것이다. 주 내용은 이규보에 대한 연구 성과 가운데 철학 사상 분야를 회고하고 미래를 전망하는 것인데, 이규보의 철학 사상이 최치원으로부터 영향을 많이 받았으며 또 최치원 사상의 맥락을 충실히 계승한 사상가라는 점에 초점을 맞추어 연구 성과를 조명하였다. 최치원 사상이 후대에 어떻게 전승되었는지를 간접적으로 살피는 부수 효과가 있었다.

〈'최치원묘재홍산설(崔致遠墓在鴻山說)'의 사상사적 의미〉[7]는 위의 이규보의 경우와 마찬가지로 최치원 사상의 전승과 관련한 논문이다. '최치원·김시습의 사상적 맥락과 관련하여'라는 부제가 말해 주듯이 최치원과 김시습의 사상적 관계를 유추하는 데 초점을 맞추었다. 김시습은 30대에 최치원의 출생지인 경주의 금오산(金鰲山) 용장사(茸長寺)에 은거하다가, 말년에는 최치원이 세상을 떠난 곳으로 알려진 충청도 홍산(鴻山)의 무량사(無量寺)에서 입적하였다. 이는 최치원 사상의 전승과 관련하여 음미하고 주목할 만한 사

---

5) 《한국의 철학》 제28호, 경북대학교 퇴계연구소, 2000.
6) 〈백운 이규보 연구의 회고와 과제〉, 《퇴계학과 한국문화》 제36호, 경북대학교 퇴계연구소, 2005.
7) 《동방학》 제12집, 한서대학교 부설 동양고전연구소, 2006.

실이다.

〈최치원 연구의 사적(史的) 계통〉[8]은 조선 후기 이래 최치원에 대한 관심과 연구가 주로 호남 지방에서 이루어졌음을 밝힌 것이다. 호남 지방에서 최치원에 대한 존숭의 열기가 고조되었던 것은 4백여 년에 걸친 《사산비명》 주석사가 증명하며, 이것이 조선 후기 불교의 중흥과도 불가분의 관계가 있음을 논증하였다.

〈최치원의 두 화상찬(畫像贊) 검토〉[9]는 1976년 문명대(文明大) 교수가 발표한 논문에 대한 반론 성격을 띤 것이다. 문 교수는 현재 불국사에 안치되어 있는 두 금동 불상의 제작 연대를 추정하면서 최치원이 찬한 두 편의 불상찬(佛像讚)을 인용하여, 이 글들이 두 금동 불상의 제작 사실과 연대를 뒷받침해 주는 결정적인 문헌 자료라고 주장하였다. 그러나 이것은 최치원이 찬한 자료에 대한 이해 부족과 자의적인 해석에서 비롯된 것이다. 한마디로 전혀 관계가 없는 최치원의 두 글을 불국사 두 불상과 연결하여 무리하게 문헌적 뒷받침을 이끌어 냈다는 점을 논증하였다.

부록에 실린 〈'포함삼교(包含三教), 접화군생(接化群生)'과 백제금동대향로〉[10]는 백제금동대향로에 '포함삼교, 접화군생'이라고 하는 풍류 사상의 실체가 구현되어 있음을 가볍게 논술한 것이다. 〈최치원의 《계원필경집》〉[11]은 현존하는 우리나라 최고(最古)의 문집 《계원필경집》의 위상과 그 의미를 밝힌 것으로 해제류(解題類)의 성격이 강하다. 〈심원사수철화상비문(深源寺

---

8) 원제는 〈최치원 연구의 史的 계통과 호남지방〉이다. 《한국철학논집》 제18집, 한국철학사연구회, 2006.

9) 원제는 〈崔致遠撰 〈佛國寺毘盧遮那文殊普賢像讚〉·〈佛國寺阿彌陀佛像讚〉과 불국사 金銅毘盧遮那如來坐像·金銅阿彌陀如來坐像의 關係再論—文明大 교수의 所論에 대한 반론〉이다. 《한국철학논집》 제20집, 한국철학사연구회, 2007.

10) 본래 '세계생명문화포럼 경기 2004'에서 발표된 〈고대 생명사상의 원류와 생성〉의 부록격으로 실린 것인데 별도로 독립시켰다.

11) 원제는 〈최치원과 계원필경〉이다. 《선비문화》 2004 여름호(제2호), 남명학연구원, 2007.

秀澈和尙碑文) 찬자고(撰者考)〉[12]는 〈수철화상비문〉의 찬자가 최치원이라는 추만호(秋萬鎬) 씨의 주장에 대해 반론을 편 것이다. 반론과 동시에 김영(金穎)이 찬자임을 논증하였다. 〈최치원의 철학 사상 연구사(硏究史)〉는 최치원에 대한 연구사의 일환으로 고찰한 것이다. 종래의 연구 틀이나 연구 방식에서 탈피해야 한다는 점, 문제의식의 심화와 연구 방법론에 대한 고민이 더욱 요청된다는 점을 강조하였다. 〈당은평의 《최치원 신연구》를 읽고〉[13]는 중국의 최치원 연구가 당은평(党銀平) 씨의 근저(近著) 《최치원 신연구》에 대한 서평이다. 최치원 재당(在唐) 시절의 생애를 정밀하게 연구하고 《계원필경집》의 의의와 위상을 크게 부각한 당 씨의 저서가 국내 연구자에게 일정하게 자극이 될 것임을 강조하고, 당 씨에게 한국 학자의 연구 성과를 섭렵·반영할 것을 주문하였다.

2008년 무자(戊子) 8월 8일
백마강 일우(一隅) 창주정사(滄洲精舍)에서
최 영 성

12) 본래 〈최치원 사상 형성의 역정에 대한 연구〉(《동양고전연구》 제10집, 동양고전연구회, 1998)에 부록 격으로 실린 것인데 별도로 독립시켰다.
13) 《신라사학보》 제4집, 신라사학회, 2005.

차 례

제1부

고운사상의 배경과 그 실체

제1장
최치원의 삶과 사상 형성의 배경

Ⅰ. 머리말

이제까지 최치원의 철학 사상에 대한 연구는 그의 명성에 비해 부진함을 면치 못하였다. 이것은 그간 한국 사상사에서 최치원이 차지하는 위치나 비중을 대수롭지 않게 생각하는 이들이 적지 않았던 점이라든지, 또한 자료의 빈곤성을 극복하지 못했던 데서 가장 큰 원인을 찾을 수 있을 것이다. 최치원에 대한 연구가 보잘 것 없는 것은, 우리 학계가 고대의 사회와 문화를 연구하는 데 그 기반이 얼마나 취약한가를 잘 보여 준다고 할 수 있다.

오늘날 한국사를 연구하면서 인간을 재발견하여 한국사를 인간의 역사로 생명력 있게 파악하려는 노력이 활발하게 진행되고 있다. 최치원에 대한 연구는, 그 한 사람에 대한 연구 차원에서 그치는 것이 아니다. 신라 말까지의 시기에 학자들이 남긴 문집으로 오늘날 유일하게 전하는 것이 《고운문집(孤雲文集)》이기 때문에, 그의 글은 우리나라의 고대 문화사를 연구하는 데 사상 및 철학·역사학·한문학 등 여러 방면에 좋은 시사와 방향성을 제공한다. 그의 글 하나하나가 매우 중요하며, 그에 대한 연구는 곧 신라 후기 문화사 전반을 연구 대상으로 삼는 것이라 해도 지나친 말은 아니다.

우리가 최치원의 철학 사상을 연구하고자 할 때 먼저 형성 배경을 살펴보아야 하고, 이어서 어떻게 전개되었는지 고찰하지 않을 수 없는데, 이것을 그의 생애를 통해 진단하는 것이 지름길이라고 생각한다. 이 장에서는 최치원 사상 연구에 밑바탕이 되는 생애를 탐구하되, 사상 형성의 배경을 살피는 데 주안점을 두기로 한다.

종래의 연구 결과를 잠시 되돌아보면, 1918년 이마니시 류(今西龍)의 〈신라최치원전(新羅崔致遠傳)〉[1]이 발표된 뒤로 최치원에 관한 논문과 저술이 적지 않게 나왔지만, 그의 생애에 대하여 만족할 만큼 상세하고 주밀(周密)하게 다룬 것은 거의 없었다고 해도 지나친 말은 아니다.[2] 《삼국사기》, 〈최치원전〉의 내용을 옮겨 놓다시피 한 것이 대부분이고, 새로운 사실을 밝혀 낸 것은 드문 만큼 후학들의 의욕적인 연구를 기대하지 않을 수 없다.

물론 최치원의 생애 연구에는 그 한계가 있다. 그가 당나라에 있을 때 고심하며 수학했던 일을 구체적으로 자세히 알 수 없고, 더욱이 신라로 귀국한 뒤 여러 벼슬을 지내다가 입산·은거한 이후의 일은 증거가 될 만한 것이 거의 없다시피 하다. 그러나 말년 및 최후의 일을 제외하고는 그가 남긴 글을 철저히 분석해 보면, 상세한 정도의 차이는 있겠으나 대부분 재구성이 불가능한 것만은 아니라고 본다. 대다수 사람들이 《삼국사기》, 〈최치원전〉에만 의지하여 마치 그 이상의 탐구가 불가능한 것처럼 생각하는 데 문제가 있고, 또 그가 남긴 글이 모두 난해한 변려문(騈儷文)이기 때문에 해득하기가 쉽지 않다는 점 역시 문제로 지적된다. 다만 후자의 경우는 이미 경주최씨 후손들의 노력으로 《고운문집》이 편집·번역되어 간행한 바 있으므로, 크게 도움이 되리라고 생각한다. 다만 《계원필경집》에 실린 글이 대부분 고병(高騈 :

---

1) 《歷史と地理》 제2권 6호, 1918 ; 《新羅史硏究》, 東京 : 近澤書店, 1933 참조.

2) 최치원의 생애를 주로 연구한 대표적인 논고로는 다음의 것을 들 수 있다.
崔敬淑, 〈최치원 연구〉, 《釜山史學》 제5집, 부산사학회, 1981 ; 許捲洙, 〈최치원의 在唐生涯에 대한 소고〉, 《중국어문학》 제10집, 영남중국어문학회, 1985 ; 金仁宗, 〈고운의 생애〉, 《고운 최치원》, 민음사, 1989 ; 趙仁成, 〈최치원의 생애와 저술〉, 《加羅文化》 제11집, 경남대학교, 1994 ; 李在云, 〈최치원의 생애 연구〉, 《全州史學》 제3집, 전주사학연구소, 1995 ; 李源鈞, 〈고운 최치원의 생애〉, 《고운의 사상과 문학》, 부산 : 坡田韓國學堂, 1997.

821~887)을 대신하여 지은 것이라는 점은 여전히 한계로 남는다.[3)]

필자는 최치원의 철학 사상을 연구하기에 앞서 우선 그의 생애에 대한 연구가 매우 중요하다고 생각한다. 다만 이 글에서는 최치원의 생애를 다루고자 하는 기본 취지가 사상 형성의 배경을 살피는 데 있으므로, 출생과 가계(家系) 및 저술 등까지 장편세설(長篇細說)할 여유는 없다. 부득이 그의 사상 형성의 배경과 전개 과정의 측면에 국한하여 서술하기로 하고, 짜임새 있는 전기적 고찰은 별고(別稿)로 미룬다. 그리고 보다 객관적인 자료를 이용하기 위해 설화나 전승(傳承) 등은 제외하였음을 밝혀 둔다.

Ⅱ. 입당 유학(入唐遊學)과 학문적 득의(得意)

최치원은 경주최씨의 시조로 받들어지고 있다. 그의 아버지는 견일(肩逸)[4)]인데 〈대숭복사비문(大崇福寺碑文)〉에 그 이름이 보인다. 구체적인 행적은 알 수 없다. 동복형[母兄]으로 석(釋) 현준(賢俊)[5)]이 있고, 또한 종제(從弟) 서원(棲遠)의 이름이 《계원필경집》에 보이는 것으로 미루어 그의 집안이 단출하지는 않았던 것 같다.

골품제가 있었던 당시에 그가 어떤 계급이었는지 정확히 알 수는 없다. 다만 여러 정황으로 보아 육두품에 속하였을 듯하다.[6)] 이것은 오늘날 통설로

---

3) 《계원필경집》이 代撰한 글을 모아 놓은 것이라는 점을 간과하면, 언제든지 적지 않은 실수를 범할 수 있다. 이러한 예는 하도 많아서 하나하나 예증하기 어렵지만, 어느 연구자가 고병의 從弟인 綿州刺史 高梲과 從姪인 高瓊·高濟·高劬·高劭 등을 모두 최치원의 從弟와 從姪(姑從·姨從·外從을 포함한 넓은 의미)로 보고, 이들이 일찍부터 당나라에 건너가 官界에 진출했다고 해석한 일례만 보더라도 이러한 실수가 늘 되풀이될 가능성이 있다(李源鈞, 〈고운 최치원의 생애〉, 《고운의 사상과 문학》, 파전한국학당, 1997, 7~8쪽 참조).

4) 逸人(隱逸)에 比肩된다는 뜻.

5) 賢儁 또는 玄準이라고도 쓴다. 《화엄경》에 나오는 '普賢門準'이란 말에서 따온 듯하다. 準·儁·俊은 서로 통용된다.

6) 이기백, 〈신라 육두품 연구〉, 《신라 정치사회사 연구》, 일조각, 1974 참조.

인정되고 있다. 그의 가풍(家風)은 어떠하였을까. 이 역시 자세히 알기는 어렵다. 다만 〈진감선사비문(眞鑑禪師碑文)〉 첫머리에서 "대저 도는 사람에게서 멀리 있지 않고, 사람은 나라에 따른 차이가 없다. 이런 까닭에 우리나라 사람이 불교를 공부하고 유학을 공부하는 것은 필연적이다"[7]고 한 데 유의할 필요가 있다고 본다. 즉, 동복형인 현준이 신라 말기에 유명한 화엄승(華嚴僧)이었고 최치원 자신은 당대의 이름난 유자(儒者)였던 만큼, 한 집안에서 불제자(佛弟子)와 유학자가 동시에 나온 것으로 미루어 그의 가문에서는 자율성을 중시하였음을 알 수 있다.

육두품 출신의 저명한 유학자로 대개 강수(强首)·설총(薛聰)·최치원을 꼽는데, 이들 집안은 학문적 사상적 종교적으로 개방성과 자율성을 중시하였다는 공통적 특성이 있다. 일찍이 강수의 부친은 강수에게 "너는 유학을 배우겠느냐 아니면 불학(佛學)을 배우겠느냐?"라고 묻고, 강수가 "세외교(世外教)인 불학을 버리고 유자의 도를 배우고자 합니다"라고 하자, "네 좋아하는 대로 하라!(從爾所好)"고 하였다 한다.[8] 여기서 우리는 당시 육두품 집안의 가풍이 개방적이었으며, 또 학문적 자율성을 중시하였음을 엿볼 수 있다. 이것은 설총이나 최치원의 경우에도 다르지 않다. 최치원의 가정적 면모를 살펴볼 때, 당대의 대표적인 화엄승과 유학의 거장이 한 집안에서 동시에 나온 것은 육두품 가문의 기풍으로 미루어 특이할 것이 없고, 어쩌면 당연한 귀결이었는지도 모른다. 최치원에 앞서 원효(元曉)와 설총 부자의 경우는 역시 좋은 사례라고 하겠다. 이러한 사실로 미루어 볼 때, 당시의 식자층, 특히 육두품 계열에서는 부자 또는 형제간에 어느 한 사람이 불문(佛門)에 들면 다른 한 사람은 유학을 전공하는 식의 기풍이 있었던 듯하다.

최치원은 늘 유학자로 자처하였지만 불교에 대한 조예가 남달랐다. 최치

---

7) 〈진감선사비문〉, "夫道不遠人, 人無異國. 是以, 東人之子, 爲釋爲儒必也"(최영성, 《역주 최치원전집(1)》, 아세아문화사, 1998, 151쪽).

8) 《삼국사기》 권46, 〈强首傳〉 참조.

원이 불교와 인연을 맺은 것은, 위에서 본 바와 같이 집안에서 비롯되었다. 그의 부친 견일은 화엄종 계통의 원찰(願刹)인 대숭복사를 창건하는 데 관여한 바 있고, 형 현준은 화엄에 정통했던 승려로서 당시 유명한 화엄승인 결언(決言)·정현(定玄)·희랑(希朗) 등과 함께 해인사(海印寺)에서 수도하였다.《해동전도록(海東傳道錄)》에 의하면, 현준은 일찍이 중국에 유학하여 화엄뿐 아니라, 도교에서의 시해(尸解)·환반법(還反法) 등을 배워 가지고 돌아와 아우인 최치원에게 전수하기도 했다.[9] 이를 볼 때 최치원과 현준은, 최치원이 나말(羅末)의 정치 참여에 환멸을 느끼고 해인사에 은거한 이후에 도우(道友)가 된 것이 아니라, 이미 태어날 때부터 도우의 인연이 있었다. 최치원이 불교 사상 전반에 정통하면서도 특히 화엄에 통효(通曉)했던 것은 형 현준에게 힘입은 바가 컸으리라고 짐작한다.

그런데 최치원이 현준에 대해 '사형(師兄)'이라고 부른 것을 보면,[10] 아마도 두 사람이 한 스승 밑에서 불교를 배운 것 같기도 하다. '사형'이란 한 사승(師僧)의 제자로서 법계상(法階上) 형뻘이 되는 이에게 붙이는 호칭이다. 그들이 심사역학(尋師力學)한 시기가 어느 때였는지 명확히 알 수는 없으나, 형제가 도우의 인연뿐 아니라 동학(同學)의 인연까지 있었음을 알 수 있다.

잘 알려진 바와 같이 최치원은 열두 살에 상선[海舶]을 타고 당나라에 유학을 떠났다. 요즘 성행하는 조기 유학생의 선구라고 할 수 있다. 당시 입당 유학에는 관비와 사비 두 가지가 있었는데, 최치원은 여러 가지 사실로 미루어 사비 유학생이었을 가능성이 높다.[11] 최치원이 국학의 학생이었음을 뒷

9) 《해동전도록》에서는 현준이 최치원의 外叔인 양 되어 있다. 이는 《삼국사기》, 〈최치원전〉에서 '母兄'이라고 한 말을 '母之兄'으로 잘못 본 것에 불과하다.

10) 〈法藏和尙傳〉, "…… 恭以師兄大德玄準(賢俊)爲名, 仍以大乘遠爲別號"(역주 최치원전집(2)》, 356쪽).

11) 李重煥의 《擇里志》, 〈八道總論〉, '전라도 靈巖'조에 의하면, 영암은 서해와 남해가 맞닿은 곳으로 신라에서 당나라에 조공할 적에는 언제나 이 고을 바닷가에서 배로 떠났으며, 최치원·金可紀·최승우도 장삿배를 타고 당나라에 들어갔다고 하였다.

받침해 주는 기록은 《계원필경집》 및 《고운문집》 그리고 《삼국사기》, 〈최치원전〉 등 그 어느 곳에도 보이지 않는다.[12] 만약 최치원이 국학의 학생으로서 국비 유학생이었다면 《삼국사기》에서 이 점을 빠뜨리지 않고 중요하게 다루었을 것이나 일언반구 언급이 없고, 또 문집 역시 다른 사항에 대해서는 밝히면서도 이 점에 대해서는 이상할 정도로 적요(寂寥)하다. 이는 다름이 아니라, 최치원이 국학의 학생이나 국비 유학생이 아니었기 때문이다. 《삼국사기》에서 최치원이 장삿배[海舶]를 타고 중국에 유학을 했다고 한 것으로 보더라도 사비 유학생일 가능성이 더 높다.

그가 입당 유학한 것은 부친이 이른바 "십 년 안에 과거에 급제하지 못하면 내 아들이 아니다. 가서 힘써 공부하라!"고 한 데서 엿볼 수 있듯이, 당나라 빈공진사(賓貢進士)에 급제하기 위함이었다. "(나는) 유도(儒道)를 매개로

---

12) 일부 몇몇 학자들은 〈大朗慧和尙碑〉에 나오는 "上曰, 「故聖住大師, 眞一佛出世. ……余以有大行者授大名, 故追謚曰大朗慧, 塔曰白月葆光. 乃嘗西宦, 絲染錦歸. 顧文考選國子命學之, 康王視國士禮待之, 若宜銘國師以報之!」"라는 구절에 의거하여, 최치원이 관비 유학생일 것이라고 주장하였다. 여기서 문제가 되는 밑줄 친 부분의 여러 번역은 다음과 같다.

洪震杓: "文考께서는 國子로 선발하시어 그대에게 배우게끔 하시고, 康王은 國士禮로 대접하셨으니"(《韓國의 思想大全集》 제3권, 34쪽).

李佑成: "경문왕께서는 國學의 학생으로 뽑아 너를 공부하도록 명하셨고, 헌강왕께서는 國士로 여겨 정중히 대우하셨으니"(《校譯 新羅四山碑銘》, 318쪽).

李智冠: "돌아가신 父王께서는 國子로 선발하여 배우도록 명하고, 헌강왕은 國士로써 예우하였으니"(《校勘譯註 역대고승비문(신라편)》, 171~172쪽).

위의 세 先學은 한결같이 撰者 최치원이 國學의 학생이었다고 보았다. 특히 이지관은 국학의 학생이었다는 점을 근거로, 지금까지 최치원을 사비 유학생으로 이해해 온 것과 달리 국비 유학생일 가능성이 높다는 점을 지적하였다(같은 책, 171쪽, 註49). 물론 종래의 여러 주해본 역시 한결같이 최치원이 국학생이었다고 하였다. 그러나 필자는 위와 같은 해석에 대하여 견해를 달리한다. '國子'라는 말이 후대의 國子學(國學)과 그 의미가 다름은 丁若鏞이 《雅言覺非》에서 변증한 바 있다. 요약하자면 위 대목의 뜻은 다름이 아니라, 경문왕이 공경대부의 子弟들을 선발하여 그들에게 학문을 하도록 장려하였고, 또 헌강왕은 國士를 돌보며 예로써 대접하였으니, 학자 출신인 최치원은 이처럼 학문을 장려하고 학자를 우대하는 두 임금의 은덕에 대해 문장으로 보답하라고 당부한 것이다. 이는 〈진감선사비〉에서 "申命下臣曰, 「師以行顯, 汝以文進, 宜爲銘!」"이라 한 것과 연결시켜 이해하는 것이 좋을 듯하다.

제향(帝鄕 : 당나라)에 들어갔다"[13]고 자술(自述)하였듯이, 빈공진사의 급제와 아울러 유학을 전공하는 것이 목적이었다. 물론 당시의 과거 시험 과목이 유학을 중심으로 한 것이었기 때문에, 어느 면에서는 당연한 일이었는지도 모른다.

그렇다면 그는 어찌해서 지극히 험난한 입당 유학의 길을 굳이 택하였을까. 또 그의 부친은 왜 열두 살의 어린 아들을 이역만리에 보내면서 그토록 간절하게 빈공진사에 급제할 것을 당부했을까. 이것은 우선 당시 지식층의 학문적 풍조와 시대적 분위기에 기인한다고 볼 수 있다. 그러나 보다 절실한 이유는, 육두품이라는 신분상의 열세를 학문의 힘과 당나라 과거에 급제하였다는 권위로써 만회 또는 극복해 보려는 것이었으리라고 본다.[14] 순수하게 학문만을 목적으로 한 것과는 거리가 있다. 이것은 당시 육두품 계열 학인들의 거의 공통된 인식이었을 것이다.

《삼국사기》, 〈최치원전〉에 의하면, 당나라에 들어간 최치원은 스승을 찾아서 배움을 게을리하지 않았다고 한다. 스승이 어떤 사람이었는지 알 수 없으나,[15] 학문에 정진했던 일은 그가 《계원필경집》, 〈자서(自序)〉에서

> 아버님의 그 엄격하신 훈계를 마음에 새겨, 조금도 잊지 않고 쉴 새 없이 열심히 공부하여[懸刺], 오로지 아버님의 뜻을 받들기 위하였으니, 실로 '남들이 백을 하면 나는 천을 한다'는 노력으로 중국에 유학한 지 6년 만에 이름을 금방(金榜)에 걸었다.[16]

13) 〈지증대사비문〉, "至乙巳歲, 有國民媒儒道, 嫁帝鄕, 而名掛輪中, 職攀柱下者, 曰崔致遠"(《역주 최치원전집(1)》, 290쪽).

14) 이기백, 〈신라 육두품 연구〉 참조.

15) 혹자는 《계원필경집》 권17, 狀啓, 〈獻詩啓〉, "如某者, 跡自外方, 藝唯下品. 雖儒宮慕善, 每嘗窺顔冉之墻, 而筆陣爭雄, 未得摩曹劉之壘."라는 대목에서 '儒宮'이란 말에 근거하여 최치원이 당나라 국자감에서 수학하였다고 주장하기도 한다. 그러나 이것은 변려문의 특성을 이해하지 못한 데서 비롯된 잘못이다. 儒宮에서의 '宮'자는 顔冉之墻의 '墻'자와 연결된다. 유교의 殿堂에서 善을 사모하였지만 顔淵과 冉伯牛의 담장 정도만을 엿볼 뿐이었다는 겸사의 내용을 국자감과 연결시키는 것은 어불성설이다.

16) 《계원필경집》, 〈自序〉, "臣佩服嚴訓, 不敢弭忘, 懸刺無遑, 冀諧養志, 實得人百之己千

고 한 것으로도 짐작할 수 있다.

열여덟 살 때(874) 빈공진사에 급제한 최치원은 스무 살에 강남도(江南道) 선주(宣州)의 율수현위(溧水縣尉)에 임명되었다. 율수에서 재직할 당시에 있었던 '쌍녀분(雙女墳)'의 고사는 중국 측의 역사서에 널리 알려져 있다. 최치원은 현위로 재직하면서 한가한 틈을 타서 지어 놓았던 시부(詩賦) 등을 모아 《중산복궤집(中山覆簣集)》이라는 이름으로 엮기도 하였다. 이것은 이국땅에서 자신의 존재를 당나라 사람들에게 알리려는 고심에서 나온 것이라 하겠다. 그러나 종9품이라는 미관말직은 입신양명하려는 그의 야망을 만족시킬 수 없었다. 이에 현위직을 사임하고, 박학굉사과(博學宏詞科)[17]로 다시 입신하고자 산에 들어가 수학하였다. 당시 고급 관료라면 이 굉사과라는 관문을 통과해야 했기 때문이다. 그는 입산 수학 당시의 정황과 심경을 다음과 같이 밝혔다.

> 산에 은거하려는 결심으로 잠깐 은퇴하여, 학문은 바다처럼 (넓은 경지에) 이르기를 기약하고 다시 스스로 탁마(琢磨)하였습니다. 다만 남은 녹봉이 없어 글 읽을 양식이 모자랐기 때문에, 문득 발(勃)의 빗자루(掃相門의 故事)를 들고, 이응(李膺)의 문 앞에 가서 쓸었는데, 어찌 태위상공(太尉相公 : 高駢)께서 멀리 어여삐 여겨 추장(推奬)해 주심을 헤아렸으리요.[18]

이를 보면, 재입신에 대한 의지는 좋았으나 산에 들어간 지 얼마 안 되어 중도에서 그만두었음을 알 수 있다. 이것은 곧 수학에 충분한 경제적 뒷받침이 없었기 때문이다. 이에 그는 당시 여러 문객(門客)을 모아 글짓기와 교유

之, 觀光六年, 金名牓尾."

17) 당나라 현종 때 설치된 것으로, 尙書吏部에서 문장 3편으로 詩博能文의 인재를 뽑는 관리 선발 제도.

18) 《계원필경집》 권18, 〈長啓〉.

하기를 좋아했던 고병에게 투탁(投託)하였다.[19] 이때부터 그는 고병과 각별한 관계를 맺었으며, 그의 추천을 받아 관역순관(館驛巡官)·도통순관(都統巡官)이 되었으며, 황소의 난 때 문장으로 큰 공을 세워 승무랑(承務郎) 전중시어사(殿中侍御史) 내공봉(內供奉)의 직함과 비어대(緋魚袋)를 하사받기에 이르렀다. 고병은 재당 시절 최치원에게 둘도 없는 은인이라 하겠다.

최치원은 고병에게 올린 글에서, 다음과 같이 절실하게 사은(謝恩)의 심정을 드러냈다.

> 저는 위기지학(爲己之學)을 구하는 사람으로 재주가 남에게 미치지 못합니다. 그런데도 엎드려 태위상공(太尉相公)의 인자(仁慈)를 입어, 여윈 뼈에서 살이 불어났고, 알 속에서 날개가 이루어졌으니, 편언척자(片言隻字)를 어렵게 수식하여, 덕에 감사하고 은혜 생각함을 대강 사뢰나이다.[20]

최치원은 고병의 문객으로 있은 이래 그에게 추중(推重)을 받아 필연(筆硯)을 맡았다. 고병이 황소의 난 때 제도행영병마도통(諸道行營兵馬都統)으로 반적(叛賊)을 토벌하러 나섰을 때 최치원을 종사관(從事官 : 都統巡官)으로 삼아 서기(書記)의 큰 임무를 맡겼으니, 그는 토벌 현장이 아닌 총사령부에서 주로 표(表)·장(狀)·서(書)·계(啓) 등을 대신 짓는 일에 종사하였다.

그는 종사관으로 필연을 맡는 동안 비교적 한가하고 여유로운 생활을 활용하여 배움을 게을리하지 않았던 듯하다.

> 엎드려 생각하건대, 저는 용패(龍旆)를 뒤따르게 됨(都統巡官이 됨)으로부터, 거적을 덮는 설움을 면하였으니, 직봉(職俸)이 가볍지 않고 공부할 양식도 자못 넉넉합니다. 《논어》에 이르기를, "배워서 넉넉하면 벼슬을 하고, 벼슬해서도 남은 힘이

---

19) 《계원필경집》 권17, 〈再獻啓〉.
20) 《계원필경집》 권18, 〈謝職狀〉.

있으면 문(文)을 배워야 한다"(《논어》, 〈子張〉)고 하였습니다. 이런 까닭에, 동쪽으로 열린 집을 바라보며 길이 인(仁)에 의지할 것을 맹세하고, 북면(北面)의 창문 앞에 앉아 오직 사업(斯業 : 儒學) 익히기를 기약하였습니다.[21]

이를 보면, 그가 문장을 연마하면서도 유학에 대한 공부를 게을리하지 않았음을 알 수 있다. 또 '객장(客將)에게 주는 글'을 보면, 객장이 최치원에게 "타향에서 와서 유도(儒道)에 정진한다"[22]고 격려했다는 말이 있다. 이는 최치원이 군문(軍門)에 매인 몸이면서도 유학을 공부하는 데 힘썼음을 알려 주는 증거라고 하겠다.

Ⅲ. 귀국과 정치적 불우

최치원은 스물여덟 살(884)에 당나라를 떠나 이듬해 3월 신라에 돌아왔다. 그가 귀국한 동기는 무엇인가.《삼국사기》,〈최치원전〉 등에 의하면, 최치원이 오랫동안 부모의 슬하를 떠나 있었으므로 귀근(歸覲)할 것을 청했다고 한다.

그러나 이것은 외면적인 구실에 불과하다고 생각한다. 보다 직접적인 동기를 살펴보도록 하자. 먼저 최치원의 16년에 걸친 재당(在唐) 생활 가운데 그가 활동한 시기(874~884)는 희종(僖宗 : 乾符帝)의 재위 연간(873~888)에 해당한다. 희종은 열네 살의 어린 나이에 환관에 의해 옹립되어 즉위하였는데, 성품이 황사(荒肆)하고 놀기에만 힘썼다.[23] 그의 재위 기간으로 말하자면, 환관이 안에서 천권(擅權)하고 번진(藩鎭 : 節度使)이 밖에서 횡포(橫暴)하여 주씨(朱氏)의 후량(後梁)이 천하를 빼앗을 징조가 이미 싹트고 있었

21)《계원필경집》 권17,〈謝借宅狀〉.
22)《계원필경집》 권19,〈與客將書〉.
23) 劉伯驥,《唐代政治史》, 臺灣 : 中華書局, 1973, 47쪽.

다. 특히 10년에 걸친 황소의 난(875~884)으로 말미암아 수도 장안(長安)이 함락되어 서촉(西蜀)으로 피난하는 수모를 겪었으며, 끊임없이 절도사들의 횡포에 시달렸다. 이처럼 환관과 방진(方鎭)의 발호(跋扈)로 정치가 크게 혼란하였으므로, 황제의 권위가 땅에 떨어지고 율령이 제대로 시행되지 않았으며, 민생의 피폐가 극심하여 나라의 흥망이 여기서 판가름 나고 말았다.

게다가 최치원이 수년 동안 믿고 의지했던 고병이 만년에 막료이자 방사(方士)인 여용지(呂用之)·제갈은(諸葛殷) 등의 말을 혹신(惑信)하여 누차에 걸친 조정의 출정(出征) 명령에도 병을 핑계 대고 불응하는 등 오만을 부렸으며, 또한 구선(求仙)에 전념한 나머지 탄망(誕妄)에 빠져 헤어나지 못하고 있었다.

이런 까닭에, 최치원은 당나라의 어지러운 정세를 알고 고병이 머지않아 화를 당할 것을 느껴 귀국을 결심하였으리라고 본다. 이런 점에서 풍석(楓石) 서유구(徐有榘 : 1764~1845)가

> (최치원이) 막부(幕府)에 수년 동안 있으면서, 고병에게 유위(有爲)함이 부족하고 여용지·제갈은 등이 탄망(誕妄)하여 반드시 패할 것임을 알고 초연히 떠났다. 떠난 지 3년 만에 회남(淮南)에서 난이 일어났으니(고병의 피살), 기미를 아는 명철(明哲)한 군자다움이 있는 듯하다.[24]

고 한 것은 저간의 사정을 잘 파악한 적절한 평가라고 하겠다.

그 밖의 또 다른 동기를 다음의 시에서도 엿볼 수 있다.

> 年年荊棘侵儒苑　해마다 유원(儒苑)에는 가시덤불만 우거지고
> 處處煙塵滿戰場　여기 저기 싸움터에는 연기와 티끌만 가득하네.

---

24) 徐有榘, 〈校印桂苑筆耕集序〉, "若其居幕數載, 知高駢之不足有爲, 呂用之諸葛殷等之誕妄必敗, 超然引去. 去三年而淮南亂作, 則又有似乎知幾明哲之君子."

……

亂時無事不悲傷 난리 때라 일마다 슬프고 마음 쓰리기만 하다.

鸞鳳驚飛出帝鄉 난봉들이 놀라 제향(당나라)에서 날아간다.[25]

당시 당나라가 여러 해에 걸친 황소의 난으로 말미암아 국정이 불안하고 문교(文教)와 학술이 황폐해졌으므로, 유학 온 번방(藩邦)의 수재(秀才)들이 서둘러 귀국한 듯한데, 최치원의 귀국 역시 이러한 사정과 무관하지 않았을 것으로 본다.

게다가 번방의 외국인에 대한 당나라 사람들의 뿌리 깊은 차별 의식과, 외국에서 날마다 객고(客苦)에 시달려야 하는 외로운 처지, 부모와 고향에 대한 사무치는 그리움 등도 그가 귀국하도록 재촉하였으리라고 생각한다.

귀국에 대한 최치원의 태도는 확고하였던 듯하니, 외국에서의 수학이 끝나면 반드시 본국으로 돌아가야 한다는 것이었다고 본다. 이것은 그의 '동인의식(東人意識)'과도 긴밀한 관계가 있다. 최치원의 기본 태도에 대해서는 비록 직접적인 언급이 없어 확언하기는 어려우나, 고승대덕에 대한 비문・찬문(讚文)・원문(願文) 등에 보이는 우의적(寓意的) 표현을 통해 유추해 볼 수 있다. 최치원이 〈지증대사비문〉에서 당나라에 유학했던 선승(禪僧)을 '서화자(西化者)'와 '동귀자(東歸者)'라고 하여 중국에서 천화(遷化 : 세상을 떠남) 내지 귀화한 사람과 고국으로 돌아온 사람을 구분했던 것에 유의한다면, 그가 〈진감선사비문〉에서 이른바 "비록 공(空)을 체관(諦觀)한다고 하여 어찌 본국을 잊을 수 있겠는가(雖曰觀空, 豈能忘本)"라고 한 것이라든지, 또 〈원측화상휘일문(圓測和尙諱日文)〉에서 "비록 공을 체관하고자 하더라도 어찌 본국을 버려서야 되겠는가(縱欲觀空, 寧宜棄本)"라고 한 말들은 자신의 생각을 거기에 곁들여 은연중에 내비친 것이라 보아야 할 것이다.[26] 당시 신라의

---

25) 《계원필경집》 권20, 〈奉和座主尙書避難過維陽寵示絶句三首〉.

26) 여기서 우리는 프랑스의 화학자 루이 파스퇴르(Louis Pasteur, 1822~1895)가 "과학은 국

유학생 가운데 당나라에 남아 귀화해 버린 사람이 적지 않았음에 비추어 보면, 최치원의 이러한 생각은 조국에 대한 자아·주체 의식이 남달랐던 데서 비롯한 것이라고 해도 지나친 말은 아니다.

최치원은 귀국한 뒤 헌강왕으로부터 한림학사(翰林學士) 겸 수병부시랑(守兵部侍郎) 지서서감(知瑞書監)에 임명되었다. 귀국 뒤 2년 사이에 헌강왕·정강왕이 잇달아 세상을 떠났던 만큼 주로 진성여왕 때 활동하였다. 이 시기에 그는 임금에게 상당한 예우를 받으면서 문한직(文翰職)에 종사하였다. 또 당나라에서 수학 중에 보고 듣고 온축(蘊蓄)한 바를 고국 신라에서 마음껏 펼쳐 보고자 했다. 이때의 소회는 다음의 글에서 엿볼 수 있다.

> 이제 최치원은 봉명출사(奉命出使)의 임무를 띠고 고국에 돌아가게 되었습니다. 지닌 재목이 쓰이기만을 기다립니다. 거친 용도나마 취해지는 것이 있다면 알고 있는 바에 욕됨이 없게 하렵니다.[27]

다만 자신을 구학자(口學者 : 문장가)로만 대하는 임금에게 불만스러운 점이 없지 않았던 것 같다.

> 이 하신(下臣)에게 거듭 명을 내려 말씀하시기를 "선사께서 행적으로 이름이 드러났고, 너는 문장으로 벼슬길에 나섰으니, 마땅히 명(銘)을 짓도록 하라!"고 했는데, 치원이 두 손을 마주 대고 절하면서, "네! 네!"하고 대답하였다.[28]

경이 없어도 과학자에게는 국경이 있다"고 한 말을 연상하게 된다. 사상이나 철학에는 국경이 없어도, 이것을 배우는 학자들에게는 조국의 개념이 필요하다는 말로 바꾸어 볼 수 있다.

27) 〈與禮部裵尙書瓚狀〉, "今則崔致遠, 奉使言歸, 懷材待用, 粗有可取, 無辱所知"(《역주 최치원전집(2)》, 177쪽).

28) 〈진감선사비문〉, "申命下臣曰, 「師以行顯, 汝以文進, 宜爲銘!」 致遠拜手, 曰, 「唯! 唯!」" (《역주 최치원전집(1)》, 166쪽).

> 다시 생각해 보건대, 중국에 들어가 배운 것은 대사나 내가 피차 다름이 없건만, 스승으로 추앙받는 이는 누구이며, 일꾼 노릇하는 사람은 누구인가. 어찌하여 심학자(心學者)는 높고 구학자(口學者)는 수고롭단 말인가. 그러므로 옛날의 군자는 학문하는 것을 삼가서 하였다. 그러나 심학자가 덕을 세웠다면 구학자는 말을 남겼을 것이니, 저 '덕'이란 것도 혹 '말'에 의지하고서야 일컬어질 것이요, 이 '말'이란 것도 혹 '덕'에 기대어야 썩지 않고 오래도록 전할 것이다.[29]

그러나 여러모로 보아 남다른 대우를 받았음에 분명하다고 할 것이다.

한편, 경문왕에서 진성여왕에 이르는 시기에 신라 왕실에서는 정치적 사상적 측면에서 중요한 흐름이 있었다. 이 시기에 나타나는 특징적인 현상으로는, 화랑 활동의 정치적 부상, 황룡사(皇龍寺)를 중시하고 국가 의식을 고양하려는 노력, 《삼대목(三代目)》의 편찬과 같은 고유 사상적 요소의 증대, 왕실 혈통의 신성화, 여왕의 즉위에 따른 종교적 신비적인 구실의 강조 등을 들 수 있다. 이는 마치 상대(上代) 말의 현상을 연상케 하는 복고적인 것으로, 모두가 경문왕가의 왕권 강화와 유지에 초점이 맞추어져 있다.[30]

최치원은 이러한 정치적 사상적 분위기 속에서 왕실의 의지를 확인하고 일정하게 협조하면서 자신의 정치적 학문적 위상을 넓히고자 하였다. 귀국한 뒤의 주된 저술인 《사산비명》을 보면, 위와 같은 흐름과 분위기를 반영하고 있음을 알 수 있다. 그의 사상 가운데 핵심이라 할 수 있는 동인 의식과 고유 사상에 대한 뜨거운 관심 그리고 왕가의 혈통을 신성화하려는 노력이 드러난다. 참고로 후자와 관련한 서술 한 대목을 소개하고자 한다.

---

29) 〈대낭혜화상비문〉, "復惟之, 西學也, 彼此俱爲之, 而爲師者何人, 爲役者何人? 豈心學者高, 口學者勞耶? 故古之君子愼所學. 抑心學者立德, 口學者立言 ; 則彼德也或憑言而可稱, 是言也或倚悳而不朽 ; 可稱則心能遠示乎來者, 不朽則口亦無慙乎昔人"(《역주 최치원전집(1)》, 60쪽).

30) 全基雄, 〈신라하대말의 정치사회와 景文王家〉, 《부산사학》 제16집, 부산사학회, 1989, 38쪽.

엎드려 생각하건대, 대왕 전하(진성여왕)께서는 아름다운 꽃받침이 꽃과 이은 듯하고,[31] 왕가의 계통[璇源]이 매우 밝으며, 빼어난 곤덕(坤德)[32]을 체득하고, 아름다운 천륜(天倫)을 계승하시었다. 진실로 이른바 '신주(神珠)를 품고 채석(彩石)을 불린[鍊] 것'[33]으로 이지러진 데는 모두 깁고 좋은 일이라면 닦지 않음이 없었다. 그러므로 《보우경(寶雨經)》[34]에서 부처님의 말씀[金言]으로 분명히 수기(授記)한 것이라든지, 《대운경(大雲經)》[35]에 나오는 옥같은 귀글이 완연히 부합된 것과 같음을 얻게 되셨다.[36]

또한 그의 사상을 연구함에 빼놓을 수 없는 〈난랑비(鸞郞碑)〉[37] 역시 당시 왕실의 정치적 흐름을 반영하여, 화랑 활동을 정치적으로 부각하고, 고유사상을 재인식시키고자 하는 일정한 의도가 깔려 있다고 볼 수 있다. 이러한 사정에 비추어 볼 때 이 글은 왕명을 받아 지은 것이라고 보는 것이 타당할

---

31) 형제와 자매 사이에 왕위를 물려주고 받은 것을 비유한 말.

32) 임금의 聖德을 '乾德'이라 일컫는데, 진성왕이 여자이기 때문에 '곤덕'이라 한 것임.

33) 진성여왕을 여자의 몸으로 成佛한 八歲龍女와 '五色補天'의 故事로 유명한 女媧氏에 비유한 것.

34) 중국 당나라 때 達摩流支가 번역한 僞經의 하나. 10권. '顯授不退轉菩薩記'라고도 한다. 《大雲經》과 함께 僞經일 가능성이 높다. 《寶雨經》에 따르면 "일찍이 부처가 가야산 頂上에서 光明을 放射하여 十方을 두루 비추고, 月光太子에게 授記하기를 '장자 支那國에 여왕이 생길 것이다'고 했다" 한다. 뒷날 이를 두고 당나라 高宗의 妃로서 周나라를 열었던 則天武后(623~705)가 장차 임금이 될 것이라는 예언으로 풀이하기도 한다.

35) 《구당서》 권6, 〈則天本紀〉에 의하면 "載初 원년(689) 7월에 沙門 10명이 거짓으로 《大雲經》을 짓고, 表를 올려 神皇이 하늘에서 명을 받은 일을 떠들썩하게 말하였다. 이에 칙명으로 이 《대운경》을 천하에 반포하고, 전국 각 고을에 대운사를 세우게 하니 중이 된 사람이 천 명이나 되었다"고 했다.

36) 〈대숭복사비문〉, "伏惟, 大王殿下, 瓊萼聯芳, 璇源激爽 ; 體英坤德, 纘懿天倫. 諒所謂〈懷神珠, 鍊彩石〉 有虧皆補, 無善不修. 故得寶雨金言, 焯然授記 ; 大雲玉偈, 宛若合符"(《역주 최치원전집(1)》, 220쪽).

37) '鸞'은 임금의 至德을 상징하는 상상의 새이다. 이 '난'자가 들어간 단어는 대부분 임금과 관련된 것이다. 그러므로 〈난랑비〉는 화랑 출신의 임금인 경문왕의 비문으로 보아도 좋을 것이다(장일규, 〈최치원의 삼교융합사상과 그 의미〉, 《신라사학보》 제4집, 2005, 269~270쪽 참조).

듯하다. 위에서 논한 정치적 사상적 흐름은 최치원 사상을 연구함에 반드시 고려해야 할 것이다.

그런데 이처럼 최치원이 상당한 활동을 하였지만, 그것은 그의 포부와 이상을 성취한 것은 아니었다. 이때 신라는 이미 말기적 증상을 보여 쇠퇴일로를 걷고 있었다. 계속되는 흉년과 전란으로 국정이 문란하여 뜻을 이루기란 불가능하였다. 그가 이상과 포부를 펼쳐 보이기에는 실로 무리였던 것이다. 더욱이 하대(下代)로 오면서 골품에 따라 인재를 등용하는 제도가 고착된 상태에서 육두품인 그로서는 핵심적인 중요 관직에 등용될 리 없었고, 또한 문적(文籍) 출신자와 입당 유학파의 갈등 또한 심각하였다. 세력 다툼 속에서 그는 많은 시기와 의심을 받아 받아들여지지 못하였고, 외면당하기 일쑤였다. 그는 당시의 사회적 정치 참여와 자신의 정치적 이상의 모순 속에서 심각하게 고민한 끝에 외직을 자청하여 나가기도 했으며, 또 쓰러져 가는 신라의 국운을 만회하고자 시무책(時務策) 십여 조를 올리기도 하였다.

Ⅳ. 봉사 입당(奉使入唐)과 시무 상소(時務上疏)

《삼국사기》, 〈최치원전〉을 보면, 최치원은 시무책을 올리기 한 해 앞인 진성여왕 7년(893)에 부성군(富城郡 : 지금의 충청남도 서산)의 태수(太守)로 재임 중이었다. 이미 세상이 말세가 되어 주위에서 많은 시기와 의심을 받아 자신의 뜻을 펼칠 수 없음을 알고 외직으로 나가 목민관(牧民官)으로 백성들과 직접 접한 지 몇 해가 되던 터였다. 이해[38]에 납정절사(納旌節使)인 병부시랑 김처회(金處誨)가 봉사(奉使) 도중 풍랑으로 바다에 빠져 죽자, 곧 추성군(槽城郡 : 지금의 충청남도 보령) 태수 김준(金峻)을 고주사(告奏使)로 삼아 당나라로 보냈다. 곧이어 부성군 태수 최치원을 하정사(賀正使)로 삼았으

38) 당나라 昭宗 景福 2년이다.

나, 잇달은 흉년으로 도적이 횡행함으로써 길이 막혀 당나라에 가지 못했다. 그 뒤 최치원이 사신으로 당나라에 갔는데, 《삼국사기》에서는 그 시기를 알 수 없다고 하였다.[39)]

그러면 최치원의 봉사와 시무책과는 어떠한 관계가 있을까? 이에 대해 몇 가지 논증을 펼치기로 한다. 《삼국사기》에서는 사신으로 당나라에 들어간 시기를 알 수 없다고 하였으나 사실은 하정사로 임명되었던 진성여왕 7년 그해였던 것으로 보인다. 먼저 《사산비명》 가운데 〈지증대사비명〉을 보면, 비문을 지을 당시의 직함을 '입조하정(入朝賀正) 겸 영봉황화등사(迎奉皇花等使), 전 조청대부 수병부시랑(前朝請大夫守兵部侍郎)' 운운하여, 하정사라고 분명히 밝혔다.[40)] 이 비문은 최치원이 당나라에서 첫 번째로 귀국한 뒤 헌강왕의 명을 받아 제찬(制撰)에 착수한 지 8년 만에 이룩되었다[影伴八冬]고 한다.[41)] 여기서 '하정사'란 직함을 사용할 수 있는 기점은 진성여왕 7년(893) 이후가 되는데, 일단 이 해를 기점으로 하여 8년 진으로 거슬러 올라가면 헌강왕 12년(886, 정강왕 1), 즉 최치원이 귀국한 그 이듬해에 명을 받았을 것으로 추산된다. 이것은 이 비문에서 찬자가 "헌강왕의 명을 받아 바야흐로 마음껏 재주를 부리려고[運斧] 생각하던 차에 갑자기 주상 전하(헌강왕)께서 승하(昇遐)하셨다"고 한 것과 들어맞는다고 할 것이다.

또 이인로(李仁老)의 《파한집(破閑集)》을 보면, 최치원이 당나라에 있을 때 동년우(同年友)[42)]였던 고운(顧雲 : ?~894)이 최치원과 헤어지면서 주었

---

39) 《삼국사기》 권46, 〈崔致遠傳〉, "唐昭宗景福二年, 納旌節使兵部侍郎金處誨, 沒於海. 卽差橻城郡太守金峻, 爲告奏使. 時致遠爲富城郡太守, 祗召爲賀正使, 以比歲饑荒, 因之盜賊交午, 道梗不果行. 其後致遠亦嘗奉使如唐, 但不知其歲月耳."

40) 하정사에 임명된 사실만으로 '入朝賀正'이라 한 것인지, 아니면 실제 奉使한 이후 비문을 지어 올리면서 그 직함을 썼는지는 분명하지 않다. 다만 후자일 가능성이 높다고 할 수 있다.

41) 〈지증대사비명〉, "有門人英爽, 來趣受辛 ; 金口是資, 石心彌固. 忍踰刮骨, 求甚刻身 ; 影伴八冬, 言資三復"(《역주 최치원전집(1)》, 294쪽).

42) 같은 해에 과거에 급제한 친우.

다는 송별시가 한 수 전한다.

因風離海上 바람 타고 해상으로 떠나가더니
伴月到人間 달을 벗삼아 인간 세계에 이르렀구려.
徘徊不可住 이리저리 둘러봐도 머물 수 없어
漠漠又東還 아득히 동국으로 다시 돌아가는구려.[43)]

이인로는 이 시를 최치원이 처음 귀국할 당시, 즉 28세 때 주었던 시로 보았으나, 위에 보이는 '우동환(又東還)'이라는 말로 보아 봉명사신으로 당나라에 들어갔다가 귀환할 때 지어 준 것이 분명한 것 같다.[44)] 기구는 1차로 귀국한 것을, 승구는 사신으로 다시 당나라에 들어온 것을, 전구는 고병의 몰락으로 안주할 곳이 없는 사정을, 결구는 재차 귀국하면서 이별을 아쉬워하는 내용으로 보는 데 무리가 없다.

그런데 시를 지어 준 고운(顧雲)이 소종(昭宗) 건녕(乾寧) 원년(894)에 세상을 떠났으므로 사신으로 간 연대가 적어도 894년 이전임을 알 수 있고, 또 최치원이 진성여왕 8년(894) 2월에는 시무책을 임금에게 올린 것으로 되어 있으므로 전후 사정을 고려할 때 893년 후반기에 하정사로 당나라에 들어가 그 이듬해 돌아왔음이 거의 분명하다고 할 것이다.[45)] 이렇게 볼 때, 《삼국사

43) 《破閑集》 卷中, 제23칙(《고려명현집》 제2권, 성균관대학교 대동문화연구원 영인, 1986, 95쪽).

44) 이 시를 奉使 시기와 연결한 것은 李在云의 《최치원의 사상과 역사인식 연구》(이화여대 대학원 박사 학위 논문, 1996, 51쪽)가 처음인 듯하다. 이후 嚴元大의 〈최치원 연구사에 대한 분석〉(《고운의 사상과 문학》, 파전한국학당, 1997, 472쪽)에서도 그대로 따랐다.

45) 李基東은 897년 무렵 하정사 金穎이 당나라에 들어갈 때 首領의 자격으로 함께 渡唐한 것을 가리키는 것이라고 추정했으나, 이는 잘못이라고 본다. 왜냐하면 이 당시 이미 최치원은 당나라에서 문명을 크게 떨치고 금의환향한 바 있는데, 그가 다시 學生首領으로 당나라에 들어간다는 것은 있을 수 없는 일이기 때문이다(《신라 골품제 사회와 화랑도》, 일조각, 1984, 262쪽).

기》에서 자세히 알 수 없다고 했던 시점이 새롭게 드러나며,[46] 시무책을 올리게 된 배경도 엿볼 수 있다.

그런데 새해를 축하하기 위해 정기적으로 보내는 사신이 하정사(正朝使)인 만큼, 진성여왕 7년(893)에 당나라에 들어가 새해를 맞지도 않고 그해에 돌아왔다는 것은 상식적으로 이해할 수 없는 일이다. 《삼국사기》에서 진성여왕 8년(894) 2월에 시무책을 건의했다고 하는 기록은 바로 최치원이 하정사의 임무를 마치고 신라로 돌아와[47] 복명(復命)을 겸하여 시무책을 올렸던 사실을 시사하는 것이라 하겠다. 이것이 사리로나 여러 정황으로 보더라도 타당할 듯하다.

'비상한 인재에 의한 비상한 방책'이라고 자부했음 직한 최치원의 시무책은 그의 정치 참여 인식과 역사의식의 소산으로 '구시정신(救時精神)의 발로' 그것이었으리라. 그는 봉명사신으로 다시 당나라에 들어가 당시 국제 정치의 주 무대인 당의 질서, 특히 소종의 '중흥지치(中興之治)' 구상에 큰 기대를 걸었다. 그러나 그의 시무책은 결과적으로 망해 가는 당나라의 정치 질서에 의존하여 '새 시대를 열 수 있는 이념과 체제를 제시하지 못하였다'[48]는 비판을 받아야 했던 것이 사실이다.

> 최치원을 비롯한 도당유학생 출신의 성향은 이미 무너져 가는 당(唐)의 질서에 연연하고 있어서 새로운 시대를 열 수 있는 이념과 체제를 제시하지 못하였다. 이

---

46) 《삼국사기》, 〈최치원전〉에서 이른바 '흉년으로 도적이 횡행하여 당나라에 갈 수 없었던' 그 기간은 매우 짧았거나, 아니면 사실이 아닐 수도 있다. 즉, 최치원이 정상적으로 당나라에 가서 사신의 임무를 마치고 돌아왔을 가능성도 있다는 말이다. 필자는 후자에 더 무게를 둔다.

47) 이 경우 통상적으로 하정사 일행이 滯在하는 기간보다 짧았다는 의문이 제기될 수 있다. 다만 일정을 단축하는 경우라면, 신라를 출발하는 날부터 귀국하는 날까지 삼사 개월 정도면 使行의 임무를 완수할 수 있다고 본다.

48) 전기웅, 〈신라하대말의 정치사회와 景文王家〉, 《부산사학》 제16집, 부산사학회, 1989, 37쪽.

런 까닭에 골품제를 탈피한 중앙집권적 관료체제로의 이행(移行)은 그들에 의해서가 아니라, 고려의 체질 아래에서 성장한 그 다음 세대들과 지방 출신의 문인들에 의해 완성되는 것이다.[49]

최치원이 시무책을 올리게 된 배경과 그에 담긴 의식에 대해서는 '역사의식'을 다루는 부분에서 자세히 논하기로 하겠다.

Ⅴ. 입산 은거(入山隱居)와 그 배경

최치원이 올린 시무책은 받아들여지기는 했지만 제대로 시행될 리 없었다. 그러다가 최치원은 효공왕 2년(898) 어떤 사건으로 아찬(阿飡)에서 면직되고,[50] 이때부터 벼슬에 대한 의욕을 잃은 채 은거 생활에 들어갔다. 여기서 '어떤 사건'이란 이른바 '계림황엽(鷄林黃葉), 곡령청송(鵠嶺青松)'의 구절과 관련된 사연이 얽혀 있음을 간과해서는 아니 되겠다.

《삼국사기》, 〈최치원전〉에 의하면,

> 처음 우리 태조(王建)께서 흥기(興起)하실 때, 최치원은 비상한 인물이 반드시 천명을 받아 나라를 세울 것을 알고 (태조에게) 글을 보내 문안하였는데, 거기에 '계림황엽, 곡령청송'이라는 글귀가 있었다. 뒤에 그의 문인으로 국초(國初 : 고려)에 내조(來朝)하여 높은 벼슬에 오른 사람이 한둘이 아니었다. 현종(顯宗)이 왕위에 있을 때, "지난 날 최치원이 태조의 사업을 은밀히 협찬(協贊)하였으니 그 공을 잊을 수 없다"고 하여, 내사령(內史令)을 추증(追贈)하고 이어 문창후라는 시호를 내렸다.[51]

49) 전기웅, 같은 논문, 37쪽.
50) 안정복, 《동사강목》 第五(下), "孝恭王二年十一月, 阿飡崔致遠有罪免."
51) 《삼국사기》 권46, 〈최치원전〉.

고 하였다. 이에 따르면 그는 이른바 '일대삼최(一代三崔)'로 일컬어졌던 최인연(崔仁渷 : 崔彦撝)이나 최승우(崔承祐)처럼 반신라적인 태도를 취했고, 이로 말미암아 뒷날 고려 조정에서 추숭(追崇)을 받았던 것으로 이해할 수 있다. 그러나 왕건에게 서한을 보냈다는 것은 자못 의심스럽다. 최치원이 고려 조정에 은밀히 협찬했다고 하는 것은 후세에 잘못 전해졌거나 조작되었을 가능성이 높다고 본다.

《삼국사기》보다 약간 뒤에 나온 최자(崔滋 : 1188～1260)의 《보한집(補閑集)》에 의하면,

> 우리 태조가 일어났을 때, 최치원은 천운이 태조에게 있음을 알고 글을 올렸는데, (거기에는) '계림황엽, 곡령청송'이라는 말이 있었다. 신라 왕이 이를 듣고 미워하니, 그는 곧 가족을 이끌고 가야산 해인사로 들어가 은거하며 세상을 마쳤다. 그 감식(鑑識)의 밝음이 올린 글 가운데 보이니 신라 사람들이 깊이 감복했는데, 그가 살던 옛날 집을 '상서장(上書莊)'이라고 한다.[52]

고 되어 있다. 이 역시 《삼국사기》 열전의 내용과 다를 바 없다. 다만 그가 왕건에게 서한을 보낸 사건으로 말미암아 면직(?)되고, 이어 은거에 들어갔다는 점이 추가되었을 뿐이다.

최치원이 은거한 해는 《동사강목(東史綱目)》에서 명기한 대로 그가 아찬에서 면직된 효공왕 2년(898 : 42세)이 틀림없을 것이다. 그렇다면 이때 왕건(877～943)의 형세는 어떠하였던가. 왕건은 진성여왕 9년(895) 열아홉의 나이로 금성태수(金城太守)인 부친 융(隆)을 따라 궁예의 휘하에 들어갔으며, 효공왕 2년에 정기대감(精騎大監)이 되었다. 그리고 그가 본격적으로 무공(武功)을 세우게 된 것은, 효공왕 4년(900)에 국원(國原 : 忠州)·당성(唐

52) 《補閑集》 卷上, 성종 15년 8월조 夾註.

城 : 南陽) · 광주(廣州) 등지를 경략(經略)한 데서 비롯된다. 이를 볼 때, 898년 무렵에 왕건의 존재는 별로 보잘 것이 없었다고 할 수 있다. 사정이 이런데도 과연 최치원이 왕건의 존재를 미리 알고 서한을 보내 천운이 왕건에게 있음을 시사했을 것인가. 여기에는 필시 고려 조정에서의 고의적인 사실 개작(改作)이나 와전이 끼어 있을 것이다.

필자는 여기서 '곡령'을 왕건의 세력이 아닌 궁예의 세력을 일컫는 것으로 보아야 된다고 생각한다. 그리고 신라 왕이 최치원의 치서(致書) 사실을 알았다면, 과연 미워하고 면직하는 정도로 사건을 마무리지었을지도 의문이다. 이것은 최치원의 인품과 학식 그리고 국가관 · 인생관 · 처세관 등을 분석하여 변파(辨破)하기 이전의 상식적인 문제이다. 그러므로 우리는 최치원이 왕건의 조국(肇國)을 은밀히 협찬했다고 하는 것에 대해서는 후세의 와전이나 조작일 가능성을 의심하지 않을 수 없다.[53)]

그렇다면 '계림황엽, 곡령청송' 운운한 구절을 어떻게 받아들여야 할 것인가. 이것마저 날조로 보아야 할 것인가. 필자는 이 구절에 대해서는 날조라고 생각하지 않는다. 어떤 이는 이를 비기(秘記) 또는 참위(讖緯)의 측면에서 파악하기도 한다. 그러나 그보다도 최치원이 임금의 치세(治世)가 어지러움을 알고 상소나 시무책을 올렸다가 '계림황엽' 운운하는 대목에 이르러 임금이 노여움을 나타내는지라, 이에 시세에 합치되지 않음을 알고 풍광(風光)을 찾아 산수에 몸을 맡긴 것이라고 할 수 있겠다. 다시 말해서 최치원이 신라의 기울어 가는 형세를 보다 못한 나머지, 임금께 상소하여 신라와 신흥(新興) 태봉(泰封)의 형세를 각각 '황엽'과 '청송'에 비유 풍간(諷諫)했던 것인데, 이를 본 임금이 진노하여 그를 면직시킨 것이라고 볼 수 있다. 여기서 우리

---

53) 성호 이익은 이에 대해 "최치원은 신라의 대신이다. 만약 이미 고려의 왕업을 비밀히 협찬한 뜻이 있었다면 그것은 悖逆에 해당되어 신하답지 못한 것이다. 하물며 그가 말한 문구가 讖書의 투식에 불과하니 어찌 높일 수 있겠는가"라고 하면서 "고려가 일어날 것을 밀찬했다는 말은 아주 틀린 말이다(隆興密贊語大謬)"고 단언하였다(《성호사설》 권18, 經史門, 〈崔文昌〉 참조).

는《논어》에서 "군자는 임금과 신뢰를 쌓은 뒤에 간(諫)하나니, 신뢰 관계가 구축되지도 않았을 때에는 자기를 헐뜯는 것이라 생각한다"[54]고 한 말을 되새겨 보게 된다.

한편, 이우성(李佑成)은 일찍이 다음과 같이 말한 바 있다.

> 종전부터 왕건에게 호의를 가졌던 최치원은 〔왕건의 복전(福田)이었던〕 희랑(希朗)과 가까이 지내게 되었고, 심지어 고려 건국 당시의 연호인 '천수(天授)' 두 자를 따서 희랑을 위해 지은 시도 있다.[55]

이우성의 이 말은 엄밀한 고증을 거친 것이 아니라 가볍게 추단한 것이다. 그럼에도 사실 여부를 떠나 학계에 큰 영향을 끼쳤다. 이를 연구자들이 거의 의심 없이 명백한 사실인 양 인용하고 있는 것이다.

이우성이 인용한 '천수'라는 두 글자는 최치원이 희랑에게 보낸 시 여섯 수 가운데 나오는 것으로 이 시는 다음과 같다.

> 天言秘教從天授　하늘이 말씀하신 비교(秘敎)는 하늘에서 주어졌고
> 海印眞詮出海來　해인의 진전(眞詮)이 바다에서 나왔네.
> 好是海隅興海義　훌륭하여라, 바다 모퉁이 신라에서 깊은 뜻 일으켰으니
> 只應天意委天才　그야말로 하늘의 뜻을 천재에게 맡겼네.[56]

최치원은 이 여섯 수의 시 편 말미에 이 시를 짓게 된 사정을 적었다. 그에 의하면 희랑이 여름날에 해인사에서 화엄경을 강(講)하였을 때, 자신은 천령군 태수로 방로태감(防虜太監) 직을 겸하고 있었기 때문에 참석하여 청

54)《논어》,〈子張〉, "君子信而後諫, 未信則以爲謗己也."
55) 이우성,《韓國의 歷史像》, 창작과 비평사, 1983, 159~160쪽.
56)〈贈希朗和尙〉(《역주 최치원전집(2)》, 84쪽).

강할 수 없었으므로, 이에 여섯 수의 시를 지어 희랑의 강경(講經)을 노래로 읊었노라고 하며 '방로태감(防虜太監) 천령군태수(天嶺郡太守) 알찬(遏粲) 최치원'이라고 명기(名記)하였다.[57] 당시 최치원이 태수로 있었던 천령군(지금의 경상남도 함양)은 후백제와 접경인 군사적 요충지로, 견훤의 침입이 잦아 일종의 방어사(防禦使) 격인 방로태감을 겸했던 것 같다. 이때도 견훤군의 침입이 있어 이를 막아 내느라고[捍虜所拘], 희랑이 베푼 화엄경 강연을 청강할 수 없었던 것이다.

안정복은 《동사강목》에서 최치원이 효공왕 2년(898)에 죄를 얻어 면직되었음을 밝혀 이때부터 입산 은거했음을 시사하고 있고, 연암 박지원은 "천령에서 가야산이 백 리도 못될 정도로 가까운즉 최치원이 벼슬을 버린 것이 바로 천령군에 있을 때가 아니었을까"[58]라고 추정하였다. 이를 종합하면, 최치원이 천령군 태수로 재직하다가 '계림황엽' 운운하는 상소로 말미암아 898년 무렵 은거했다는 말이 된다.

어찌되었든지 최치원이 태수직에 있을 때 희랑에게 시를 보낸 것이 분명한 만큼, 시를 보낸 시기는 적어도 898년 이전임이 틀림없다. 그럼에도 왕건이 고려를 세운 918년 그해부터 사용되었던 '천수'라는 연호를 20여 년 앞서 미리 사용될 줄 알고 시에 인용했다고 하는 것은 사리에 전혀 맞지 않을 뿐 아니라 상식에도 어긋난다. '천수'라는 말은 역대 제왕이 자신들의 즉위가 인력이 아닌 하늘의 뜻에 의해 이루어졌다고 하여, 신성성(神聖性)과 신비성을 드높이기 위해 흔히 쓰는 말 가운데 하나이다.[59] 중국 역사상 '천수'라는 연

---

57) 《伽倻山海印寺古籍》, "希朗大德君, 夏日於伽倻山海印寺, 講華嚴經. 僕以捍虜所拘, 莫能就聽. 一吟一詠, 五側五平, 十絶成章, 歌頌其事. 防虜太監天嶺郡太守遏粲崔致遠." ; 《동국여지승람》 권31, 咸陽郡, 〈名宦〉, "致遠寄海印僧希朗詩下, 題防虜太監天嶺郡太守遏粲崔致遠."
《가야산해인사고적》은 일본 東洋文庫 소장 목판본과 단국대학교 동양학연구소 소장 목판본 두 가지가 있다.

58) 《燕巖集》 권1, 25a, 〈咸陽郡學士樓記〉, "伽倻之於天嶺, 不百里而近, 則其超然遐擧者, 豈非在郡時耶?"

호가 심심치 않게 보이는 것은 그런 이유이다.

이뿐이 아니다. 매우 뛰어난 인재가 있을 때, 그에 대해 '하늘이 내려보냈다'는 뜻으로 사용하기도 한다. 최치원이 희랑에게 준 시에서 '천수'라고 한 것 역시 화엄경의 신비스러움과 아울러 화엄종의 법장(法匠)인 희랑이 하늘에서 내린 인재라는 것을 강조하기 위해 사용한 의례적인 말에 지나지 않는다.

이상에서 논한 여러 전후 사정으로 미루어 볼 때, 최치원을 두 마음을 품고 실절(失節)한 학자라고 보는 것은 잘못이라고 하지 않을 수 없다. 더욱이 그는 은거한 지 2년 후(900)에 〈해인사선안주원벽기(海印寺善安住院壁記)〉를 지으면서, '동인(東人)'·'동방인(東方人)'이라는 자부심과 함께 신라에 대한 강한 애착심을 보였다. 또한 그 뒤에도 〈신라수창군호국성팔각등루기(新羅壽昌郡護國城八角燈樓記)〉(908) 등에서 '호국'에 대한 굳은 의지를 내비쳤다. 만약 그가 왕건이나 견훤의 세력을 붙좇은 반신라적 인물이었다면, 호국의영도장(護國義營都將)인 이재(異才)가 누기(樓記)를 지어 달라고 부탁하지 않았을 것이며 최치원 역시 감히 지어 줄 수 없었을 것이다. 이로써 그는 생애의 마지막까지 '호국'의 의지를 견지했던 인물임을 알 수 있으니, 그가 왕건의 사업을 은밀히 도왔다고 하는 것은 뒷날의 구유곡사(拘儒曲士)나 심술(心術)이 바르지 못한 역사가의 조작 또는 와전이라고 할 것이다.

Ⅵ. 은거 뒤의 학술·종교 활동

최치원은 사실상 타의에 의해 은거한 이후 학술과 종교 활동에 힘쓰면서 '삶'의 의미를 되새겨 보았고, 또 세속의 일에도 눈을 돌려 쓰러져 가는 신라를 안타깝게 그려 보았다. 여러 편의 글을 통해 '호국'과 '존왕(尊王)'을 부르짖었다. 그는 말년에 불교에 심취하여 많은 종교 활동에 참여하는 등 은둔과

59) 《史記》 권92, 〈淮陰侯傳〉, "陛下所謂天授, 非人力也." ; 《論衡》, 〈命祿〉, "陛下所謂天授, 非智力所得."

배회를 청산하였으며, 끝까지 유자의 본분을 지키면서 삶을 마쳤던 것으로 보인다. 그간 세상에서 최치원이 우화등선(羽化登仙)했다느니, 또는 세상에 대한 미련을 남긴 채 울분으로 자진(自盡)했다느니 하는 것들은 구구한 억측에 지나지 않는다.

처음에 가족을 이끌고 가야산에 들어간 최치원은 세상을 혐오하는 감정이 극심하여 염세주의적 경향마저 띠었다. 민간에 전하는 그의 〈입산시(入山詩 : 또는 贈山僧)〉를 보면

僧乎莫道青山好 스님아, 청산이 좋다고 말하지 마오.
山好何事更出山 산이 좋다면 왜일로 다시 산을 나옵니까?
試看他日吾踪跡 두고 보시오, 다른 날 나의 종적을.
一入青山更不還 한 번 청산에 들면 다시는 돌아오지 않으리.[60)]

라고 하여, 다시는 산을 내려오지 않겠노라는 굳은 의지가 나타나 있다. 특히,

狂奔疊石吼重巒 겹겹이 쌓인 돌 사이로 미친 듯이 물 흐르며 온 산을 울리는데,
人語難分咫尺間 사람의 소리는 지척에서도 알아듣기 어려워라.
常恐是非聲到耳 항상 시비하는 소리가 귀에 들릴까 두려워
故教流水盡籠山 짐짓 흐르는 물로 온 산을 에워싸게 했노라.

고 한 〈제가야산독서당시(題伽倻山讀書堂詩)〉[61)]를 보면, 기구에서는 '광분첩석(狂奔疊石)'을 통해 폐쇄적인 당시 지도층의 부패와 정쟁을, 승구에서는 '인어난분(人語難分)'을 통해 자신의 개혁 구상이 사실상 좌초되었음을 상징적으로 부각했다. 이어 전구와 결구에서는 '세상과의 단절'을 바라는 그의 심

60) 최준옥 편, 《한글번역 고운선생문집》 하권, 50쪽.
61) 《역주 최치원전집(2)》, 61쪽.

정을 단적으로 엿볼 수 있게 하였다. 물이란 저절로 흐르는 것인데도 물로 하여금 온 산을 둘러싸게 했다니, 세상에 대한 실의(失意)의 정도를 짐작하게 한다. 또 이와 함께 매정하게 정치 참여와 단절하지 못하는 최치원의 몸부림 역시 간취(看取)할 수 있다. 실제로 그는 둔세원리(遁世遠離)하여 자기의 속마음을 털어 놓을 수 없는 울분을 삭이면서 날마다 글씨 쓰기와 시 읊기로 소일하였다.[62] 돌이켜 보면, 그는 이미 당나라에 있을 때인 881년 진사(進士) 오첨(吳瞻)에게 주는 시에서 난세에 지성인이 어쩔 수 없이 취해야만 하는 태도를 미리 예견이라도 한 듯 읊조린 바 있다.

危時端坐恨非夫　위태로울 때 단정이 앉아 장부답지 못함을 한탄하지만
爭奈生逢惡世途　어찌하랴, 나면서부터 험악한 세상을 만났으니.
……
壯志起來何處說　장한 뜻 세워도 말할 곳이 없으니
俗人相對不如無　속인들 상대해서 무얼 할 것인가.[63]

그러나 그가 염세주의자로 변모한 것은 아니었다. 그의 은둔은 기존 체제에 대한 불만과 저항에서 비롯되었던 만큼, 이러한 은둔 생활로 세속의 인연을 인위적으로 청산하려 하면서도 늘 세속에 대한 미련을 떨쳐 버릴 수 없었다. 그의 은둔은 《주역》에 나오는 '둔세무민(遁世無悶)'이나 《중용》에 나오는 '둔세불견지이불회(遁世不見知而不悔)'와 그 성격이 사뭇 달랐다. 그가 해인사에 안주한 지 3년째 되던 해(900)에는 이미 자신의 은둔을 정치적인 이유로 인한 소극적인 도피가 아니라, 그 반대로 자신의 행위나 주관에 대하여 흑백을 가리려는 적극적인 의미를 강조하였다.

62) 〈寄顥源上人〉(《역주 최치원전집(2)》, 73쪽) 참조.
63) 〈辛丑年寄進士吳瞻〉(《역주 최치원전집(2)》, 76쪽).

《주역》 고괘(蠱卦)에 이른바 "(벼슬에서 물러나 다시) 왕후(王侯)를 섬기지 않고 자기의 일을 고상(高尙)히 여긴다" 했고, 또 "유인(幽人 : 세상의 功名을 버리고 숨어사는 사람)은 바르게 살아서 길하다"고 하였다. 이는 도를 행하는 방법이다. '유인'은 누구를 말하는가. 스님[梵子]이 혹 이에 가까울 것이다. 이것은 유교의 말을 인용하여 불교에 비유한 바이니, 옛날의 예를 보면 지금과 같은 것이다.[64]

즉, 자신의 이상은 '겸선천하(兼善天下)'이나 세상에서 이를 용납하지 않으므로 '독선기신(獨善其身)'하는 것이니, 이 역시 선비의 도를 행한다는 것이다. 그러므로 여기서 은거하는 사람이란, 유도(儒道)를 행하는 유일지사(遺逸之士)로서 승려에 비유될 수도 있다는 것이다.

그러나 그의 이러한 의식은 다시 한 번의 중대한 고비를 맞았던 것으로 보인다. 그가 《법장화상전(法藏和尙傳)》 말미에서 "난세에 무슨 일을 이룰 것인가. 칠불감(七不堪)[65]만 더할 뿐이로다"고 탄식하며 마무리를 지은 것으로 보아 이미 세상에 대한 미련을 지워 버렸던 것 같다. 그가 가야산 해인사에 들어가 동복형인 현준 그리고 정현사(定玄師)를 비롯한 화엄승들과 친교를 맺으면서 불도에 심취하였을 때, 속세에서는 궁예와 견훤이 신라의 각지를 공취(攻取)하는 바람에 백성들의 유리표박(流離漂泊)이 극심하였다. 904년 무렵, 산중에서 거사(居士) 생활을 하던 최치원은 형 현준의 부탁을 받아 법장화상 현수(賢首)의 전기를 기초하면서,[66] 난리를 피하고 자신의 병도 요양하였다. 이때 그의 병은 상당히 악화되어 한때나마 삶을 포기하려는 생각을 가지기도 하였다.

---

64) 〈海印寺善安住院壁記〉(《역주 최치원전집(2)》, 278쪽).

65) 중생이 한결같이 피하기 어려운 것 일곱 가지. 곧 生·老·病·死·罪·福·因·緣을 가리킨다. 七不可避 또는 七法不可避라고도 한다.

66) 〈法藏和尙傳〉, "恭以師兄大德, 玄準爲名, 仍以大乘遠爲別號. 軆葉偈之旅, 首華嚴之座 …… 以致遠嘗宦玉京, 濫名金牓, 聊翻鴃語, 或類象胥. 遂命直書, 難從曲讓"(《역주 최치원전집(2)》, 356~357쪽).

> 때는 천복(天復) 4년(904) 갑자[枝幹俱首]에 시라국(尸羅國) 해인사 화엄원(華嚴院)에서 난리도 피하고 병도 요양하여 두 가지 편리를 도모했다. 비록 하계(下界)에 태어났지만, 다행히 높은 재실(齋室)에 의지하여 뭇 봉우리와 나란히 읍(揖)하고 세로(世路)에 대한 미련을 멀리 던져 버렸다. 거처하는 장실(丈室)은 몽천(蒙泉)을 가까이 하였고, 화창한 봄빛은 따스하게 내리쬐어 증민(蒸民)을 윤기(潤氣) 있게 하는데, 옷은 안개나 이슬 속에 노니는 듯 축축하고 앉은자리는 방죽이나 못에 가까운 듯하였다. 게다가 병든 몸에 눈은 뜸질하는 데 피로하였으니, 이로써 집안에는 물기가 가득하고, 창구(窓口)로는 쑥 연기가 뭉게뭉게 피어오르도록 했다. 사는 것이 싫어서 간혹 몸을 태워 버리려는[焚軀] 뜻까지 있었다. 문병하는 이가 많았지만 모두들 (악취에) 코를 가릴 뿐 뉘라서 냄새 나는 사람을 따라 다니겠는가. 공연히 바닷가에서 악취나 풍기는 풀이 된 것[海畔一蕕]이 부끄럽지만 향기를 훔침이 없어 산중에서 거처할 곳을 택할 수[山中三嗅]도 없었다. 이 전(傳)을 수찬(修撰)함에 미쳐 자임(自任)하는 생각을 더욱 품게 되자, 손과 발이 상할까 하는 걱정이 있어 글을 쓰는 데 기분이 좋지 못하였나.[67]

이로써 그는 산에 들어가 은거한 뒤 수년 동안 종창(腫脹)과 관절염 등으로 짐작되는 병마와 힘들게 싸워 왔음을 알 수 있다. 한때 삶이 싫어져 분신(焚身 : 燒身)까지 하려고 했던 사실에서 병의 정도를 짐작할 만하다. 이 '분구'는 불교의 '소신공양(燒身供養)'을 연상하게 하는데, 이유를 떠나 그는 이때 불교에 심취해 있었음이 분명하다. 비록 그가 삶을 버리려는 생각을 거두고 다시 학자 본연의 자세로 되돌아와, 법장화상 현수의 전기를 완성하는 것을 자기의 마지막 임무로 삼았다. 극히 불편한 몸으로 집필을 시작하여 완성

---

67) 〈法藏和尙傳 跋〉, "于時天復四春, 枝幹俱首, 於尸羅國迦耶山海印寺華嚴院, 避寇養痾, 兩偸其便. 雖生下界, 幸據高齋, 平揖群峯, 敻抛世路. 而所居丈室, 密邇蒙泉, 韶光煦然, 潤氣蒸兵, 衣如遊霧露, 座若近陂池. 加復病躬目勞燒灸, 是使棲闠華水, 窓菲艾煙, 厭生而或欲焚軀志. 問疾者多皆掩鼻, 有誰逐臭, 空慚海畔一蕕, 無所竊香, 莫遂山中三嗅. 及修斯傳, 自責增懷, 傷手足虞, 含毫不快"(《역주 최치원전집(2)》, 358~360쪽).

을 하기는 했지만, 그의 의식 언저리에서 불교가 잠시라도 떠난 것 같지는 않다. 고단한 현재의 삶과 예측할 수 없는 미래에 대해 종교적 경지를 통해 다소나마 위안을 얻고자 하는 측면이 있었던 듯하다.

최치원은 은거 이후 현준의 영향을 받아 화엄에 대해 깊은 경지에까지 몰입했던 것 같다. 서포(西浦) 김만중(金萬重 : 1637～1692)은 최치원을 '장실(丈室)의 유마거사(維摩居士 : 釋尊의 俗弟子)'라고 평한 바 있는데,[68] 최치원의 생애에서 불교에 대한 학문적 접근은 아마도 해인사에 은거할 때가 가장 왕성하였고 또 최고의 경지였을 것으로 보인다.

그렇다면 평소 유자(儒者)를 자칭했던 그가 왜 본격적으로 불교에 몰두하였을까. 〈신라수창군호국성팔각등루기〉를 보면, 호국의영도장인 이재(異才)가 말하기를,

> 임금의 은혜에 보답함은, 대개 불사(佛事)를 높이는 것이다. 바라는 바는 어두운 곳이 생기지 않고 두루 미혹(迷惑)한 무리를 깨우치는 것이니, 오로지 법등(法燈)을 높이 달아서 빨리 병화(兵火)를 꺼야겠다.[69]

고 하였다. 즉, 당시 전국 각지에서 도적 떼가 들끓어서 세상이 혼란한데, 이들 도적이 일어나는 근본 원인이라고 할 수 있는 '어두운 곳'(소외당하는 사람들)이 생기지 않도록 하고 또 미혹한 무리를 두루 깨우쳐 감화시키자는 것이니, 결국 불교에 의한 교화·감화로 병화를 없애자는 최치원의 생각이 은연중에 담겨 있다. 그러므로 이러한 차원 높은 종교적 경지에까지 끌어올리려면, 역시 평상적(平常的)인 유교 사상보다 불교 사상으로써 대처해야 한다

---

68) 《西浦漫筆》 卷下, 第4則, "新羅之盛, 薛弘儒(聰), 以釋門之羅睺, 首闡文風, 崔文昌(致遠), 以丈室之維摩, 大鳴中華." '羅睺'는 釋尊의 아들이다.

69) 〈新羅壽昌郡護國城八角燈樓記〉, "決報君恩, 盖隆佛事, 所願不生冥處, 遍悟迷群, 惟宜顯擧法燈, 亟銷兵火"(《역주 최치원전집(2)》, 299쪽).

는 절실한 필요성이 있었을 것이다.

최치원은 해인사에 은거하면서 《부석존자전(浮石尊者傳)》(義湘傳), 《현수전》 및 《석순응전(釋順應傳)》, 《석이정전(釋利貞傳)》 등 화엄고승(華嚴高僧)의 전기를 찬술하였다.[70] 이것은 일단 당시 교종의 대표 격인 화엄종에 대한 비난을 막고 이를 옹호하려는 의도에서 비롯된 것으로 볼 수 있다. 그는 《법장화상전》의 말미에서 사형(師兄) 현준의 말을 인용하면서 다음과 같이 말하였다.

> 옛 선현들은 그 말을 취하면서도 그 몸을 버리는 것을 마음속으로 도적이라 여겼는데, 지금의 학자들은 그 가르침을 받고도 그 행적에 어두우니 실로 얼굴이 붉어질 일이다. 더구나 조금이라도 이름을 얻은 무리들은 간혹 크게 씹는 말들을 늘어놓아 전철(前哲)을 흠잡고 더럽히며 후생(後生)을 현혹시킨다. 비록 비문이 있고 전기가 있어도 열람하는 데 게으르고 속이는 데에만 용감하다. 심지어 사학(史學)을 마(魔)의 근본이라 헐뜯고 승보(僧譜)를 배척하여 몹쓸 물건으로 여기며, 《십현담(十玄談)》의 의소(義疏)에서 '연기(緣起)'를 주로 한 것까지도 사람들의 웃음거리로 화하기까지 하였다.[71]

여기서 '크게 씹는 말[大嚼之說]', '사학은 마의 근본이다', '《십현담》에서 ……' 등을 운운한 것은 분명 현수 법장에게서 지대한 은혜를 입었으면서도 갈래를 달리한다 하여, 법장을 비롯한 화엄고승들을 터무니없이 헐뜯거나 모

---

70) 최치원이 《현수전》의 완성을 終生의 임무로 삼은 것은 《부석존자전》과 짝을 이루기 위함이었던 것 같다. 그렇다면 《부석존자전》은 당연히 《현수전》에 앞서 완성되었을 것이다. 그러나 《부석존자전》이 해인사에 은거할 때 찬술되었는지에 대해서는 단정하기 어렵다.

71) 《법장화상전》, "且曰, 古賢以取其言, 而棄其身, 心爲盜也. 今學則稟其訓, 而昧其迹, 顔實靦焉. 況有小鳴之徒, 或陳大嚼之說, 玷汚前哲, 眩惑後生, 雖復闍朝隱有碑, 釋光嚴有傳, 惰於披閱, 勇在矯誣矣. 至有譏史學爲魔宗, 黜僧譜爲廢物, 及談疏主緣起, 或作化人笑端"(《역주 최치원전집(2)》, 356쪽).

함하며, 또 무턱대고 비판・배척하는 반대파 화엄계, 더 나아가 선종 계열까지 겨냥한 말이라 하겠다. 최치원이 화엄 명승들, 특히 중국과 우리나라에서 화엄종을 확고하게 수립하였던 쌍벽 현수와 의상의 전기를 찬술하는 데 많은 힘을 기울였던 것은, 그들의 사상과 경행(景行)을 통해 화엄에 대한 오해나 그릇된 인식을 바로잡음은 물론 말류적(末流的)인 파벌 의식을 불식하려는 의도에서 비롯되었다고 하겠다. 즉, 화엄의 진면목을 널리 전하는 데 중국과 우리나라의 대표적인 화엄 대덕(大德)의 전기를 활용하는 것이야말로 가장 용이하고 실용적인 방법 가운데 하나라고 생각했기 때문일 것이다.

그러나 이것은 표면적인 이유일 것이요, 보다 더 간절한 이유는 화엄의 원융 사상(圓融思想)으로 신라 하대의 혼란상과 분열상을 극복하여, 중생을 구제하고 와해될 위기에 처해 있는 국가를 부지(扶持)하기 위함이었을 것이다. 또 지난날 화엄 사상이 삼국 통일의 사상적 이념적 지주가 되어 '통삼(統三)'의 위업을 완수하였던 만큼, 당시 신라가 날로 쇠잔하고 후백제나 후고구려가 흥기하던 때 다시 한 번 화엄의 이념에 의해 통일을 이루어 내고자 하는 일념으로 화엄에 심취하였음 직하다. 여기서 화엄에 대한 최치원의 존신(尊信) 정도를 짐작할 수 있다. 그가 말년에 극도로 병약한 몸을 이끌고, 생애 마지막 임무로 여겼던 《현수전》을 완성한 것도 이러한 이유에서 비롯되었다고 할 것이다. 다만 그에게서 화엄과 선(禪)이라는 불교의 두 갈래가 시기적으로 교차해서 등장한 것은 개혁과 보수라는 두 이념이 각기 표출된 것이라고 하겠다. 이것은 그의 유교관에서도 똑같은 양상으로 나타난다. 아마도 격변기였기 때문에 그런 것인가 한다.

Ⅶ. 맺음말

이상에서 필자는 고운사상을 연구하기 위한 예비적 고찰의 하나로, 그의 생애를 '사상 형성의 배경'에 초점을 맞추어 살펴보았다. 기존의 연구가 별로 진척되지 못했기 때문에, 제한된 범위 내에서 종래 밝혀지지 않았거나 잘못 알려졌던 사실에 대한 고증을 주로 해야만 했다. 그러므로 학자・사상가・종교가로서 역사 속에 생생히 살아 숨 쉬는 최치원의 삶을 역동적으로 그려 내는 것은 자연 한계가 있을 수밖에 없었다. 이 점 앞으로 최치원과 그의 사상에 관심을 가진 분들이 지속적인 연구를 통해 극복해야 할 것으로 생각한다.

이 글에서는 최치원의 생애 연구에서 몇 가지 새로운 사실을 제시하는 데 의의를 두었다. 먼저 최치원의 가문과 가풍을 통해 사상 형성의 한 배경을 살펴보았으며, 나아가 당시 육두품 계열 지식인의 학문적 종교적 경향 등을 추론하였다. 이어서 일부에서 주장한 것과는 달리 최치원은 국학의 학생이 아니었고, 사비 유학생으로 입당하여 수학하였음을 밝혔다. 또 당나라에 있을 때 삶의 발자취도 살펴보았으며, 귀국 동기에 대한 분석과 함께 귀국 뒤의 활동상, 하정사로서의 입당 시기와 시무책의 건의 배경 등을 고증하였다. 그리고 은거하게 된 직접적인 계기와 은거 이후의 활동상을 고증하면서, 종래 그가 반신라적 경향을 가졌던 것처럼 잘못 전해진 사실에 대해 비판하였다. 또 은거 이후에 고운야학(孤雲野鶴)처럼 지낸 것이 아니라 학술・종교 활동을 활발히 하였음을 밝혀냄으로써, 실의와 좌절에서 헤어나지 못한 지식인으로 비쳐졌던 왜곡된 이미지를 바로잡고자 하였다.

이러한 점은 앞으로 학계에서 철저하게 재검토하여, 최치원의 삶과 사상을 재조명하는 데 도움이 되어야 할 것이다. 이제는 《삼국사기》, 〈최치원전〉에 실린 엉성한 기사의 테두리에서 벗어나야 할 것이다. 그리고 새로운 최치원 관계 연구 자료의 발굴과 이미 제시된 자료의 재검토・재해석을 통해, 새로운 사실을 밝혀 낼 수 있다는 가능성을 보여주어야 한다. 여기에 다양한 연구 방법론까지 동원된다면 더욱 바람직할 것이다.

제2장
최치원 철학 사상 연구 서설
'인간주체' 문제를 중심으로

Ⅰ. 머리말

신라 말의 석학 고운 최치원은 전환기적 난세를 살았던 학자요, 사상가였다. 그는 당시를 대표할 수 있는 최고 지성인의 한 사람으로 기울어 가는 나라를 바로 세우고 유교적 이상 정치를 실현하기 위해 힘썼다. 그는 처음부터 국외자(局外者)나 주변인(周邊人)으로 머물려 하지 않았으며 또 머물 수도 없었다. 그러나 골품제라는 사슬에 매여 일찍이 온축한 경륜과 포부를 펴 보지도 못한 채, 사회적 모순과 시대의 불우(不遇)를 한탄하면서 입산하여 은거해야만 했다. 그는 분명 불행한 시대를 살았던 인물이다.

최치원은 자유롭고 개방적인 학문 풍토와 자율을 중시하는 육두품 집안의 분위기를 배경으로 남다른 학구적 노력을 경주하여 학자로서 대성하였을 뿐 아니라, 우리나라 한문학사 · 철학 사상사 · 종교사 · 정치사 등 여러 분야에서 불후의 명성과 업적을 남겼다. 그는 '나말여초(羅末麗初)'라는 역사적 전환기의 정치적 사상적 변화를 대변한 시대정신의 산 증인이었다. 그의 철학 사상은 고대 사회를 정신적으로 극복하기 위한 이념적 제시였다는 점에서 최치원은 당세를 살았던 지식인으로 사명을 수행했다고 평가된다.[1] 옛날에 공자(孔子)가 아들 백어(伯魚)에게 학문에 대해 당부하면서 "그 조상도 일컬

1) 신형식, 《新羅史》, 이화여자대학교 출판부, 1985, 224~225쪽.

을 만한 것이 없고 그 족성(族姓)도 일컬을 만한 것이 못됨에도, 성망(聲望)이 후예들에게 크게 유전(流傳)되도록 한 것은 어찌 학문으로 인한 소치(所致)가 아니겠는가"[2]라고 하였는데, 이는 최치원과 같은 경우를 두고 한 말이라 할 수 있다.

최치원은 가위 '천재적인 사상가'로서 한국 철학 사상사에서 빼놓을 수 없는 중요한 위치를 차지한다. 사상적 종교적 성향을 볼 때, 그는 기본적으로 유교 사상에 입각하여 유자(儒者)로 자처하면서도 불교 및 도선 사상(道仙思想)을 섭렵하였으며, 그 밖의 여러 사상을 종횡무진으로 한 몸에 체득하였다. 우리나라 철학 사상사를 통관(通觀)하더라도 사실 그처럼 학문 범위와 사상적 폭이 넓은 학자는 보기 드물다고 할 것이다. 그런데 후세, 특히 조선 시대에 와서는 시대적 여건과 배경, 학문 풍토, 최치원의 학구욕과 기호 등을 전혀 고려하지 않은 채, 그의 학문적 사상적 성격을 '반불반유(半佛半儒)' 내지 '사불사유(乍佛乍儒)'로 규정하기도 하고 또 학문이 순정(純正)치 못하다고 비난하는 일이 적지 않았다. 조선의 시대정신을 상징하는 퇴계(退溪) 이황(李滉)과 같은 이는 불교에 정심(精深)했다는 점을 들어 최치원을 '부처에게 아첨했던 사람'[佞佛之人]이라고까지 심하게 공격하였고, 그가 문묘(文廟)에 종사(從祀)된 것은 몹시 외람된 일이라고 하였을 정도였다.[3]

그러나 이러한 평가나 비판 자체가 이미 어느 한 가지에 기속(羈束)되어 있는 학문 풍토의 제약과 한계에서 벗어나지 못했기 때문에 객관성과 공정성에 문제가 있다. 최치원이 일생토록 경계하여 마지않았던 사상적 종교적 도그마를 가지고 후대 학자들이 그를 비판, 공격했다는 것이야말로 아이러니가 아닐 수 없다. '사문난적(斯文亂賊)'이라는 말이 상징적으로 보여 주듯, 학

2) 《孔子家語》, 〈致思〉, "昔孔子誡伯魚學曰, 〈其先祖不足稱, 其族姓不足道. 然而大以流聲後裔者, 豈非學之所致乎?〉"

3) 《퇴계문집》 권30, 〈答金而精〉, "近看東文選, 崔孤雲乃全身是佞佛之人, 濫廁祀列, 彼其神豈敢受享乎."

문적 사상적으로 경색된 시대에 살았던 학자들의 편협한 안목으로는 최치원과 그 시대의 학술 사상을 제대로 평가하기 어렵다.

최치원은 후인들의 훼예포폄(毁譽褒貶)에 관계없이 우리나라 한문학의 개산초조(開山初祖)이면서 한국 철학 사상사의 서장을 장식하는 거봉의 한 사람으로 부동의 위치를 차지한다. 그가 '동국문종(東國文宗)' 또는 '동방 문학의 개산조(開山祖)'라 일컬어질 정도로 문장으로 성명(盛名)을 얻었던 만큼, 오늘날 그의 문학에 대한 연구는 비교적 진척되어 왔다. 그러나 최치원은 문학적 측면에서만 조명되고 말 학자가 아니다. 그는 매우 수준 높고 깊이 있는 사상과 철학을 전개했던 사상가이며, 역사학에서도 전통 사학과 유교 사학을 연결해 주는 관절적(關節的) 위치에 있는 인물로 평가를 받는다.

돌이켜 볼 때, 1980년대에 들어서까지도 최치원의 학술과 사상에 대한 연구는 제대로 이루어지지 못하였다. 가장 기본적으로 연구해야 할 '철학 사상'은 거의 황무지나 다름없을 정도로 방치되어 왔다. 그 원인은 무엇일까. 무엇보다도 "최치원에게 무슨 철학적 사유가 있겠느냐"라는 선입관이 가장 큰 원인이었다고 생각한다. 게다가 최치원의 문체가 전고(典故)·대우(對偶)·성률(聲律)을 중시하는 변려문이어서 해득하기가 어렵다는 점, 또 이른바 '문간의풍(文簡意豊)'으로 표현되는 문장의 함축성과 사상적 심오함 때문에 연구자에 따라 해석의 깊이나 방향이 다르다는 점, 그리고 그의 글이 대부분 단편적이라는 점을 원인으로 들 수 있지 않을까 한다.[4)]

필자는 우리나라 철학 사상사를 전공하고 있는 학도로서, 원효·의상(義湘) 등과 함께 한국 철학 사상사의 첫머리를 장식하는 최치원에 많은 관심을 가져왔다. 최치원이 어떻게 서로 이질적인 사상과 종교의 논리를 한 몸에 체

4) 그뿐만 아니라 현재 전하는 최치원의 遺文이 그 자신의 생각을 온전하게 담은 글이 적고 대개 남의 요청에 따라 지은 것이거나 전기·비문·願文·讚文이 주를 이루고 있기 때문에, 그의 철학 사상을 파악·이해하는 데 어려움이 있다. 조선 시대 학자들의 문집에 보이는 雜著類의 논설이 없는 것은, 일차적으로 최치원의 글 쓰는 스타일에 기인할 수도 있겠지만, 다른 한편으로는 당시 詞苑의 氣習과도 연결할 수 있을 듯하다.

득하여 종횡으로 회통・융합할 수 있었는가라는 점은 늘 관심의 초점이었다. 오늘날 한국사 연구 경향을 보면, 역사상 중요한 인물을 새롭게 조명하여 우리의 역사를 살아 있는 '인간의 역사'로 인식하려는 의욕적인 노력이 활발하게 전개되고 있다. 필자가 본 최치원은 단순히 문학가가 아니라, 철학자이면서 사상가이다. 최치원의 철학 사상은 ① 철학 사상의 특성, ② 역사적 기능, ③ 현대적 의의라는 세 측면에서 탐구할 가치를 충분히 갖추었다고 본다. 특히 ②와 ③이 가지는 의미가 크다. 최치원의 철학 사상이 아무리 뛰어나고 훌륭하다고 해도 후세에 이것을 이해하고 계승하는 사람이 없다면 이것을 '사상'이라고 하기는 어렵기 때문이다.

최치원 철학 사상에 대한 연구는, 그 개인의 철학 사상에 대한 연구 차원에서 그치고 마는 것이 아니다. 최치원 철학 사상의 진수를 알면, 우리 고유 사상의 정체(正體)가 보인다. 우리 고유 사상의 정체를 제대로 볼 수 있다면, 한국 사상의 특성은 무엇이며 또 역사적으로 어떠한 양상으로 피어나고 어떻게 기능했는지 하는 것도 파악할 수 있다. 이렇게 최치원 철학 사상에 대한 연구는 곧 신라 후기 문화사 연구 내지 한국 사상 연구 전반에까지 연결되는 것이라 해도 지나친 말은 아닐 듯하다.

제2장에서는 최치원 철학 사상이 현대적으로 어떠한 가치와 의미를 지니고 있으며 왜 현대적으로 재조명되어야 하느냐 하는 점을 논의의 실마리로 하여, 그의 철학 사상이 '인간주체(人間主體)'에 기반을 두고 민족 주체 의식 — 동인의식과 문명 지향 의식 — 동문의식(同文意識)이라는 두 방향으로 전개되었음을 중점적으로 논술하였다. 아울러 우리나라 철학 사상사에서 최치원의 위상과 후세에 끼친 영향 등에 대하여 고찰함으로써, 그의 사상사적 위치를 정립하는 데 주안을 두었다.

여기서는 최치원 철학 사상의 대강을 간결하게 서술하고자 하였다. 자세한 설명이 필요한 것은 필자가 근자에 펴낸 《최치원의 철학사상》(아세아문화사, 2001)에 미루기로 한다.

Ⅱ. 최치원의 학문 경향과 삼교관(三敎觀)

최치원의 학술 사상은 각(角)이 아니라 원(圓)의 성격을 띤다. 그는 유교의 관점에서 볼 때는 분명 유학자였고, 불교나 도교의 관점에서 볼 때는 불교인이요 도선가(道仙家)였다. 그러나 그는 유교 사상을 체(體)로 하고 불교와 도교 및 그 밖의 여러 사상을 한 몸에 체득하였던 통유(通儒)였다. 당시 삼교 사상은 시대에 따라 각기 성쇠는 있었을지언정 국제성을 띤 보편적 가치 기준으로 자리하고 있었는데, 그의 삼교관은 유교를 기본으로 하면서 불교・도교의 사상을 적극 수용하고 섭취하여 궁극적으로 삼교회통(三敎會通)의 경지를 찾아내는 것이었다. 이것은 그의 철학 사상과 학문 체계 전반에 걸친 두드러진 특징으로, 가치관・인생관・학문관 등에도 관류(貫流)하는 바라 하겠다.

최치원은 삼교 사상을 활용하는데 유교를 경세적(經世的) 측면에서, 불교를 개혁과 호국(護國)의 측면에서, 도선 사상을 제세적(濟世的) 측면에서 접근하고 이해하려 하였다. 그는 대동적(大同的) 대승적(大乘的) 관점에서 삼교 사상 서로 간의 관계를 바탕으로 이를 전체적인 견지에서 통찰하려 하였다. 그 결과 삼교 사상이 근본적으로 상통한다고 하여 '소귀일규(所歸一揆)'를 주장하였고, 상호 조화와 융합을 부르짖었다. 여기에는 중국 위진 시대(魏晉時代 : 특히 東晉代) 이래의 삼교조화론 내지 삼교일치론의 영향이 매우 컸다고 할 수 있다. 최치원은 중국 불교사에 우뚝한 여산(廬山) 혜원(慧遠 : 334~417)과 심약(沈約 : 441~513)의 말을 인용하여,

> 여산의 혜원이 〈사문불경왕자론(沙門不敬王者論)〉을 지어 이르기를 "석가여래가 주공(周公)・공자와 비록 출발하고 도달하는 방법을 달리하지만 귀착하는 바는 한 가지 길이다. 교체(敎體)가 지극하면 아울러 응하지 못하나니, 이는 사물을 차별 없이 받아들이지 못하기 때문이다"고 하였으며, 심약의 말에 이르기를, "공자는 그 실

> 마리를 일으켰고 석가는 그 귀치(歸致)를 밝혔다"고 하였는데, 참으로 그 대요(大要)를 아는 사람이라고 할 만하니, 비로소 더불어 지선(至善)의 도를 말할 수 있을 것이다.[5)]

고 하였다. 유교와 불교가 비록 진리에 대한 접근 방법은 다르지만, 그 귀착하는 바는 한 가지라는 점을 선대 학자들의 말을 인용・강조한 것이다. 우리는 혜원이 '각각 자교(自敎)에만 국집(局執)되어 유교는 불교와 통하지 못하고 불교는 유교와 통하지 못하는' 정치 참여를 비판하고, 그러한 연유가 '사물을 차별 없이 받아들이지 못하는 도그마 때문이다(物不能兼受故也)'고 한 것에 주목할 필요가 있다. 혜원은 각 종교가 저마다 독존(獨尊)을 내세워 서로 대화를 나눌 수 없게 된 원인을 '체극(體極 : 敎體가 지극함)' 때문이라고 하였다. 여기에 최치원은 각 종교가 독선이 아닌 보편적인 관점에서 이 '체극' 상태를 극복해야 한다고 하면서, 그 방법으로 '화극(化極 : 順化)' 이론을 내세웠다.[6)]

최치원의 삼교관을 고찰할 때 큰 특징의 하나는 곧 그가 어느 한 사상이나 종교에 매여서 배타적 성향을 보이는 일이 없다는 점이다. 이른바 '희삼교지병행(喜三敎之幷行)'[7)]이란 표현이 이를 대변한다. 삼교가 저마다 독자성을 지니면서도 한 단계 높은 차원에서 서로 회통할 수 있다는 점에서, 진리의 보편성과 각 사상의 독자성이 서로 배치되지 않고 하나로 합치될 수 있다는 최치원의 삼교관을 엿볼 수 있다. 최치원은 삼교의 사상이 궁극적으로 '이로동귀(異路同歸)'라고 주장하였으며, 모든 사상과 종교가 대립・갈등 없이 공존하면서 화해・융합하는 것을 이상으로 여겼다. 저 '호계삼소도(虎溪三笑

---

5) 〈진감선사비문〉, "廬峯慧遠著論, 謂, 「如來之與周孔, 發致雖殊, 所歸一揆. 體極不兼應者, 物不能兼受故也」 沈約有云, 「孔發其端, 釋窮其致」 眞可謂識其大者, 始可與言至道矣"(《역주 최치원전집(1)》, 153쪽).

6) 金知見, 《사산비명 集註를 위한 연구》, 한국정신문화연구원, 1994, 53쪽.

7) 《계원필경집》 권4, 〈謝許弘鼎充僧正狀〉 참조.

圖)'에 담긴 뜻은 최치원의 삼교관과 부합한다고 할 수 있다.

최치원의 활동 시기는, 불교가 전성기를 구가하고 도교가 융성하던 당나라 말기에 해당한다. 그는 이 시기에 입당하여 유학 생활을 하였다. 그런 만큼, 당시 도·불 중시의 사상적 추세에서 완전히 벗어날 수는 없었을 것이다. 그러나 그는 이러한 추세를 붙좇지만은 않았으며, 자기의 관점과 처지에서 사상 체계를 세워 나갔다. 최치원은 여러 사상이나 종교의 동이(同異)를 가려 그 관점 및 특성을 충분히 인정하면서도, 어디까지나 유교의 관점에서 삼교 사상을 이해하였다. 이는 그의 문집에 나오는 '이유비석(以儒譬釋)' 또는 '원유비석(援儒譬釋)'이란 말이 단적으로 보여 준다. 그는 불교나 도교에서 정상(頂上)에 있는 개념이나 사상적 핵심을 끌어나가 유교와 비교하는 적극적인 방법을 사용하였다. 이것은 그가 유교에 대한 관심이 남달랐고, 또 그런 만큼 당시 도가나 불가에서 유교를 비하하는 것을 의식하고 이러한 잘못된 인식을 바로잡기 위해 노력한 것으로 평가할 수 있다. 최치원의 사상 형성과 전개의 역정에 변화가 적지 않았지만, 철학 사상의 기반은 어디까지나 유교 사상이었고 그는 유자일 수밖에 없었다.

유교 사상에 대한 최치원의 이해를 살필 수 있는 자료가 많지 않고, 또 자료가 있다 하더라도 편린에 불과한 것이 사실이다. 그러나 그가 추구하고 지향한 유교는 도덕적 윤리 규범의 차원에 머무는 '실천 유교'만이 아니라, 보다 차원이 높은 '상품(上品)의 유교'였다. 수당(隋唐) 시대 사상계·학계에서는 일반적으로 불교와 노장(老莊)을 고차원의 것으로 보고 유교를 수준 낮은 것으로 보는 분위기였다. 이런 가운데 최치원이 가장 낮은 위치에 있던 유교를 노·불과 대등한 수준으로 끌어올려 유교의 실상(實相)을 재인식토록 하였고, 또 이를 통해서 '삼교회통'의 가능성을 찾으려 했다는 데서 의의를 찾을 수 있다.

최치원이 '상품의 유교'를 지향하였음은 〈진감선사비문〉에 나오는 다음의 구절에서도 엿볼 수 있음 직하다.

> 불어(佛語)의 심법(心法) 같은 것으로 말하면 현묘하고 현묘하여, 이름하려 해도 이름할 수 없고 설명하려 해도 설명할 수 없다. …… 그러나 먼 곳에 이르는 것도 가까운 곳에서부터 시작되는 것이니, 비유를 취한들 무엇이 해로우랴? 공자가 문제자(門弟子)에게 일러 말하기를, "내 말하지 않으련다. 하늘이 무슨 말을 하더냐?"고 하였으니, 저 유마거사(維摩居士)가 침묵으로써 문수보살(文殊菩薩)을 대한 것이나, 석가(釋迦)가 가섭존자(迦葉尊者)에게 은밀히 전한 것은, 혀끝도 움직이지 않고 능히 마음을 전하는 데 들어맞은 것이다. (공자가) 하늘이 말하지 않음을 말하였으니, 이를 버리고 어디 가서 얻을 것인가.[8)]

위의 내용은, 문수보살이 '입불이법문(入不二法門)'에 대하여 물었을 때 유마거사가 '묵연무언(默然無言)'으로 응대하였던 사실에 대하여, 《논어》, 〈양화(陽貨)〉편에서 다음과 같은 내용을 인용하여 비유한 것이다.

> 공자가 말하기를 "내 말하지 않으련다"고 하니, 자공(子貢)이 말하기를, "선생님께서 말씀하지 않으시면, 저희들이 어떻게 도를 전하겠습니까?"라고 하였다. 이에 공자가 말하기를, "하늘이 무슨 말을 하더냐? 사시(四時)가 운행되고 백물(百物)이 생장하거늘 하늘이 무슨 말을 하더냐?"고 하였다.[9)]

최치원이 공자의 이른바 '천도(天道)'의 유행(流行)을 묵지(默識)하라는 내용을 언어도단(言語道斷)의 경지에 있는 선(禪)에 비유한 것은 상당히 수준 높은 이해라 할 수 있다. 그는 일찍이 "지도(至道)는 형체가 없지만 두드릴 수 있나니, 마음을 깨끗하게 하면 느낌이 있어 반드시 통하게 될 것이다"[10)]

---

8) 〈진감선사비문〉, "至若佛語心法, 玄之又玄, 名不可名, 說無可說. …… 然陟遐自邇, 取譬何傷. 昔尼父謂門弟子曰, 「予欲無言, 天何言哉」, 則彼淨名之默對文殊, 善逝之密傳迦葉, 不勞鼓舌, 能叶印心. 言天不言, 捨此奚適而得"(《역주 최치원전집(1)》, 153~154쪽).
9) 《논어》, 〈陽貨〉, "子曰, 「予欲無言」 子貢曰, 「子如不言, 則小子何述焉」 子曰, 「天何言哉. 四時行焉, 百物生焉, 天何言哉.」"

고 하였는데, 심조자득(深造自得)한 직각(直覺)의 경지가 아니고서는 이런 비유가 쉽지 않다. 특히 위의 문장 말미에서 "하늘이 말하지 않음을 말하였으니, 이를 버리고 어디 가서 얻을 것인가"라고 하여, 고차원에 있는 선(禪)의 경지에 공자가 '천하언재(天何言哉)'라고 한 것을 비할 수 있으며 이것이 가장 높은 경지에 있는 것이라고 강조하였다. 여기서 그가 불비(佛碑) 속에서도 유교의 '극고명(極高明)'한 상달처(上達處)를 부각하려 했음을 엿볼 수 있다.

위의 비유에서 최치원이 유교에서 드물게 말하는 형이상학의 경지를 인용하여 선(禪)과 비교한 것은, 유교에도 노·불에서 말하는 초월계가 있고, 또 이를 중시한다는 점을 은연중 부각하여, 유교의 수준을 끌어올리려고 한 것이다. 아울러 이를 통해 삼교의 회통을 꾀하려 했던 것이라 할 수 있다.

최치원은 우리나라 한문학의 시조임은 말할 것도 없고, 유교에서도 한국 유교의 서장을 여는 유종(儒宗)으로 중요한 위치를 차지한다. 그가 유교 사상의 천명에 끼친 공은 가볍게 평가할 수 없다고 본다.

Ⅲ. 인간주체의 선언과 철학적 함의

최치원의 철학 사상은 체계적일 뿐 아니라 정합성을 갖추고 있다. 그의 철학 사상은 〈진감선사비문〉(887) 첫머리에서 '도불원인(道不遠人), 인무이국(人無異國)'이라고 했던 '인간주체'의 문제를 기반으로 전개된다. 진리의 보편성이 인간을 떠나 초월적인 데 있지 않다는 이 여덟 자의 선언은 비록 《중용》에서 원용된 것이기는 하지만, 사실 동양 사상 전반에 관류(貫流)하는 것이기도 하다. 동양의 보편적 사상인 유·불·도 삼교는 다 같이 인간을 문제삼는다. 이런 까닭에 삼교 모두 '인간학'이라 해도 지나친 말이 아니다. 비록 '정치 참여적 인간'을 보는 관점, 또 이것을 이론적으로 설명하는 방식 등에

---

10) 《계원필경집》 권15, 〈黃籙齋詞〉, "至道則無形可扣, 精心則有感必通."

서는 서로 차이가 있지만, 기본적으로 인간의 본질을 중시하고 인간의 가능성에 대해 신뢰한다는 점에서는 공통성을 띤다. 삼교가 인간을 중시하는 사상 체계로 되어 있다고 할 때 인간주체의 문제가 중핵적인 위치에서 다루어지는 것은 필연적인 사실이요, 이 '인간주체'가 바탕이 될 때 삼교 사상이 서로 회통할 수 있고 서로 이질적인 사상과 종교가 마침내 하나로 만날 수 있다는 근거를 찾을 수 있는 것이다.

그렇다면 최치원은 왜 "도는 사람에게서 멀리 있지 않으며, 사람은 나라에 따라 차이가 없다"[11]는 선언을 하였을까? 그 이면(裏面)을 살펴볼 때, 이것은 신라인의 '주체적 자각'의 움직임과 관련이 있다. '주체'란 객체와 상대적 관계에서 성립하는 말이다. 나와 남의 관계에서 '남'이라는 존재를 의식하지 않고서는 나라는 주체를 제대로 파악할 수 없다. 그야말로 "순(舜)은 어떠한 분이시며, 나는 어떠한 사람인가"[12]라고 하는 주체적 자각 없이는 이러한 선언이 불가능했을 것이다.

당시 당나라는 세계적인 대제국(大帝國)이면서 문화 선진국으로 국제 질서를 이끌었다. 그런 만큼 정치적 문화적으로 우월감과 자부심이 넘쳐 오만과 편견도 심하였으니, 자기들은 세계 문화의 중심국이고 주위 여러 나라들은 문화가 열등하다 하여 야만시하는 일이 다반사였다. 이에 최치원은 당나라의 이러한 태도에 정신적으로 저항하는 뜻에서 '진리는 인간주체 바로 그것이다'고 하여, 문화적 자주성 내지 인권의 평등성까지 담은 선언을 하지 않을 수 없었을 것이다. 이때 최치원의 나이 서른하나로, 당나라에서 돌아온 지 만 2년이 되던 터였다. 위의 선언은 최치원의 생각이면서 당시 신라 지식인층의 의식 세계를 일정하게 반영한 것이었다. 신라 중대 이후로 식자층 일

11) '人無異國'은 "사람은 출신국에 따른 차이가 없다" 또는 "사람에게는 異國이 따로 없다"는 이중적인 뜻이 담겨 있다.

12) 《맹자》, 〈滕文公 上〉, "顔淵曰, 舜何人也, 予何人也." ; 〈대낭혜화상비문〉, "於是, 上大喜, 懊見大師晩, 曰, 「恭己南面, 司南南宗, 舜何人哉, 余何人也」"(《역주 최치원전집(1)》, 77쪽).

각에서 모화적(慕華的) 기풍이 성행하는 가운데서도 민족 주체 의식이 대두하여 차츰 뿌리를 내리고 마침내 하나의 시대사조를 이루었다.[13)]

인간주체를 기초로 하는 최치원 철학 사상의 성격은 〈해인사선안주원벽기〉에도 분명하게 드러나 있다.

> 위대하도다! 하늘이 귀하게 여기는 것은 사람이요, 사람이 마루[宗]로 삼는 것은 하늘이다. 사람이 도를 실천하는 것이요, 도는 사람에게서 멀리 있지 않다. 그러므로 도가 높아진다면 사람은 저절로 귀하게 된다.[14)]

여기에 나오는 '인능홍도(人能弘道)', '도불원인(道不遠人)'은 인간주체가 곧 진리임을 강조할 때 어김없이 인용되는 말이다. 유교 사상의 본령을 핵심적으로 요약한 것이라 해도 지나치지 않다. 유교에서는 진리가 인간과 인간의 정치 참여를 떠나서는 성립할 수 없는 것이라 하여 "도란 것은 잠시도 떠날 수 없는 것이니, 떠날 수 있다면 도가 아니다"[15)]라 하고, 또 진리는 인간이 주체가 되어 실현할 수 있다는 뜻에서 "사람이 능히 도를 넓히는 것이요, 도가 사람을 넓히는 것은 아니다"[16)]고 한다. 여기서 도를 실천하는 주체로서의 '인간'의 위치를 짐작할 수 있고, 또 유교의 인도주의에서 인간을 떠나거나 도외시하고는 그 어떠한 가치나 의의가 없다는 것을 다시금 확인할 수 있다. 이와 관련하여 "하늘이 나에게 덕을 주셨다"[17)]고 하는 공자의 말을 주목할 필요가 있다. 인간의 본성인 밝은 덕은 하늘이 품부(稟賦)하여 나의 중심을 이루었다는 것이니, 이는 곧 초월이면서 내재(內在)임을 말한다. 그러므로

---

13) 최영성, 《최치원의 철학사상》, 402~409쪽 참조.

14) 〈海印寺善安住院壁記〉, "偉矣哉! 天所貴者人, 人所宗者道, 人能弘道, 道不遠人, 故道或尊焉, 人自貴矣"(《역주 최치원전집(2)》, 278쪽).

15) 《중용》 제1장, "道也者, 不可須臾離也, 可離, 非道也."

16) 《논어》, 〈衛靈公〉, "人能弘道, 非道弘人."

17) 《논어》, 〈述而〉, "天生德於予, 桓魋其如予何."

하늘이 지극히 존귀한 것과 같이 인간 역시 존귀함을 아울러 말하는 것이라 하겠다.[18] 여기서 최치원 철학 사상의 초점이 인간주체 문제에 집약되었음을 다시 한 번 확인한다.

최치원이 '도불원인, 인무이국'라고 하여 진리의 보편성은 인간주체를 본원으로 한다고 한 팔자입언(八字立言)은 오늘날에도 불변의 진리가 아닐 수 없다. '인간주체'란 구체적으로 말하면 바로 '나'요, '우리'다. 주체를 주체 스스로가 파악하려는 것이 다름 아닌 자각이요, 이 자각을 통해 주체적 파악을 추구하는 것이 바로 철학이라 할 때,[19] 최치원이 인간 자신의 문제, 인간 본성의 문제에 관심을 가졌던 것은 무엇보다도 철학하는 태도에서 나왔다고 하지 않을 수 없다.

진리의 보편성 앞에서 이국(異國)이 따로 있을 수 없다고 설파했던 최치원은 〈지증대사비문〉 첫머리에서 인간의 본질을 바탕으로 진리가 하나로 통할 수 있음을 서술하였다.

> 오상(五常)을 다섯 방위로 나눔에 동방(動方 : 東方)에 짝지어진 것을 '인(仁)'이라 한다. …… 인심(仁心)이 곧 부처인 바, …… 욱이(郁夷 : 東夷)의 유순한 성원(性源)을 인도하여, 가비라위(迦毘羅衛)의 자비로운 교해(敎海)에 이르도록 하니, 이는 돌을 물에 던지는 것 같고, 빗물이 모래를 모으는 듯하였다.[20]

우리나라 사람들의 유순한 성품, 어진 마음은 애써 이끌지 않아도 불교와 자연스럽게 통할 수 있다는 것이다. 위에 보이는 '성원(性源)'이란 표현에서 '본성의 근원'이 무엇인지를 짐작할 수 있게 한다. 최치원의 생각은 인간주체

---

18) 류승국 외, 《유학원론》, 성균관대학교 출판부, 1981, 69쪽.
19) 박종홍, 《철학개론》, 박영사, 1964, 14쪽.
20) 〈지증대사비문〉, "五常分位, 配動方者曰仁心, …… 仁心卽佛, …… 道郁夷柔順性源, 達迦衛慈悲敎海 ; 寔猶石投水, 雨聚沙然"(《역주 최치원전집(1)》, 257~258쪽).

가 바로 진리이므로 인간 본질의 심층에서 너와 내가 통할 수 있으며, 여러 사상과 종교가 하나로 만날 수 있는 공통 기반인 광장이 있다는 것이다. 이러한 생각에서 유교나 도교, 그 밖의 종교도 예외가 아닐 것이다. 여기서 진리의 보편성과 인간 본질의 일원화[21]라는 논리가 성립할 수 있다.

인간주체를 강조하는 최치원의 철학 사상은 필연적으로 인간의 심성(心性) 문제에 관심을 기울이지 않을 수 없었다. 인간주체의 문제는 곧 천도(天道)와 인성(人性)의 문제, 나아가 '심'과 '성'의 문제로 구체화되기 때문이다. 최치원이 비록 송대(宋代)의 성리학처럼 '심'과 '성'을 구분하여 본격적으로 다루는 단계에까지 이르지는 못했지만, '심'의 문제에 대해서는 일정한 경지에까지 이르렀다고 할 수 있다.[22] 그가 이 '심'을 유・불・도 삼교 사상이 하나로 회통할 수 있는 가장 큰 사상적 근거로 삼았던 점에 주목하지 않을 수 없다.[23]

최치원은 상고 시대의 홍익인간(弘益人間) 사상을 계승하고 '도불원인'의 인간주체적 진리관을 확립하여, 이것이 후세에 한국 사상의 주된 흐름이 되게 하는 데 일정한 도인(導引)을 한 학자로 평가를 받는다.[24] 인간을 근본으로 하고 인간을 중시하는 것이 유교 사상의 근본이자 한국 사상의 일관된 맥락이라고 할 때, 최치원 철학 사상은 인간주체의 문제를 통해 유교 사상의 본령과 한국 사상의 주맥(主脈)을 제시했다는 데서 사상사적 의의를 찾을 수

21) 류승국, 《한국사상과 현대》, 동방학술연구원, 1988, 311~312쪽.

22) 최치원이 '性'의 문제를 철학적으로 직접 다룬 대목은 찾아보기 어렵지만, 그가 강조하였던 '道不遠人'이라는 말 자체가 性과 天道의 문제를 內含하고 있기 때문에, 그의 사상에도 이 문제가 밑바탕에 깔려 있다고 볼 수 있다.

23) 최치원이 '심'을 통해 삼교를 회통하려 했던 데에는 魏晋時代의 三教同源論의 영향이 크다고 본다. 삼교가 서로 다른 것은 자취[跡]요 같은 것은 마음[心]이라는 인식은, 위진 시대 이래 삼교동원론자들의 표어와도 같다. 중국 명나라 말기의 고승인 憨山大師 德淸(1546~1623)도 "三教聖人, 所同者心, 所異者跡也"라 하여, 삼교동원의 근거를 '심'에서 찾고 있어, 그 사상적 맥락이 長久함을 알게 한다.

24) 류승국, 〈2천년대 인류 미래와 한민족 철학의 향방〉, 《한민족과 2천년대의 철학》(1999년 철학자대회 발표문, 한국철학회) 참조.

있을 듯하다. 이와 함께 유교 사상을 천(天)과 인(人)과 도(道)의 관계에서 파악하였을 뿐 아니라, 인간주체의 근저를 이루는 '심'의 문제를 중요하게 다루어 고려 말기에 본격적으로 수용되는 성리학과의 사상적 거리를 좁히는 데 일정한 기여를 했다는 데서 그가 문묘에 종사(從祀)된 의의를 찾을 수도 있을 것이다.

Ⅳ. 동인의식(東人意識)과 동문의식(同文意識)의 전개

최치원의 철학 사상은 정치 참여적으로 '동인의식'과 '동문의식'의 두 축으로 전개되었다. 전자는 민족적 차원에서 후자는 세계적 차원에서 이해할 수 있는데, 둘 다 최치원의 독창적인 사상이라 할 수는 없고 당시의 시대사조와 밀접한 관련이 있다. 최치원에게 민족 주체 의식과 문명 지향 의식은 일체양면(一體兩面)으로 피어나는 것이다. 그가 이를 통해 궁극적으로 지향하고자 했던 것은 다름이 아니었다. 분열과 갈등으로 난마처럼 뒤얽힌 당시의 정치 참여를 극복하기 위해 사회 통합의 원동력으로 민족의식을 부르짖은 것이었고, 아울러 우리의 문화적 긍지와 문화 창조의 역량을 최고도로 발휘하여 국제적인 수준으로 끌어올리기 위해 문명 의식을 고취시키는 것이었다.

신라 하대에 대두된 '동인의식'은 중요한 사상적 동향으로 꼽을 수 있다. 당시 지식인 계층의 의식 세계가 투영된 이 동인의식을 크게 부각하고 고양한 학자가 곧 최치원이다. 그가 이를 집성하여 '민족의식의 자각'을 널리 고취하였다는 데서, '동인의식'하면 바로 최치원을 연상하게 되는 것이다. 우리 역사상 민족 주체 의식과 관련하여 신라 하대의 동인의식을 간과할 수는 없다. 이것은 고려 태조 왕건의 '훈요십조(訓要十條)'보다도 몇백 년 앞서는 것이다.

'동인의식'은 최치원 철학 사상의 체계와 맥락을 가늠케 하는 관건이라 할 수 있다. 최치원은 《사산비명》 등에서, 동인의식과 관련하여 일관된 논리를 전개하였다. 특히 〈해인사선안주원벽기〉에서는 "동인의 높은 수준의 단계는 그 의의를 겨우 일부분만 취했을 뿐이다(東人峻階, 義取窺豹)"고 하여, 자신이 동인의식에 대해 서술한 것은 대통 구멍으로 표범을 보는 것에 불과하다고까지 하였다. 실로 동인의식의 극치를 보여 준다고 하겠다. 최치원의 동인의식은 단적으로 말해서 우리 민족의 정신적 사상적 밑뿌리를 캐고자 하는 것이었다. 특히 이른바 그의 '현묘한 풍류도'를 지닌 우수한 문화 민족으로서의 강한 자부심과 긍지가 동인의식에 집약되었음을 엿볼 수 있다.

이와 같은 동인의식은 종래의 중국에 대한 열등감에서 벗어나 우리 민족의 정체성(正體性)을 자각함과 동시에 주체 역량을 확인하고자 함이었으니, 신라 후기 사상사에서 특기할 만한 사실이 아닐 수 없다. 당시 일반적으로 사대모화 의식이 강하여 자비적(自卑的)인 경향이 적지 않았다. 이러한 분위기 속에서 우리는 문화 민족이고 나아가 세계 문화의 밑바탕이 된다고 외침으로써 민속의 자존심과 우월감을 한껏 드높인 것은, 후일 고려・조선 시대로 내려오면서 민족 주체 의식을 계승하고 발전시키는 데 큰 밑거름이 되었다. 이러한 뜻에서, 최치원을 '사대모화의 표본적인 인물'로 규정했던 종래의 평가는 반드시 재검토되어야 할 것이다.

최치원은 당나라에서 귀국한 이후 무엇보다도 우리 고유 사상을 탐구하고 이를 계승하는 데 노력을 집중하였다. 그 결과, 〈난랑비서〉에서 우리나라에 서로 이질적인 사상들을 하나로 융합할 수 있는 기반인 풍류도가 있음을 밝혔다. 고유 사상에 대한 그의 뜨거운 관심과 독특한 해석은 우리 역사상 처음이라는 점에서 소중한 것이 아닐 수 없다. 그는 풍류도를 해석하여 당시 유교의 합리주의적 성격에 함몰되고 가려져 있던 우리나라 고유 사상의 신비적 성격이 다시 빛을 보게 하기도 했다.

최치원이 생각하는 풍류도의 매력은 '원융성(圓融性)'이었던 듯하다. 여러 사상적 종교적 요소가 한데 어우러져 있으면서도, 서로 갈등과 대립을 일으키지 않는 점이야말로 더할 나위 없이 매력적이고 이상적이었으리라. 그러기에 그가 '현묘지도(玄妙之道)'라고 했던 '풍류'를 그 어떤 사상이나 종교보다도 독특한 성격을 지닌 이상적인 본보기로 파악했던 것 같다. 〈대숭복사비문〉에서 "뭇 미묘한 것 가운데 미묘한 것을 무슨 말로써 이름할 수 있으랴(衆妙之妙, 何名可名)"고 했던 것은 '풍류'에 대한 설명이라고 할 수 있을 것이다.

최치원은 우리 고유 사상과 삼교 사상의 공통된 성격을 찾아내는 데 힘썼다. 이는 그의 지대한 관심사의 하나가 바로 '삼교의 토착화'였음을 보여주는 것이라 해석할 수도 있다. 그에게는 삼교가 한갓 외래 사상에 불과한 것이 아니었다. 이것은 '우리의 것'이라는 생각이 그의 마음 한편에 늘 자리 잡고 있었던 듯하다. 그는 삼교 사상에 대한 연구를 기반으로 삼교가 궁극적으로 하나로 만날 수 있다는 '삼교회극(三教會極)'을 주장하였을 뿐 아니라, 삼교 사상의 주형(鑄型)을 가지고 우리 고유 사상인 풍류도를 해석하였다.

최치원은 고유 사상 정립과 외래 사상 수용을 상함(相涵) 관계로 생각하고, 함께 다루어 자연스럽게 해결하고자 했다. 그는 우리 고유 사상의 원형을 탐구하면서 풍류도의 핵심 요소가 삼교 사상과 부합한다고 해석하였는데 그 이면에는 외래 사상을 수용할 수 있는 소지와 가능성을 확인하려는 숨은 뜻이 담겨 있다. 뒷날 우리가 외래 사상을 수용, 섭취함에 이 풍류도가 정신적 바탕을 이루어 왔던 사실에 비추어 볼 때, 최치원의 포용적이고 원융적인 해석은 여기에 지대한 영향을 끼쳤다고 할 수 있다.

최치원의 삼교에 대한 이해와 풍류도 해석에는 당시의 학문적 사상적 경향이나 일반적인 인식이 반영되었을 것이다. 그러나 궁극적으로는 독선과 독존(獨尊)으로 말미암은 각 종교 간의 대립과 분열·갈등을 지양하며, 서로 대화하고 화합할 것을 추구하는 최치원의 강렬한 염원과 이상이 담겨 있다. 후세에 최치원을 '풍류도의 진정한 구현자'로 받들고 평가하는 까닭도 여기에 있다.

최치원이 삼교 사상이라는 틀을 가지고 풍류도를 이해하려 한 것은 궁극적으로 그의 동문의식(同文意識)과 연결되어 있다. 《사산비명》과 《제왕연대력(帝王年代曆)》, 〈향악잡영(鄕樂雜詠)〉 등에서 볼 수 있는 바와 같이, 그는 풍류도를 비롯한 우리 민족의 전통을 보편적 가치 기준과 개념으로 해석, 설명하였다. 이것은 다름 아닌, 당시 국제 사회의 보편적인 가치 기준으로 우리의 민족 전통을 재발견하고, 나아가 이를 당시 국제 무대인 당나라에까지 선양하려는 의도였다. 이러한 점에서, 우리의 역사와 문화를 세계사적 흐름과 관련하여 이해하고 또 이것을 보편적 가치 기준과 개념으로 자리매김하려 했던 최치원이야말로 문화적 측면에서 국제화에 공헌했다고 평가할 수도 있음 직하다.

민족적 주체성을 세계적 보편성과 균형 있게 매개하고 조화시키는 일은 역사적으로 각 시대마다 당위적 과제였다. 최치원은 '보편과 특수' 문제에서 중용을 추구하던 학자였다. 사실, 그의 이러한 중용적 성향에는 불교 사상보다도 유교 사상의 영향이 더 컸던 것 같다. 왜냐하면 불교에서는 일체법(一切法)에 차별성과 분별성이 없음을 강조하고 또 분별성을 극복하려 하기 때문에 불교 사상에만 머물 수 없었고, 결국 '이론과 실제', '보편과 특수'를 아울러 중시하는 유교 사상의 논리에 입각하지 않을 수 없었다. 이 점에서도 최치원은 불교적 세계에만 안주할 수 없던 인물이었다.[25)]

필자는 최치원의 문명 의식을 '동문의식'[26)]이라 명명하였다. '동문(同文)'이란 말은 《중용》에서 나왔다.[27)] 이른바 '거동궤(車同軌) 서동문(書同文)'은 종래 중국 문화권에서의 국제화[28)]를 가리킨다고 할 수 있다. 당시의 거대

---

25) 이와 관련하여 일본의 학자 하치야 쿠니오(蜂屋邦夫)도 "유학자들은 정치 참여 속에서 자기주체성을 확립하기 위해 불교를 초월하지 않으면 안 되었다"고 하였다(戶川芳郎 外, 조성을·이동철 共譯, 《儒教史》, 이론과 실천, 1990, 216쪽).

26) 동문의식에 대한 용어와 개념의 자세한 설명은 최영성, 《최치원의 철학사상》, 455~459쪽 참조.

27) 《中庸》 제28장, "今天下, 車同軌, 書同文, 行同倫."

28) 근자에는 '국제화'와 '세계화'라는 용어가 별 구별 없이 사용되고 있지만 일정한 구별이 필요할 것 같다. 최치원에게는 국제화라는 용어가 적당하다고 본다. 양자를 구별함에 나

중국은 인지 가능한 세계에서 유일하게 '문명한 곳'이었다. 중국 이외의 다른 문명 세계를 선택할 여지가 없었으며, 따라서 중국 중심의 국제화가 될 수밖에 없었다. 최치원의 문명 의식을 논함에 '동문'이란 말은 정치적 차원에서 중국 중심의 국제적 보편 질서가 아니라, 문화적 차원에서 '중국 중심의 보편 문화'를 추구하는 것으로 보아야 할 것이다.

어찌되었든지 '동궤', '동문'이란 말은 예로부터 '천하대일통(天下大一統)'의 뜻으로 사용되어 왔다. 특히 역사적으로 '동문 세계(同文世界)'란 말이 자주 쓰였다. 이는 오늘날 널리 쓰이는 국제화 내지 세계화의 뜻과도 상통한다. 최치원에게 동문의식은 '동문'이란 말의 출전(出典)과 그 원뜻에 구애되지 않고, 대체로 '문화적 융평 세계(隆平世界)'를 지향하는 문명 의식이라는 개념으로 쓰인다. 따라서 최치원 철학 사상에서 문화적 보편성을 추구하는 의식 체계를 '동문의식'이라는 학술 용어로 부를 수 있음 직하다. 이에 대해서는 학계의 비평을 기다린다.

문명 세계를 지향하는 최치원의 동문의식은 그의 표현대로 '기러기가 오직 태양 따르는 것만을 생각하듯이(隨陽是思)' 수준 높은 문화를 이룩하기 위한 일념으로 선진 문명을 추구하는 것이다. 그러나 요즈음 우리가 애써 추구하는 '무모하고 줏대 없는 세계화'와는 그 차원이 다르다. 민족 문화를 송두리째 말살시키고 가치관의 혼돈을 초래하여 우리 사회를 일대 혼란에 빠뜨리고 말 것이 자명한 것이 아니었다. 최치원은 문화적 민족적 뿌리를 제대로 인식하고 이것을 바탕으로 국제화를 추구하였다. 그야말로 '뿌리 있는 국제인'이 되기를 염원하였던 것이다. 그가 추구하였던 문명 세계는 옛 표현으로 '용하변이(用夏變夷)'라는 것이기도 하지만, 내 것을 모두 내버려 두고 남의 문화만을 추종하는 '한단지보(邯鄲之步)'와 같은 것이 아니었다. 우리의 낮은 수준의 문화를 한 단계 높은 곳으로 끌어올려 문화적으로 동등한 경지에 이

라와 나라 사이의 울타리가 있느냐 없느냐, 즉 국경 관념의 정도가 중요한 기준이 된다.

르고자 한 것이었으니, 이러한 사상적 이면에서 '문화적 융평 정신'을 엿볼 수 있다. 최치원은 한 나라, 한 민족의 문화가 자기의 정체성을 확립한 뒤라야 바람직한 국제화가 이루어질 수 있다고 후인들을 깨우치고 있다.

요약하자면, 최치원은 극단적인 모화주의자가 아니고 또 민족 문화의 특수성만 강조하여 문화적 고립까지도 마다하지 않는 배타적 국수주의자도 아니었다. 그는 문화의 보편성을 중시하였고, 아울러 특수성도 추구하였다. 그에게서 주체 의식과 문명 의식은 서로 대립하거나 모순되는 것이 아니었다. 이것은 인간의 내면적 본질을 기초로 하는 인간주체 의식을 통해 하나의 광장에서 만날 수 있고 또 통할 수 있는 일원적 관계에 있다. 최치원의 주체 의식과 문명 의식은, 신속화・정보화・세계화로 특징지워지는 오늘날 동서 문명의 보편성 추구와 세계화 지향을 시대적 과제로 하는 현대인들에게 세계화와 주체 의식의 관계를 다시 한 번 깊이 되새기게 하는 것으로, 어떤 것이 바람직한 세계화인지 잘 보여준다고 하겠다. 넓게 열린 마음으로 우리 문화와 전통을 가장 '민족적'이고 '원형적'으로 잘 살려서 세계에 널리 알리는 것이 바람직한 세계화일 것이다. 또 '뿌리 있는 국제인'이야말로 이 시대의 우리들에게 주어진 당면 과제의 하나라 할 것이다.

Ⅴ. 최치원 철학 사상의 전승과 맥락

최치원의 철학 사상은 위로는 삼교에 통효(通曉)했던 원효와 같은 선학에게서 많은 영향을 받고, 후대에 이규보(李奎報 : 白雲居士), 김시습(金時習 : 梅月堂), 휴정(休靜 : 淸虛堂), 유일(有一 : 蓮潭), 이서구(李書九 : 惕齋, 1754~1825), 최제우(崔濟愚 : 水雲), 김항(金恒 : 一夫, 1826~1898) 등 삼교회통 내지 조화를 주장하는 학자・종교인에게 직・간접적으로 많은 영향을 끼쳤다. 그 자신이 풍류도의 구현자로서의 생애를 보냄으로써, 각 종교 간의 대립과 갈등을 해소하는 데 상당한 구실을 하였다. 또 민족 주체 의식과 문명 지향 의식의 측면에서도 후대에 적지 않은 영향을 끼쳤다. 이처럼 최치원을 정점으로 하여 한 무리의 학자·사상가들이 독특한 사상적 맥락을 연면히 이어 왔음에 비추어 볼 때, 이를 '고운 학맥' 또는 '최치원 계보'라 이름 붙일 수 있음 직하다.

고려 중기의 문호 이규보(1168~1241)는 유·불·도 삼교에 정통한 통유(通儒)였다. 그의 호 '백운(白雲)'은 '고운(孤雲)'과의 사상적 연계성을 시사한다. 일찍이 〈당서불립최치원열전의(唐書不立崔致遠列傳議)〉를 지어 《당서》, 〈문예열전(文藝列傳)〉에 최치원의 전(傳)을 세우지 않은 것을 비판하면서, 이를 민족적 자부심과 연결하였다. 또 자신의 저술을 통해 고신도(古神道)를 강조하고, 이것을 통해 삼교 융화를 도모하였는데, 이는 그가 최치원의 사상적 유서(遺緖)를 잘 계승한 인물이라는 점을 보여 준다.[29] 〈동명왕편(東明王篇)〉 등을 통해 민족 주체 의식을 한껏 드높일 수 있었던 것 역시 최치원의 동인의식과 일맥상통하는 바가 아닐 수 없다.

매월당 김시습(1435~1493)은 최치원과 마찬가지로 삼교에 두루 통달했으며, 유교의 관점에서 불교의 화엄 및 선(禪), 도선 사상을 이해하였다. 그가 우리나라 도교에서 도맥(道脈)의 중추적 인물로 받들어져 온 것도 최치원의 경우와 같다. 삶의 발자취를 보면 두 사람이 몹시 비슷하다.[30] 그동안 많은 사람들이 최치원과 김시습의 사상적 관련을 따지기에 앞서 두 사람이 전후상응(前後相應)하는 것으로 인식해 왔던 점이 주목된다.

서산대사 휴정(1520~1604)은 《삼가귀감(三家龜鑑)》을 지은 고승이다. 그는 성리학 일색의 학문 풍토 속에서, '영불지인(佞佛之人)'이란 혹평을 받던 최치원을 몹시 흠모하면서 변호해 마지않았으며, 매우 높은 경지에 있는

---

29) 노평규, 〈이규보 철학사상 연구〉, 성균관대학교 박사 학위 논문, 1990, 121~133쪽 참조.

30) 김시습은 삼십 대에 최치원의 출생지인 경주의 金鰲山 茸長寺에 은거하다가, 말년에는 최치원이 세상을 떠난 곳으로 알려진 충청도 鴻山의 無量寺에서 입적하였다. 이는 최치원 사상의 傳承과 관련하여 주목할 만한 사실이다.

최치원의 철학 사상을 기렸다.[31] 사실, 삼교에 두루 밝았던 휴정이었기에 최치원의 사유세계나 의식의 저변을 적확하게 꿰뚫었을 것이고, 또 그의 학문과 사상의 진가를 제대로 평가할 수 있었을 것이다.

최치원에 대한 휴정의 존모의 정과 깊은 관심은 그의 문인들에게 계승되었으며, 마침내 최치원의 저술이 불가(佛家)에서 경여(經餘)의 과외독본(課外讀本)으로 중시되기에 이르렀다. 휴정의 제자 가운데 주로 호남 지방에 주석(駐錫)하였던 중관자(中觀子 : 鐵面老人) 해안(海眼 : 1567~?)은《사산비명》의 가치를 높이 평가하여 한 권의 책으로 독립시켰으며, 또 주석을 달아 불교 학인들에게 습송(習誦)토록 하였다. 이로부터 4백여 년에 걸친《사산비명》주석사(註釋史)가 시작되었는데, 이처럼 호남 지방을 중심으로 최치원에 대한 재평가와 연구가 이루어졌던 것은 실로 해안의 영향이 컸다고 할 수 있다. 비록 불가에 국한된 것이었다 하더라도, 그가《사산비명》에 대한 주석과 연구의 기풍을 일으켜 최치원 철학 사상에 대한 관심을 높이는 최촉제(催促劑) 구실을 했다는 데 적지 않은 의의가 있다.

호남 불교계의 이러한 분위기 속에서 최치원에 대해 남다른 관심을 가진 또 한 사람의 명승(名僧)이 배출되었으니, 바로 호남승 유일(1720~1799)이다. 유일은〈사산비명 서(序)〉에서 최치원의 삼교회통적 학문 경향을 칭송하고, 유학자들의 비판에서 그를 변호해 마지않았다.

> …… 만일 선생이 태평한 시대에 밝은 임금을 만나 그 문장을 쓰고 그 뜻을 행할 수 있었다면, 임금을 바로잡고 세상을 구제하는 방법이 어찌 주공(周公)이나 공자(孔子)의 도에 배치될 것인가?《동문선》은 일찍이 나도 보았거니와, 거기에 실린 선생의 글은 단지 부처님을 찬양하고 부도(浮屠)를 찬양하는 일에 불과하였다. 그런데 퇴계 선생은 이것 하나만을 집착하여 보고서 비판한 것이다. 선생의 문집이

31)《淸虛集》권5,〈智異山雙磎寺重創記〉;《한국불교전서》제7책, 705~706쪽 참조.

30권이나 되고 《계원필경》도 20권이나 되는데, 그 속에 어찌 치국안민(治國安民)의 방법과 심성리기(心性理氣)의 논리가 없겠는가? 황소(黃巢)가 침상에서 떨어졌다는 격문과 여왕이 가상히 여겨 받아들였다는 상소만으로도 그 일단(一端)을 엿볼 수 있으니, 문묘 종사에 무슨 외람됨이 있겠는가?

…… 퇴계 선생이 탄박(彈駁)한 뒤로 한 사람도 붙들어 일으키는 이가 없기에, 내가 짐짓 특별히 부연(敷演)하고 거듭 밝히노라. 천 년 뒤의 사람들에게 선생의 뜻이 어디에 있는가를 알도록 했다면, 그것은 이른바 '아침에 만나고 저녁에 만나는 것[朝暮遇之]'이리라.[32)]

최치원의 민족의식은 그의 가문을 통해서도 잘 계승되었으며, 후학들에 의해 하나의 맥락을 이루어 역사적으로 연면히 이어졌다. 고려 말 졸옹(拙翁) 최해(崔瀣 : 1287~1340)는 자신이 최치원의 후손임을 매우 자랑스럽게 여겼거니와, 일찍이 민족 주체적 관점에서 우리나라의 역대 명문(四六文)을 모아 《동인지문사륙(東人之文四六)》 25권을 엮어 펴냈다. 그는 이 책에서 우리나라 학자·문인들의 학문과 문장을 중국과 대등한 관점에서 주체적으로 평가함으로써, 문화 민족이라는 자긍심을 한껏 고양시켰다. 《동인지문사륙》은 이후로 '동국(東國)' 또는 '동인(東人)'을 표제로 한 저술의 표본이 되어, 김종직(金宗直 : 1431~1492)의 《동문수(東文粹)》라든지 서거정(徐居正 : 1420~1488) 등의 《동문선(東文選)》 같이 '동'자를 첫머리에 내건 책이 계속 나오게 하는 데 지대한 영향을 끼쳤으니, 여기서 최치원 동인의식의 유향(遺香)이 누백년 토록 계승되었음을 짐작할 수 있다. 최해는 이 밖에 여러 글을 통해 민족 주체 의식을 강조하기도 했다. 당시와 같은 민족 수난기에 뚜렷하게 민족의식을 고취하였다는 점에서 주목해야 할 인물이 아닐 수 없다.[33)]

---

32) 《蓮潭大師林下錄》 권3, 〈四山碑銘序〉; 《한국불교전서》 제10책, 260쪽 참조.
33) 李九義, 〈拙翁 崔瀣의 삶과 민족의식〉, 《민족문화논총》 제18·19합집, 영남대학교 민족문화연구소, 1998 참조.

최치원의 민족 주체적 정신은 주체적 선도(仙道)를 자임하는 일파에게도 사상적으로 큰 영향을 끼쳤다. 최치원은 한국 도교사에서 도맥의 중추적인 인물로 받들어져 왔는데, 이는 사실 여부를 떠나 사상사적으로 적지 않은 의의가 있다. 역대로 도선가(道仙家)들이 보는 최치원은 위대한 선인(仙人)이면서 민족 주체적 성향의 사상가였다. 그는 조선 말기까지 후학들에 의해 우리 고유의 정신을 선양한 인물로 추앙되기도 했다.

최치원이 역대로 선도(仙道) 계열에 끼친 영향은 낱낱이 말하기 어려울 정도이다. 그리고 우리 역사에 선도 계열이 끼친 영향은 고려 시대에는 더 말할 나위가 없고, 조선 시대에 들어서도 적지 않았다. 특히 왜란과 호란이라는 민족적 대수난을 겪고 난 뒤 많은 역사시와 소설 등이 나와서 애국심과 주체 의식을 고취하는 사상적 배경이 되었다.[34] 이 시기에는 이민족을 배척하려는 기운이 무르익은 가운데 강대 민족에 대한 척외사상(斥外思想)이 고소되었는데, 싯밟힌 민족 자존심을 되찾고 주체 의식을 고양하려는 의도에서 여러 군담소설(軍談小說)과 선도 소설이 나왔다. 이 가운데 최치원과 관련된 선도 소설과 역사서로는 《최고운전(崔孤雲傳)》과 《규원사화(揆園史話)》를 들 수 있다.

《최고운전》에 대해서는 그간 설왕설래가 적지 않았는데, 최치원이 사대주의자라는 학계 일반의 인식을 바탕으로 연구한 것이 다수였다. 그러는 가운데 최삼룡(崔三龍) 같은 이는 《최고운전》을 최치원의 민족 주체 의식과 연결하고 있어 주목된다.[35] 이것은 최치원의 민족 주체 의식에 대한 저간의 연구 결과를 반영한 것이라 할 수 있다. 《최고운전》에서 중요한 것은 역사적 사실과 허구를 따지는 것이 아니라 소설 전반에 흐르는 정신을 탐색하는

---

34) 선도 계열의 공통적 특징의 하나는 민족 주체적 정신과 武를 중시한다는 점이다. 그들은 우리 고유의 정신과 문화에 대한 강렬한 자부심을 지녔을 뿐 아니라, 文弱에 빠진 儒者들과 그들의 사대주의를 통렬히 비판하였다.

35) 崔三龍, 〈崔孤雲傳의 主題와 民族意識〉, 《국어국문학》 제25집, 전북대학교 국어국문학회, 1985 참조.

일이다. 이 소설에 관류(貫流)하는 정신은 최치원의 민족정신을 잘 체득한 것이라고 본다. 우리 민족이 일대 수난을 겪고 난 시기에 최치원의 주체 의식을 부각하려는 소설이 나왔고 또 여러 가지 형태의 이본(異本)으로 오랫동안 전승되었던 점에 주목할 필요가 있다.

조선 숙종 때 북애자(北崖子)가 지은 《규원사화》는 현존하는 도가 계열의 역사서 가운데 가장 오래된 것이다. '존화사대(尊華事大) 사상'에 대한 철저한 비판은 이 책의 가장 두드러진 특징이다. 북애자는 이 책에서 한결같이 우리 동인(東人)이 자랑스런 민족임을 자부하였다. 우리가 소중화(小中華)로 자임하기 때문이 아니라, 중화와는 다른 우리 고유의 우수한 정신문화를 가진 민족이기 때문에 자랑스럽다고 하였다. 그는 우리 민족의 고유한 정신과 문화에 대한 강렬한 자부심을 드러내면서, 예로부터 중국 사람들이 우리나라를 군자국(君子國)이라 하고 우리 민족을 우수한 민족으로 일컬어 왔음을 여러 사서(史書)를 통해 증명하였다.[36] 이는 최치원의 경우와 전적으로 같다.

북애자는 도선 사상에 입각하여 역사의식을 전개하였다. 그가 말하는 '도가'란 단군 이래 우리 민족의 고유 사상 내지 신앙으로 계승되어 온 신교(神敎)이며, 이 신교는 최치원이 말한 '현묘지도로서의 풍류도'라든지, 단재(丹齋) 신채호(申采浩 : 1880～1936)의 이른바 낭가사상(郎家思想)과 상통하는 것이다. 그는 신교야말로 동이 문화의 정수라고 하면서, 신교를 중심으로 한 우리나라 문화를 본성으로 간직하여 존화사대에 찌든 정신문화를 일대 혁신하는 것이 무엇보다 중요하다고 하였다. 또 최치원의 〈난랑비서〉를 인용한 뒤 "그의 말은 선성수훈(先聖垂訓)의 정화(精華)를 잘 캐냈다고 할 만하다"[37]고 하면서, 최치원이야말로 상고 이래로 전승되어 온 풍류 사상의 정수를 잘

---

36) 韓永愚, 〈17世紀의 反尊華的 道家史學의 成長—北崖의 揆園史話에 대하여〉, 《한국학보》 제1집, 一志社, 1975 참조.

37) 《揆園史話》, 〈檀君記〉, "孤雲精敏文學, 卓越諸人, 博通古今, 文風飄動, 其言可謂善採先聖垂訓之精華矣."

체득한 사람이라고 높이 평가하였다. 최치원이 〈지증대사비문〉에서 '은은상고지화(隱隱上古之化)'라고 한 것은 바로 북애자가 말한 신교라고 할 수 있을 듯하다.

민족 주체성과 문화의 보편성을 아울러 추구했던 최치원의 사상은 조선 후기에 들어 북학파 실학자들에게 '북학'의 사상적 선구로 받들어지기도 했다. 초정(楚亭) 박제가(朴齊家 : 1750~1805)는 《북학의》, 〈자서(自序)〉에서 "압록강 동쪽에서 천여 년 동안 이 구석진 나라를 일변(一變)시켜서 중국과 같은 문명에 이르게 하려던 사람은 고운 최치원과 중봉(重峯) 조헌(趙憲 : 1544~1592) 이 두 사람뿐이었다"고 하여 최치원을 '북학 사상의 선구'로 평가하였다.[38] 민족적 자존 의식을 고취하면서도 국제 사회의 진운(進運)에 보조를 맞추어 문명 세계를 이룩하고자 했던 북학파 학자들의 진취적인 사상과 문명 의식은 실로 최치원의 그것과 같다고 할 수 있다. 북학론을 전개하면서도 〈역외춘추론(域外春秋論)〉 등을 통해 민족 주체 의식을 고양했던 담헌(湛軒) 홍대용(洪大容 : 1731~1783)의 논리와 동일하다고 하겠다.

최치원의 삼교관과 동인의식은 동학(東學)을 창시한 최제우(1824~1864)에게 종교적으로 지대한 영향을 끼쳤다. 최제우는 최치원의 후손이다. 하늘에 떠다니는 '고운(孤雲)'과 물에 비친 '수운(水雲)'이 위아래, 앞뒤로 조응(照應)하고 있어 사상적 맥락을 짐작하게 한다. 동학은 고유의 전통적인 민간 신앙을 바탕으로 하면서도 유·불·선 삼교 사상의 정수를 하나로 융합함으로써 새로운 근대 민족 종교로 탄생한 것이다. 최제우가 가장 이상적인 종교로 생각했던 동학은 최치원이 '현묘지도'라고 규정했던 '풍류도'의 부활 바로 이것이었으리라. 교명(敎名)을 서학이 아닌 '동학'이라 하여 강한 주체 의식

---

38) 최치원은 신라 하대 '西學'(중국 유학)을 대표하는 학자라 할 수 있다. 조선 시대에는 '文昌北學'이라 하여 '서학'이란 말 대신 '북학'이란 용어를 사용하면서 최치원을 북학의 선구로 인식하였다. 류성룡, 《서애집》 권18, 〈跋東國名臣言行錄〉, "羅末崔文昌北學於中國, 東還始爲文學之祖." ; 이익, 《성호전서》 권7, 海東樂府, 〈花郎歌〉, "文昌北學目有珠." ; 홍석주, 〈校印桂苑筆耕集序〉, "吾東方之士, 北學于中國, 而以文聲天下者, 亦自崔公始."

을 보여준 것은 최치원의 동인의식에서 연원한 것이라 하겠다. 동학 교단의 기본 조직인 포(包)와 접(接)은 바로 최치원의 〈난랑비서〉에 나오는 '포함삼교(包含三教)', '접화군생(接化群生)'에서 따온 것이며, '지기금지(至氣今至), 원위대강(願爲大降)'으로 시작되는 강령주문(降靈呪文)의 '지기'는 우주 만유와 인간에게 접령접기(接靈接氣)하는 신(神)으로서 '접화군생'하는 현묘지도의 신령한 기운을 연상하게 한다. 더욱이 동학의 인내천(人乃天) 사상은 인간주체를 중시하는 최치원 철학 사상이 발전하여 이룩된 결정(結晶)이라고 할 것이다.

Ⅵ. 최치원 철학 사상의 현대적 의의

최치원의 철학 사상은 〈진감선사비문〉 첫머리에 이른바 "도는 사람에게서 멀리 있지 않고, 사람에게는 나라에 따른 차이가 없다(道不遠人, 人無異國)"고 한 말에 함축되어 있다. 이것은 그의 철학 사상이 '인간주체' 문제를 중심으로 하고 있음을 뜻한다. '인간주체' 문제는 그의 철학 사상에서 일관된 핵심이다. 그가 인간의 심성(心性) 문제에 관심을 기울여 당시로서는 상당히 수준 높은 유교 이론을 전개한 것은 말할 것도 없고, "순(舜)은 어떤 사람이며 나는 어떤 사람인가"라고 하는 '주체적 자각'을 외친 것이라든지, 인간 본성에 기초하여 문화의 보편성과 독자성을 아울러 추구하고자 한 것은 그의 철학이 지향하는 인간주체적 성격에서 비롯되었다. 최치원의 철학 사상이 궁극적으로 '인간주체'의 문제로 귀결한다는 점에서, 그 현대적 의의가 적지 않다고 생각한다.

20세기가 이룩한 고도의 과학 기술 문명은 새로운 세계를 열었다. 20세기를 기점으로 이전 시기를 선천세계(先天世界), 그 이후에 전개되는 시기를 후천세계라고 일컬어야 할 정도로 지난 한 세기 동안의 발전은 실로 엄청났다. 그러나 과학과 기술이 아무리 최고도로 발달하고 진보한다 하더라도, 과학 이상의 것이 될 수 없다. 우리 인간은 여전히 과학의 힘으로 해결할 수 없는 아주 중요한 문제를 안은 채 오늘을 살고 있다. 그 '중요한 문제'란 무엇일까. 다름 아니라 대상화할 수도, 객관화할 수도 없는 '인간 존재의 근원적 본질'인 인간주체이며, 인식하고 사유하고 결단하고 행동하는 인격의 주체성 바로 그것이다. 인간주체의 문제는 객관적으로 대상화하여 사물을 다루는 과학적 방법으로는 도저히 파악할 수 없는 영역이다. 그러므로 대상적으로 해결하는 것이 아니라, 어디까지나 인간주체가 스스로 자신의 문제를 해결하는 수밖에 없다. 결국 인생 문제의 전반은 인간 자신이 스스로 결정해야 하는 주체성의 문제로 귀결되는 것이다.[39)]

인간주체의 확립이 절실하게 요구되는 이때에 "진리는 인간 본질을 떠나 있지 않다", "사람이 진리를 실천하는 주체이다", "진리가 실현되면 사람은 저절로 귀하게 된다"고 하여 인간주체의 중요성을 부르짖었던 최치원의 철학 사상은 '인간성 회복'이 무엇보다도 절실한 현대인들에게 인간의 존엄성과 인간됨의 가치를 회복하게 하는 데 큰 시사를 던졌 주었다고 할 것이다.

최치원은 고유 사상을 비롯한 우리의 민족 문화를 재발견하고 이를 선양함으로써 민족 주체 의식을 드높였다. 문화적 보편성을 추구하는 차원에서 선진 문화를 수용하여 우리 것으로 만들려는 노력 또한 아끼지 않았다. 더 나아가 우리 문화의 정체성(正體性)과 특수성을 탐색하여 우리의 것을 '세계의 것'으로 만들려는 적극적인 시도를 하기도 했다. 〈난랑비서〉에서 고유 사상인 풍류의 존재를 확인하고 그 가치를 부각시키면서도, 풍류를 당시의 보편적 가치 기준으로 해석하여 국제적으로 널리 알리려 했던 것이 단적인 예라 할 것이다. '뿌리 있는 국제인'이 되기를 염원했던 최치원의 주체적인 사고와 자세는 현대인들에게 어느 것이 바람직한 국제화요 현대화인지 일깨우는 바 크다고 할 것이다.

---

39) 《불교학개론》, 동국대학교 출판부, 1982, 210~211쪽 참조.

최치원의 철학 사상에서 '쟁(爭)'의 논리는 찾아볼 수 없다. 최치원 철학의 원융회통적 성격은 '화(和)'에 기반을 두고 있고, 인간주체적 성격은 초월적인 피안에서 진리를 찾는 것이 아니라 인간의 내면적 본질을 통해 체득해야 한다고 한다. 이러한 점은 다문화(多文化)·이질화 시대를 사는 현대인들에게 각 종교·사상 간의 대립과 갈등을 해소해 조화와 화해로 이끌고, 민족 간의 대화를 통한 교섭과 융합 및 '공동체 의식'을 고취하고 있으며, 특히 한민족(韓民族)의 화합과 동질성 회복을 위한 방향을 선명하게 제시하였다. 이것은 전 세계적으로도 민족·종교·문화·인종·정치 등의 차이로 말미암은 모든 갈등과 대립을 극복, 해소하고 인류의 행복을 추구하는 데 적지 않은 기여를 할 수 있으리라고 믿는다.

최치원 철학 사상의 핵심인 '인간주체'의 문제와 이로부터 파생되는 문화적 보편성 및 독자성의 문제는 천여 년 뒤인 오늘에서도 여전히 화두로 남아 있다. 최치원은 한갓 과거 완료형의 인물이 아니라, 오늘날에도 우리 곁에서 함께 시대를 고민하는 지성인으로 살아 있다. 그의 철학 사상 역시 단순히 역사의 정신적 유산으로 논의되는 것이 아니라 오늘날까지도 연면히 생동하는 것이라고 하겠다.

제3장
최치원과 고대 생명 사상의 원류

Ⅰ. 머리말

우리나라에서 생명 사상, 환경 윤리 등 현 시대에 민감하고 절실한 문제가 중요한 연구 주제로 등장한 것은 대개 1990년대에 들어서부터였고, 또 이를 주도한 것은 서양 철학 선공자들이었다고 생각한다. 이러한 수제가 오늘날에는 독자적인 학문 영역을 구축할 만큼 뚜렷하게 성장하였다. 길지 않은 기간에 학계에서 주목을 받게 된 것은 무엇보다도 이 시대의 요구가 그만큼 크고 간절했기 때문이다. 근래에는 이러한 분위기에 자극을 받아 동양 철학 전공자들까지도 가세하여 '생명 존중의 당위성'이라든지 '생명 윤리' 등에 대하여 다양한 논의를 펴고 있으며, 유교·불교·노장 철학 등 전공 분야별로 그 심도를 더해 가고 있다.

생명에 관한 논의는 동서고금을 막론하고 일찍부터 다양하게 전개되어 왔다. 동양의 경우만 하더라도 유가·불가·도가 철학 등 주요 철학 사상에서 생명 사상이 핵심 개념으로 자리 잡아 왔다. 중국의 철학자 방동미(方東美 : 1899~1977)는 중국 사상사 전체가 생명 사상으로 관통되어 있다고 주장할 정도였다.[1] 이처럼 몹시 중요한 개념이고 명제이다 보니 새삼스럽게 '생명

---

1) 方東美, 鄭仁在 譯, 《중국인의 인생철학》, 탐구당, 1991 참조.

존중의 당위성'을 강조하거나 부각할 필요조차 없었던 것이 지난날 우리의 풍토였다고 할 수 있다.

필자는 동양 철학, 특히 한국 철학을 전공하는 학도이지만 제3장과 관련된 생명 사상이라든지 생명 윤리에 대해서 평소 공을 들여 공부한 바가 없다. 이것은 전적으로 필자의 관심과 역량의 부족에 기인한다. 그럼에도 이글을 초하게 된 이유는 무엇인가?

철학 전공자들이 중심이 되어 이룩한 생명 사상에 대한 연구 성과는 하나하나 들어서 말하기 어려울 정도로 많다. 다만 풍부한 연구 성과, 동서를 넘나드는 다양한 학설의 등장, 정치한 이론 전개 등 부족한 것이 별로 없는데도 연구자들에게 늘 한 가지 미련처럼 남는 것이 있으리라고 본다. 그것은 다름 아닌, '한국 사상에서 생명 사상의 원류를 찾자'는 일이 아닐까 한다. 우리는 역시 한국인이기 때문이다. 본 장의 주제는 '생명 사상' 연구자들의 이러한 희망이 반영된 것이라고 말해도 잘못은 아닐 것이다.

한국 사상에서 생명 사상의 원류를 찾는 일은 언뜻 보아 쉬울 듯도 하다. 여기서 굳이 북송 때 도학의 선구자였던 염계(濂溪) 주돈이(周敦頤)의 '정초일반의사(庭草一般意思)'[2] 고사를 인용할 필요도 없이 '살기를 좋아하고 죽기를 싫어하는 것(好生惡死)'이 만물의 정한 이치요, '살리기를 좋아하고 죽이기를 즐기지 않는 것(好生不嗜殺)'이 천지가 만물을 생육(生育)하는 마음이라고 할 때, 동서양을 막론하고 생명 사상은 일찍부터 형성되었으리라고 생각하기 때문이다. 특히 동양의 경우 불교・도가의 '범생물체적(汎生物體的)' 또는 '범생명주의적' 생명 사상과 유가의 '인본주의적 생명 사상'[3]을 구별할

2) 宋代 도학자들이 仁을 體認하는 방법의 하나를 말함. 친구 한 사람이 주돈이에게 "왜 창 앞의 풀을 베지 않느냐"고 묻자, 그는 "살기를 좋아하는 나의 생각과 같기 때문이다"고 대답하였다고 한다(《二程全書》 권3, 〈謝顯道記憶平日語〉, "周茂叔, 窗前草不除去. 問之云, 與自家意思一般").

3) 유가에서도 도의의 근원을 '天地生物之心'과 '好生之德'에 두어 '好生惡死', '愛人利物'을 근본정신으로 하기 때문에, 인간 이외에 자연계의 동식물까지도 존중하는 의식이 깔려

필요도 없이 삼교 사상에 생명 사상이 그 근저에 깔려 있다. 한국 사상 역시 생명을 존중하고 평화를 애호하는 것이 그 기본이라 할 수 있는데, 유·불·도 사상이 뿌리를 내리면서 생명 사상이 넓게 퍼졌으며 더욱 체계화되었다고 하겠다. 그러나 막상 생명 사상에 대해 논하고자 할 때 사실 적지 않은 어려움에 부딪치게 된다. 특히 고대 사상에서 이것을 찾는 것은 퍽 어렵다. 무엇보다도 자료를 구하기가 어렵다. 본 장의 주제 역시 태생적으로 이런 문제를 안고 있다. '최치원을 다시 읽는다'는 부제를 붙인 것은 그가 우리 역사상 처음으로 '풍류'라는 고유 사상의 존재를 확인했고, 아울러 그 실체에 대한 정의를 내렸으므로, 이를 통해 고대 생명 사상의 원류에 접근하는 것이 지름길이라고 판단되었기 때문이다. 최치원이 〈난랑비서〉에서 풍류 사상의 실체를 분석하면서 '현묘지도(玄妙之道)', '접화군생(接化群生)'이라는 증언을 했음에랴. 제법 흥미가 있어 보인다.

그러나 미리 말해 누지만 만족할 만한 결과를 얻기는 어렵다. 워낙 자료가 단편적이고 그마저도 《고운문집》 곳곳에서 편언척자(片言隻字)를 뽑아 내 엮어야 하기 때문이다. 최치원의 학문 경향을 보면, 그는 자신의 이론이나 사상을 체계적으로 정립하는 데 철저했던 학자는 아니었다. 현재 전하는 최치원의 글 또한 자신의 생각을 온전하게 담은 것이 적고 대개 남의 요청에 따라 지은 것이거나 전기·비문·원문(願文)·찬문(讚文)이 주를 이루기 때문에, 그의 철학 사상을 파악하고 이해하기가 어렵다. 이뿐만 아니라 문체가 전고(典故)와 대우(對偶), 성률(聲律)을 중시하여 난해하기 이를 데 없는 변려문인 것은 연구의 활성화를 근본적으로 제약하는 요인이다.

다만, 그는 자신이 살았던 시대에 대하여 나름대로 확고한 문제의식을 가지고 있었고, 또한 사상가 기질이 풍부한 인물이었다. 그가 남긴 '문간의풍

있다. 부득이 살생을 해야 할 경우에는 시기·대상·상황·실용성 등을 고려해야 한다고 보았다(柳南相, 〈한국 고대사상에 나타난 人本精神〉, 《새마음논총》 창간호, 충남대학교, 1977, 103쪽).

(文簡義豊)'한 글[4]을 언뜻 보고 사상적 맥락과 체계를 찾아내기란 실로 어려운 일이 아닐 수 없지만, 관심을 가지고 정독을 하면 상당히 정밀한 사유의 편린과 흔적을 찾아낼 수 있으리라고 믿는다.

이 장에서 필자는 비전공자라는 약점에다 자료난이라는 이중고를 극복해야 하는 형편이다. 본고는 방외(方外) 학도의 글인 만큼 전공의 영역, 전공자의 안목에서 문제 삼을 만한 것은 못 된다. 따라서 턱없이 부족한 자료, 그것도 사상적 편린을 모아 확대 해석하는 것은 삼가하고 될 수 있는 한 자료를 제시하는 데 그쳤다. 이 방면의 전공자들에게 '연구거리'를 제공한다는 데서 나름의 의의를 찾을 뿐이며, 여러 분석적인 논의는 필자의 역량 밖이라는 점을 덧붙여 둔다.

Ⅱ. 최치원의 동방관(東方觀)과 동인의식(東人意識)

최치원은 우리나라 역대 선유(先儒) 가운데 '동(東)'에 함축된 의미와 상징성을 의식하고, 이를 언설(言說)로 표출하여 '동'의 의식과 문화와 인간론을 전개한 역사상 첫 번째 인물이라 할 수 있다.[5] 그는 어려서 당나라에 유학을 갔다가 29세 때 귀국한 뒤 여러 글에서 조국의 위대함을 예찬하였는데, 의례 '동방(東方)'과 '동인(東人)'이 화두였다.

> 빛이 왕성하고 충실하여 온 누리[八紘]를 비출 바탕이 있는 것으로는 새벽 해보다 고른 것이 없고, 기(氣)가 온화하고 무르녹아 만물을 기르는 데 공효가 있는 것으로는 봄바람보다 넓은 것이 없다. 생각건대 큰 바람과 아침 해는 모두 동방에서

---

4) 사상적으로 심오함이 깃들여 있어, 보는 이에 따라 해석의 깊이나 방향을 달리할 만큼 함축성이 있기도 하다.

5) 金容九, 〈최치원에 관하여〉, 《莊峯金知見華甲紀念師友錄-東과 西의 思惟世界》, 민족사, 1991, 965쪽.

나온 것이다.[6]

보건대, 새벽 해가 우니(嵎尼 : 동방)에서 떠오르매 광명이 만상(萬像)에 다 통하고, 봄바람이 진위(震位 : 동방)에서 나매 기운이 팔방의 끝까지 흡족하여, 마침내 능히 (A) 천하의 어두움을 깨뜨리고 지상(地上)의 열매를 맺게 한다. …… (B) 시험 삼아 인재(人材)에 비유해 보더라도 어찌 물성(物性)과 다르겠는가.[7]

'동방'은 자연 현상이 시작되고 만물이 비로소 피어나는 '생명의 방위'다. 활발발(活潑潑)하게 살아 움직이는 방위이기에 '동방(動方)'이라고도 하였다. '동'은 우리말로 '새'인데, '새'가 들어가는 낱말을 보면 '샛바람[東風]', '새밝・새벽・샛별[東明]', '새봄[初春]', '날이 샌다[啓明]', '물이 샌다[漏泄]', '새것[新]' 등의 예에서와 같이 '처음', '시작', '새로움', '밝음' 등의 뜻을 지닌다. 또 '새파랗다'고 할 때처럼 '지극'을 뜻하기도 한다.[8] 우리의 고유 사상을 '밝사상'이라 하여 밝음과 연관시키는 것도 '빛은 동방으로부터(oriente lux)'라는 말을 인용할 필요조차 없이 동방과 직결된다.

위에서 말한 새벽 해와 봄바람은 모두 동방에서 나오는데, 새벽 해는 온누리에 광명을 비춰 주고 봄바람은 만물이 생장하도록 최촉(催促)한다. (A)의 '지상의 열매를 맺게 한다'는 말은 동방이 생명의 방위임을 말하는 것이다. 최치원은 (B)에서 우리 동인의 어진 인성은 '천하의 어두움을 깨뜨리고 땅위의 열매를 맺게 하는' 물성과 같이 '천지생물지심(天地生物之心)'과 호생지덕(好生之德)으로 충만해 있다고 하였다.

---

6) 〈대낭혜화상비문〉, "光盛且實, 而有暉八紘之質者, 莫均乎曉日. 氣和且融, 而孚萬物之功者, 莫溥乎春風, 惟俊風與旭日, 俱東方自出也"(《역주 최치원전집(1)》, 63쪽).

7) 〈圓測和尙諱日文〉, "觀夫曉日出乎嵎尼, 光融萬像, 春風生乎震位, 氣浹八埏. 遂能破天下之冥, 成地上之實, 然後鳥飛迅影, 廻輪昧谷之深, 虎嘯雄威, 輟扇商郊之遠. 是知義因仁發, 西自東明, 嘗譬人材, 何殊物性"(《역주 최치원전집(2)》, 245쪽).

8) 安浩相, 〈배달겨레의 상고사와 강역연구〉, 《배달문화》 통권 14호, 민족사 바로찾기 국민회의, 1994, 29쪽 참조.

최치원은 우리나라 사람을 '동인'[9]이라고 하였고, 또 우리나라를 '동국(東國)'이나 '대동(大東)' 또는 '해동(海東)' 등으로 자랑스럽게 일컬었다.[10] 동방이 만물시생지방(萬物始生之方)이라는 의미에서 '동국'이라는 칭호를 자랑스럽게 생각하였다. 최치원의 철학 사상은 이처럼 그의 독특한 동방관과 동인의식을 밑바탕에 깔고 있다. 그는 《사산비명》에서 자신의 동방관을 집중적으로 전개하였으며, 동방 사람의 어진 성품에 대해서 나름의 독특한 논리를 편 바 있다.

> 오상(五常)을 다섯 방위로 나누어 동방(動方)에 짝지어진 것을 인심(仁心)이라 하고, 삼교에 이름을 붙이되 정역(淨域)을 나타낸 것을 불(佛)이라고 한다. '인심'이 곧 부처이니 부처를 능인(能仁)이라 일컬음은 이를 본받은 것이다. 욱이(郁夷 : 우리나라)의 유순한 성원(性源)을 인도하여 가비라위(迦毘羅衛 : 釋迦)의 자비(慈悲)의 교해(敎海)에 닿도록 하니, 이는 돌을 물에 던져 물결이 퍼져 나가는[石投水] 듯하고, 빗물이 모래를 모으는[雨聚沙] 것 같이 쉬웠다. …… (A) 지령(地靈)은 이미 '호생(好生)'으로 근본을 삼고, (B) 풍속은 '호양(互讓)'으로 주를 삼았음에랴. 화락한 태평국(太平國)의 봄이요, 은은(隱隱)한 상고(上古)의 교화라.[11]

9) '東人'이란 말은 東方之人을 가리키는 말이다. 〈진감선사비〉 첫머리에서 "東人之子, 爲釋爲儒, 必也"라고 하여, '우리나라 사람'을 일컫는 말로 사용하면서 비롯된 것이다. '동인의식'이란 용어를 최초로 사용한 예는 류승국, 〈최치원의 동인의식에 관한 연구〉[《華嚴思想과 禪門形成 : 최치원과 관련하여》(제4회 국제불교학술회의 논문집), 대한전통불교연구원, 1981] 참조.

10) 오늘날에는 종래 중국 중심의 세계관에 대한 반발로, 지난날 우리나라를 '東國'·'海東'·'大東' 등으로 일컬었던 것에 대하여 좋지 않게 여기는 경향이 있다. 우리나라를 '동국'이라고 일컫는 것 자체가 중국을 기준으로 한 것이기 때문이다. 그러나 최치원은 이와 생각을 달리하였다. 그가 事大文書에서 중국을 '中原' 또는 '中夏'라 하고 신라를 東夷 등으로 낮추어 일컫은 예가 있기는 하지만, 기본적으로는 중국을 '西國'이라고 하여 우리나라를 기준으로 일컬었다. 우리나라가 이미 동국으로 불린 만큼, 우리나라의 관점에서 보면 중국은 서국에 해당한다는 것이다.

11) 〈지증대사비문〉, "五常分位, 配動方者曰仁心, 三教立名, 顯淨域者曰佛. 仁心卽佛, 佛目能仁則也. 道郁夷柔順性源, 達迦衛慈悲教海. 寔猶石投水, 雨聚沙然. …… 姓參釋

> 우리 태평국의 승지(勝地)는 사람들의 성품이 매우 유순하고, (C) <u>대지의 기운은 만물을 발생시키는 데 모아졌다[氣合發生].</u> …… 선(善)을 따르는 것이 물 흐르는 듯하다. 이런 까닭에 군자의 풍도(風度)를 드날리고 부처의 도에 감화되어 젖는 것이 마치 붉은 인니(印泥)가 옥새(玉璽)를 따르고 쇠가 거푸집 안에 들어 있는 것과 같다.[12]

위의 글은 고승과 불사(佛寺)에 관한 비문이다. 우리나라 사람들의 어진 성품과 불교의 자비를 동일시하여 '인심즉불(仁心卽佛)'이라 하거나, 또 물의 근원이 반드시 바다에 이르는 것과 마찬가지로 유순한 동방 사람들은 성품이 어질기 때문에 애써 이끌지 않아도 자비의 교해(敎海)에 귀의하게 된다느니, 주형(鑄型)대로 주물이 만들어지듯이, 우리나라에서 불도가 성행하는 것은 그 틀이 본래부터 그러하다고 하는 등, 불교와 관련시켜 논술한 것은 비문의 특성상 그럴 수밖에 없을 것이다.

그런데 이러한 한계 속에서도 우리는 최치원이 동방과 우리 민족을 예찬하면서, '동방'이 지닌 상징성에 유난히 주목하였음을 보게 된다. 그는 동방을 만물이 처음으로 피어나는 방위라는 의미에서 '동방(動方)'[13]이라 하였다. 그리고 동방은 '인방(仁方)'이며 계절로 치면 봄에 해당한다는 점을 말하였다. 위에서 '태평국의 봄'이라 한 것은 (A)의 '호생위본(好生爲本)'과 연결되는 것으로, 동방은 항상 생명체를 생겨나게 하는, 춘의(春意)가 발동하는 생명의 방위이기 때문이다. 즉, 동인은 애초부터 어진 마음과 뭇 생명체를 살리기를 좋아하는 '호생지덕(好生之德)'을 갖추고 있다는 것이다.[14] 그는 동방은

種, 遍頭居寐錦之尊, 語襲梵音, 彈舌足多羅之字. …… 宜君子之鄕也, 法王之道, 日日深又日深矣. …… 而地靈旣好生爲本, 風俗亦交讓爲主, □□太平之春, 隱隱上古之化"(《역주 최치원전집(1)》, 257~258쪽).

12) 〈대숭복사비문〉, "我太平勝地也, 性滋柔順, 氣合發生. …… 從善如流. 是故, 激揚君子之風, 薰漬梵王之道, 猶若泥從璽, 金在鎔"(《역주 최치원전집(1)》, 142~143쪽).

13) 《說文解字》, "東, 動也." ; 《白虎通》, 〈五行〉, "東方者, 動方也, 萬物始動生也."

'인'에 배합되므로 우리나라 사람들의 성품은 어질고 유순할 수밖에 없으며, 지기(地氣)가 그렇게 시킨다고 하였다. 그가 말한 '지지사연(地之使然)'15)이라는 것이 바로 이를 뜻한다.

위의 논리는 대부분 유가의 경서(經書)와 중국의 역사서에 근거를 두고 있다. 특히 '호양부쟁(好讓不爭)'(《山海經》), '인이호생(仁而好生)'(《風俗通》), '천성유순(天性柔順)'(《후한서》) 등은 동인의 천부적인 민족성을 특징적으로 말해 준다. 특히 그가 (C)에서 동방의 위대함을 예찬하면서 '지기(地氣)가 만물을 발생시키는 데 모아졌다[地合發生]'고 한 것은 '생(生)의 철학', '생명 사상'과 관련하여 중요한 단서라고도 할 수 있다.

중국의 고대 지리서 《산해경》을 보면 우리나라 상고대 국가의 하나인 군자국과 청구국(靑丘國)에 대한 기록이 있다. 청구국의 '청'이 동방을 뜻하는 바와 같이 동방은 여러 가지 중요한 의미를 지닌다. 《이아(爾雅)》에서는 "동쪽으로 해 뜨는 곳에 이르면 그곳이 태평이다. 태평국 사람들은 어질다"16)고 하였고, 《회남자》에서는 "동방에 군자국이 있다"17)고 하였다. 이를 통해서 '동방'은 '인'으로 연결되고 또 '인'은 '군자국'으로 연결됨을 볼 수 있다. 동방은 오상(五常)의 '인'에 해당하는데, 이는 우리 동방 사람들의 '천성이 어질다'는 것과 부합한다. 《후한서》, 〈동이열전〉을 보면

> 《예기》, 〈왕제(王制)〉편에서 말하기를, "동방을 이(夷)라 한다" 하였다. '이(夷)'란 '저(柢)'이니 어질고 살리기를 좋아해서 만물이 땅에 뿌리박고 생겨남을 말한다.

---

14) 최치원은 '好生'이란 두 글자를 퍽 중시하였던 것 같다. 중국 당나라에 있을 때 지은 글을 모은 《계원필경집》만 하더라도 '호생', '호생지덕', '好生惡殺' 같은 문구가 자주 보인다. 黃巢亂의 토벌군 사령관이던 고병의 從事官으로 軍事에 관하여 대신 지은 글이었음을 감안할 때 다소 의외라는 생각이다.

15) 〈海印寺善安住院壁記〉, "加復姬詩擧西顧之言, 釋祖始東行之步, 宜乎九種, 勉以三歸, 地之使然, 天所假也"(《역주 최치원전집(2)》, 277쪽).

16) 《爾雅》, 〈釋地〉, "東至日所出爲太平." ; "太平之人仁."

17) 《淮南子》, 〈墬形訓〉, "東方有君子國."

> 그러므로 그들은 천성이 유순하여 올바른 도리로 인도하기가 쉬운지라, 군자가 죽지 않는 나라가 있기에 이르렀다. …… 이런 까닭에 공자도 구이에 가서 살고 싶어 했던 것이다.[18)]

고 하였다. 여기서 우리나라를 '군자불사지국(君子不死之國)'이라고 표현한 것은[19)] 중국인들이 우리나라 사람들에게 군자의 풍도가 있음을 증명하는 바라 하겠다. 우리 민족은 나무의 뿌리가 새싹을 돋아나게 하는 것과 같이 참으로 어진 성품을 지녔다고 할 수 있다. 또한 군자국 사람들의 온후(溫厚), 순량(醇良)한 풍속과 양보하기를 좋아하는 풍도는 유교에서 이상시하는 것으로, '군자국'이라는 일컬음이 적절하다고 할 수 있다. 최치원의 동인의식은 이와 같은 동방관에 바탕을 두고 있다.

'동인의식'은 최치원 철학 사상의 체계와 맥락을 가늠케 하는 핵심이다. 비록 그에게서만 볼 수 있는 독특한 것은 아니지만, 신라 하대(下代)에서 중요한 사상적 동향의 하나인 이 '동인의식'을 크게 부각하고 고양한 학자가 최치원이다. 이를 집성하여 '민족의식의 자각'을 널리 고취했다는 데서, '동인의식' 하면 바로 최치원을 연상하게 된다.[20)]

최치원은 《사산비명》 등에서 동인의식과 관련하여 일관된 논리를 전개하였다. 특히 〈해인사선안주원벽기〉에서는, 자신이 서술한 동방과 동인의 높은 단계는 '대통 구멍으로 표범을 보는 것에 불과하다(東人峻階, 義取窺豹)'고까지 말하였다. 이 〈벽기〉에는 최치원의 자아의식·주체성이 결정적(結晶的)으로 집약되었다. 그는 〈벽기〉의 첫머리에서 다음과 같이 말하였다.

---

18) 《後漢書》 권85, 〈東夷列傳〉, "王制云, 東方曰夷. 夷者, 柢也, 言仁而好生, 萬物柢地而出. 故天性柔順, 易以道御, 至有君子不死之國焉. …… 故孔子欲居九夷也."

19) 이에 대해 王先謙의 《後漢書集解》에서는 "夷俗仁, 仁者壽, 有君子不死之國"이라 하였다. 여기서 '仁者壽'란 말은 《論語》, 〈雍也〉의 "智者樂水, 仁者樂山, 智者動, 仁者靜, 智者樂, 仁者壽."라고 한 대목에서 引據한 것으로 보인다.

20) 동인의식의 始原은 멀리 거슬러 올라가 고구려의 '東盟'(추수감사제)에 연결할 수도 있다.

> 《예기》, 〈왕제〉편에서는 "동방을 이(夷)라 한다" 하였고, 범엽(范曄)은 "이(夷)는 뿌리라는 뜻이다. 어질고 살리기를 좋아하는데 만물이 땅에 뿌리를 박고 나오기 때문이다. 따라서 천성이 유순하여 도리로써 사람들을 인도하기가 쉽다"고 하였다(《후한서》). 나는 이에 대해 "이(夷)는 훈제(訓齊)하기가 까다롭지 않고 쉽다[訓齊平易]는 것이니, 교화(敎化)·제화(濟化)하는 방법을 말한 것이다"고 하노라. 또 《이아》를 보면 "동쪽으로 해뜨는 곳에 이르면 그곳이 태평이다. 태평국의 사람들은 어질다"(〈釋地〉편)고 하였다. 《상서》에서는 "희중(羲仲)에게 명하여 우이(嵎夷)에 살게 하였으니 양곡(暘谷)이라는 곳이다. 동녘에서 시작하는 일[東作]을 고르게 차례로 할지니라!"(虞書, 堯典)고 하였다. 그러므로 우리 대왕의 나라(新羅)는 날로 달로 상승하고 왕성하며 물은 순조롭고 바람은 온화하니, 어찌 다만 깊숙이 겨울잠을 자던 것이 다시 떨치고 소생(蘇生)하는 것뿐이겠는가. 아마도 돋아나는 새싹[句萌]을 무성히 자라도록 하니, 생기고 변화하며 생기고 변화하는 것이 동방[震]을 터전으로 한다.[21]

윗글의 말미에서 최치원은 "생기고 변화하며 생기고 변화하는 것이 동방을 터전으로 한다"고 하면서, '생화생화(生化生化)'[22]라는 말을 하였다. '생화'란 '생성과 변화' 또는 '생육(生育)과 화성(化成)'이라는 말로 이해할 수 있다. 생성은 변화를 위한 생성이고 변화는 새로운 생성을 위한 모태(母胎)가 된다. 이것은 마치 아이가 태어나 어른이 되고 어른이 되어 2세를 낳는 이치와 같다. 또 이것은 우주 만물의 생(生)·장(長)·성(成)·수(遂) 과정이 모두 화(化)인 것과 같다고 할 수 있다. 그러기에 최치원이 강조한 '생화생화'는 생

21) 〈迦耶山海印寺善安住院壁記〉, "王制, 「東方曰夷」 范曄云, 「夷者抵也, 言仁也而好生, 萬物抵地而出. 故天性柔順, 易以道御」 愚也謂, 「夷, 訓齊平易 ; 言敎濟化之方」 按尒雅云, 「東至日所出, 爲大平, 大平之人仁」 尙書曰, 「命羲仲, 宅嵎夷, 曰暘谷, 平秩東作」 故我大王之國也, 日昇月盛, 水順風和, 豈唯幽蟄振蘇? 抑亦句萌啓懋, 生化生化, 出震爲基"(《역주 최치원전집(2)》, 277쪽).

22) '生生化化'라고도 한다.

생지리(生生之理)를 말한 것에 다름이 아니다. 이것은 곧 《주역》, 〈계사 상(繫辭上)〉 제5장에서 말하는 '생생지위역(生生之謂易)'이라든지 〈계사 하〉 제1장에서 '천지지대덕왈생(天地之大德曰生)'이라 한 것과 맥락이 상통한다. 정자(程子)는 '생생지위역'에 대하여 다음과 같이 해설하였다.

> '생생지위역', 이것은 하늘이 도로써 삼는 것이다. 하늘은 다만 '생'으로써 도를 삼는 것이요, 이 '낳는 이치[生理]'를 잇는 것이 선(善)이다. '선'에는 하나의 '원(元)'의 의사가 있으니, '원'은 '선'의 어른으로, 만물이 모두 봄의 뜻[春意]을 가지고 있음이 곧 '계지자선야(繼之者善也)'인 것이다.[23]

위에서 '춘의'란 이른 봄에 만물이 피어나는 기분을 말한다. 이처럼 생생론(生生論)은 《주역》의 기본적인 논리 구조 가운데 하나이다. 《주역》을 생극론(生剋論)으로 보는 것은 온당하지 않다.

최치원은 비록 분명히 말하지는 않았지만, 《주역》에서 말하는 '생생지리'를 체화(體化)하였던 인물인 듯하다. 당시 국망(國亡)의 전조(前兆)를 바라보면서 "시국이 위태로우면 생명체 모두가 위태로운 법이라"[24]고 하며 안타까워했던 최치원의 노심초사는 이 점을 잘 보여 준다.

최치원은 위 〈별기〉에서 동방은 생명의 방위로 만물이 뿌리를 박고 자라나는 방위이며, 동인은 만물을 살리기 좋아하는 천성을 지니고 있어, 도리를 가지고 교화하는 것이 쉽다고 하였다. 《후한서》의 저자 범엽은 '이(夷), 저야(柢也)'라 하여 새로운 해석의 본을 보였으며, 최치원은 '이(夷), 이야(易也)'라고 하여 또 다른 해석을 덧붙였다. '이(夷)'가 '간이(簡易)', '평이(平易)', '평

---

23) 《周易傳義大全》 권22, 31a, '繼之者善也'條, "生生之謂易, 是天之所以爲道也. 天只是以生爲道, 繼此生理者, 卽是善也. 善便有一箇元底意思. 元者, 善之長, 萬物皆有春意, 便是繼之者善也."

24) 〈新羅壽昌郡護國城八角燈樓記〉, "天未悔禍, 地猶容奸. 時危而生命皆危, 世亂而物情亦亂"(《역주 최치원전집(2)》, 298~299쪽).

탄(平坦)' 등의 뜻으로 사용된 예는 빈번하여 《이아》에서 근거를 찾을 수 있지만,[25] 최치원은 특별히 《후한서》에서 '도리로써 사람들을 인도하기가 쉽다'[易以道御]라고 한 말에 근거하여 교화 또는 제화(濟化)가 쉽다는 뜻으로 풀이하였다. 여기서 보는 바와 같이 최치원은 한국 고유 사상의 본령을 '생(生)'과 '화(化)' 두 축으로 압축시켜 논하였다. 이 두 가지는 그의 동방관과 동인의식에서 나온 것으로, 풍류 사상의 해석에도 잘 반영되어 있다.

Ⅲ. 〈난랑비서(鸞郎碑序)〉에 보이는 '포함삼교(包含三教) 접화군생(接化群生)'의 의미

최치원의 동인의식은 우리 민족의 정신적 사상적 밑뿌리를 캐고자 한 데서 나온 것이었다. 우리 것에 대한 자부심과 긍지는 고유 사상의 원형을 탐구하려 한 데서 잘 나타난다. 고유 사상에 대한 탐구의 결정은 오늘날 76자가 전하는 〈난랑비서〉 첫머리에 집약되었다고 본다.

> 우리나라에 현묘한 도가 있는데 이를 '풍류(風流)'라고 한다. 교(教)를 설(設)한 근원은 《선사(仙史)》에 자세히 실려 있거니와, 내용은 곧 (A) 삼교를 포함(包含)하는 것으로 (B) 군생(群生)을 접촉하여 감화(변화)시킨다. 이를테면, 들어와 부모에게 효도하고 나아가 나라에 충성하는 것은 노사구(魯司寇 : 孔子)의 주지(主旨)와 같고, 무위(無爲)로써 세상일을 처리하고 말 없는 가르침을 행하는 것은 주주사(周柱史 : 老子)의 종지와 같으며, 모든 악한 일을 하지 않고 모든 착한 일을 받들어 행하는 것은 축건태자(竺乾太子 : 釋迦)의 교화와 같다.[26]

---

25) 《爾雅》, 〈釋言〉에서 "平·均·夷·弟, 易也."라 하였다.

26) 《삼국사기》 권4, 진흥왕 37년(576)조, "國有玄妙之道, 曰風流. 設教之源, 備詳仙史. 實乃包含三教, 接化群生. 且如入則孝於家, 出則忠於國, 魯司寇之旨也. 處無爲之事, 行不言之教, 周柱史之宗也, 諸惡莫作, 諸善奉行, 竺乾太子之化也."

비록 짧은 글이기는 하지만, 최치원이 자신의 사상적 주형(鑄型)에 따라 고유 사상을 나름대로 해석하고 정의하려 했음을 알 수 있다. 이를 볼 때, 풍류도에 대한 이해를 최치원의 사상이라 해도 잘못된 말은 아닐 것이다.

최치원이 설명한 풍류 사상의 실체는 '포함삼교 접화군생' 여덟 글자에서 찾을 수밖에 없다. 뒷날 동학(東學)에서 이 점을 간취하고 포(包)와 접(接)이라는 교단의 기본 조직을 만들었듯이, 전자를 풍류도의 체(體)라고 한다면 후자는 용(用)이라 할 수 있다.[27] '포함(包含)'은 "본래부터 그 속에 들어 있다"는 뜻이다. 최치원이 '포함삼교'라 하고 세 가지 예를 든 것은, 삼교 사상의 핵심적 요소를 가지고 풍류 사상의 실체를 해석한 것이 아니라 풍류도의 핵심 강령이 삼교 사상의 중요 요소와 부합한다고 파악하였음을 시사한다. 최치원이 본 풍류 사상은 유·불·도 삼교 사상과 이질적이지 않으면서도 그 자체가 독특한 성격을 지니는 것이다. 이러한 까닭에 최치원이 '현묘한 도'라고 규정하였음을 알 수 있다.

'현묘'란 말은 《노자》 제1장의 '현지우현(玄之又玄), 중묘지문(衆妙之門)'에서 인용한 말이고, 이 대목에 앞서 "無名天地之始, 有名萬物之母, 此兩者同出而異名, 同謂之玄"이라는 말이 있음은 잘 알려진 사실이다. 왕필(王弼)의 주(注)에 의하면, "유와 무가 같은 데서 나와 이름을 달리할 뿐이니, 그 '같은 데'를 일러 '현(玄)'이라 한다. 이 유현하고 유현한 것은 온갖 미묘함이 나오는 근본이다"고 하였다.[28] 그런데 여기서 풍류도를 '동(同)으로서의 현(玄)'에 대치시키면, 풍류도야말로 중묘(衆妙)가 나오는 근본이고, 풍류도의 핵심 요소로 주어진 세 가지는 모두 풍류도에서 나왔으면서도 각기 그 성격을 달리하니, 위에서 이른바 '동출이이명(同出而異名)'이란 말의 뜻에 부합한다. 이

---

27) 이것은 《주역》, 〈계사 상〉 제10장에서 "易无思也, 无爲也, 寂然不動, 感而遂通天下之故. 非天下之至神, 其孰能與於此?"라고 한 것을 연상하게 한다. 풍류 사상을 易이라 할 때, '包含三教'는 '寂然不動'에, '接化群生'은 '感而遂通天下之故'에 비할 수 있다고 본다.

28) 《老子翼》, "同出者, 同出於玄也. 同名曰玄, …… 衆妙皆從同而出, 故曰衆妙之門也."

런 까닭에 풍류도의 성격은 노자가 말한 '동위지현(同謂之玄)'이요, '중묘지문' 그 자체라고 하지 않을 수 없다. 그러기에 최치원은 〈대숭복사비문〉 서두에서 동방과 동인을 논하면서 "중묘지묘(衆妙之妙)를 무슨 말로써 표현할 수 있단 말인가"[29]라고 새삼 탄성을 발하였던 것이다.

일본의 학자 후쿠나가 미쓰지(福永光司 : 1918~2001)에 의하면, 노자의 '현'은 많은 변화와 다양성을 안에 간직한 근원적인 하나[一]이며 그 하나에서 세계의 만물이 나타나고 현상화된다.[30] 이 '현'은 현묘지도인 풍류도에 비할 수 있다. 즉, 현묘지도는 '포함삼교'로 구체화되는데, 여기서의 '포함'은 삼교의 핵심적 내용이 본래부터 포함되어 있다는 것이다. 또한 '많은 변화와 다양성'을 간직한 풍류도에서 삼교 사상과 부합되는 내용이 피어날 수 있음을 말하는 것이기도 하다.[31] 따라서 '포함'이란 두 글자에 '생'의 의미가 내함(內含)되어 있는 것으로 볼 수도 있다. 《노자》 제42장에서는 "道生一, 一生二, 二生三, 三生萬物"이라 하여 우주 만물의 생성 과정을 밝힌 바 있는데, 이때의 '생'을 '포함'이란 말과 연결시켜 볼 수 있을 듯하다.

이 '현묘'란 말은 풍류도의 자연관화적(自然觀化的)이고 과화존신적(過化存神的)[32]인 신비성과 연관된다. 여기서 '접화군생'의 '화(化)'가 문제되는데, 이는 《주역》에서 말한 '감이수통(感而遂通)'이라든지 최치원 자신이 자주 말하는 '유감필통(有感必通)'의 경지라 할 수 있다. 즉, 매우 신비적이고 추상적인 경지라 할 수 있다. 한국 사상의 특징은 합리성과 정감성(情感性)·신비성을 함께 지녔다는 데서 찾을 수 있다. 특히 정감성·신비성은 '풍류'라는 말 자체의 함의(含意)에서 엿볼 수 있다. 김형효(金炯孝)는 풍류도의 정감적

29) 〈대숭복사비문〉, "衆妙之妙, 何名可名"(《역주 최치원전집(1)》, 195쪽).
30) 福永光司, 《老子》, 東京 : 朝日新聞社, 1968, 13쪽 참조.
31) 최치원이 '포함삼교'라 한 것은 당시의 보편적 사상 체계인 삼교를 빌어 풍류도를 설명한 것에 불과하다. '포함삼교'의 의미는 '包含百教'의 의미와 다를 것이 없다.
32) 《孟子》, 〈盡心 上〉, "夫君子, 所過者化, 所存者神" ; 趙氏注 "君子通於聖人, 聖人如天, 過此世能化之, 存在此國, 其化如神."

성격을 지적하고, 접화군생을 '정감적 실천 세계'라고 하였다.[33] 뒷날 이 땅에서 유교적 합리주의가 성행함에 따라 우리 고유 사상이 가진 신비적 성격이 차츰 희박해져 간 것이 사실이지만, 한국 사상을 논할 때 신비적 성격이야말로 빼놓을 수 없는 중요한 요소이다. 이러한 신비적 성격을 가진 풍류도였기에 최치원이 '현묘지도'라고 했는지도 모를 일이다.

최치원은 '화(化)'를 자주 말하였다. 그러나 '접화(接化)'라는 말은 정확한 전고를 찾기 어렵다.[34] 최치원의 〈지증대사비문〉 서두에 나오는 '은은상고지화(隱隱上古之化)'는 그 앞 구절인 '풍속교양위주(風俗交讓爲主)'와 대구를 이루는데, 호양부쟁(互讓不爭)하는 우리 민족의 품성을 상고 시대의 교화에 견준 것이다. 여기서의 '화'는 분명 '교화'라 할 수 있다. 그러나 '화'에는 '교화', '감화', '덕화', '변화', '동화' 등 여러 가지 뜻이 있다.[35] 단군신화에 나오는 '재세이화(在世理化)'는 '세상에서 변화를 섭리(攝理)한다'는 말이니 이때의 '화'는 '변화'라는 뜻일 것이다. 《중용》에서 말하는 '찬화(贊化)'[36]는 천지자연이 만물을 만들어 자라게 한다는 '천지지화육(天地之化育)'을 가리키는 것이다.

접화군생은 단군신화에 나오는 '화'의 전통을 잘 계승한 것이라 할 수 있다. 단군신화에는 '이화(理化)', '원화위인(願化爲人)', '웅내가화(熊乃假化)'라고 하여 '화'라는 단어가 두드러지게 나타난다. 이것을 '변화의 원리'로 규정한

33) 김형효는 이에 대해 "현묘지도를 현대적 개념으로 로고스라고 한다면, 접화군생은 프락시스(praxis)와 파토스(pathos)라고 할 수 있을 것이다"고 하였다. 그는 또 풍류도의 정감성을 '신바람', '신명'과 관련시켜 보기도 하였다(《韓國思想散考》, 一志社, 1976, 137쪽 참조).

34) 《釋文紀》 권7, 〈大小品對比要抄序〉, "夫至人也, 覽通羣妙, 凝神玄冥, 靈虛響應, 感通無方, 建同德以接化, 設玄教以悟神 ……."

35) 이들은 서로 엄밀하게 구분되지는 않는다. 변화는 자연계의 변화 질서뿐 아니라 인간의 변화를 포함하는 넓은 개념이다. 교화나 감화 역시 가르치고 일깨워서 올바른 행동으로 변하도록 하는 것이기 때문에 실상 변화의 하나라 할 수 있다. 편의상 갈라놓은 것뿐이다.

36) 《中庸》 제22장, "惟天下至誠, 爲能盡其性, 能盡其性, 則能盡人之性, 能盡人之性, 則能盡物之性, 能盡物之性, 則可以贊天地之化育, 可以贊天地之化育, 則可以與天地參矣."

학자도 있다.[37] 그에 따르면 '화'의 뜻은 두 가지 측면에서 이해될 수 있다.

> 하나는 신(神)과 물(物)이 각각 변화하여 신물통일체(神物統一體)로서의 인간 존재가 생성되는 원리를 뜻함이니, 이는 바로 자연의 생성 변화 원리를 말함이요, 다른 하나는 만물과 군생(群生)을 다스려 세계를 변화시키는 이른바 이화(理化)를 뜻한다. 여기서 '홍익인간(弘益人間)'의 도덕적 교화 원리가 전개되는 것이다. 그런데 이러한 두 가지 내용을 가진 변화 원리는 어떠한 관계를 가지는 것인가. 대체로 객관적인 천지 자연의 생성 변화 원리를 내면화시켜 인간주체적으로 자각했을 때 신명(神明)의 덕이 체득되어지는 동시에 비로소 신이 인간에게 준 천명(天命), 즉 신의 명령으로서의 도덕적 교화 원리가 밝혀지는 것이다.[38]

위의 글은 '접화군생'의 의미에 대해 시사하는 바가 크다. 이를 보면 변화가 곧 교화요 덕화요 감화인 것이다. '접화군생'의 '화'는 위에서 말한 '화'의 여러 의미를 모두 포괄하는 광범위한 것이라 할 수 있다. 이런 점에서 다음과 같은 언급을 음미할 필요가 있다고 본다.

> '접화군생'은 '홍익인간'보다 그 뜻이 더욱 넓은 한국 고유의 '어짊'의 표현이요, 풍류도의 범생물적인 생생(生生)의 자혜(慈惠)를 의미하는 말이다. 초목군생이나 동물에까지도 덕화(德化)를 베풀어 생을 동락동열(同樂同悅)하도록 하는 것을 '접화군생'이라고 표현한 것이다.[39]

위와 같은 경지는 《주역》, 〈중부괘(中孚卦)〉에서 말한 '신급돈어(信及豚

---

37) 柳南相·李平來, 〈한국전통윤리사상의 연구〉, 《인문과학연구소 논문집》 11-2, 충남대학교, 1984 참조.
38) 유남상·이평래, 앞의 논문, 290~291쪽.
39) 都珖淳, 〈한국의 전통적 교육가치관〉, 《철학과 종교》, 현대종교문제연구소, 1981, 101쪽.

魚)'와 같은 것이라 하겠다. '신급돈어'란 곧 지극한 믿음이 무지한 동물인 돼지와 물고기까지도 감동시킨다는 말인데, 돈어야말로 사물 가운데 특히 무지하니 감동 내지 감화시키기 어려운 것이다.

Ⅳ. 맺음말

왜 최치원을 통해 '고대 생명 사상의 원류와 생성'을 논해야 하는가? 앞서 말한 바와 같이, 최치원이 우리 고유 사상인 풍류도에 대해 역사상 처음으로 그 존재를 확인하였으며 또 이에 대해 '포함삼교, 접화군생'이라는 정의를 내렸기 때문이다. 필자의 견해에 대해, 최치원 개인의 철학 사상 차원에서 다루어야 할 문제라는 점, 또 풍류에 대한 정의가 지나치게 추상적이고 함축적이어서 그 실체 파악이 쉽지 않다는 점, 선언적인 느낌이 많다는 점 등, 여러 가지 문제 제기가 있을 법하다. 모두 수긍할 수 있는 것이다. 다만 최치원은 자신의 논리를 역대의 많은 자료에 근거하여 전개하였다. 적어도 논리적 근거에서는 크게 문제가 되지 않는다고 본다. 그리고 우리나라 상고대의 자료가 적어 보잘 것 없는 실정에 비추어, 최치원을 통한 유추가 불가피한 측면이 적지 않은 것이 사실이다.

최치원은 우리 고유 사상의 실체를 인정하였고, 이것을 생명 존중 사상과 연결하여 논하였던 최초의 인물이라 할 수 있다. 그가 우리 민족의 위대성을 예찬하는 글이 수삼 편 있는데, 예찬의 근거는 대체로 우리 민족이 생명을 존중하고 평화를 사랑하며, 천성이 어질어서 교화하고 변화시키기가 쉽다는 것이었다. 그가 자부심과 긍지를 가진 이유는 여기에 있다. '생(生)'과 '화(化)'의 문제는 최치원에게 우리 고유 사상의 근원적이고 핵심적인 화두였다. 이것은 그의 동방관과 동인의식과 직결되어 있다. 민족 주체성의 표출이기도 한 동방관과 동인의식은 우리나라 고대 생명 사상과 관련하여 중요하다.

최치원은 우리나라가 지리적으로 동방에 위치하는 점을 매우 의미 있게 해석하였다. 그에 의하면, 동방은 오행상으로 '인(仁)', 계절상으로 '봄'에 해당한다. 본초학(本草學)에서 복숭아・살구의 씨를 도인(桃仁), 행인(杏仁)이라고 하는데, '인'은 만물에 깃들어 있는 생명의 본성이자 씨앗이다. 따라서 인방은 곧 동방(動方)으로 만물이 피어나는 생명의 방위, 살아 움직이는 방위라 할 수 있으니, 그가 우리나라를 인방(仁方)이니 인역(仁域)이니 하여 자랑스럽게 생각했던 것도 이 때문이다. 우리나라는 예부터 청구국이라고도 하였다. 여기서 '청' 역시 동방을 뜻하며 봄에 만물이 파릇파릇 피어나는 것을 말한다. 최치원은 중국의 여러 역사서를 인용해 그의 독특한 동방관을 전개하였다. 동방 사람들의 어진 성품을 강조하였으며, '어질고 살리기를 좋아하는' 우리나라 사람들에게 일찍부터 생명 사상이 뿌리를 내리고 있었음을 부각하였다. 이와 같이 최치원의 동방관에는 '생의 철학', '생명 사상'이 담겨 있다.

최치원은 풍류 사상의 실체를 해석하면서 이를 '포함삼교 접화군생' 여덟 자로 요약하였다. 이것은 우리 고대 생명 사상과 관련하여 중요한 점을 알려준다. 최치원이 파악한 '생'과 '화'의 두 축은 체용론(體用論)의 차원에서 이해할 수 있다. '포함삼교'가 단순히 '삼교의 화합체'를 뜻하는 것이 아니라 제3의 차원에서 새로운 것의 출현을 내함(內含)한다고 할 때, '포함'이란 두 글자에 '생'의 뜻이 내함되어 있다고 볼 수 있음 직하다.

포함삼교가 '체'라면 접화군생은 '용'이다. 접화군생은 홍익인간의 도덕적 교화 원리보다 그 뜻이 더 넓은 범생물적인 생생(生生)의 자혜(慈惠)를 의미한다. 초목군생이나 동물에까지도 덕화를 베풀어 동락동열(同樂同悅)하도록 하는 것이다. 최치원이 말하는 '화'는 자연의 생성 변화 원리이면서 도덕적 교화 원리이기도 하다. 주로 감화・덕화・제화(濟化)의 뜻으로 사용되며 때때로 변화의 뜻으로 사용되기도 한다.[40] 이와 같이 최치원은 우리 고유 사

40) 이것은 《장자》에서 '自生自化하는 것이 道'라고 하는 것과 차이를 보인다. 《장자》, 〈秋水〉, "夫固將自化." ; 《장자》, 〈天道〉, "天不産而萬物化. 地不長而萬物育. 帝王無爲而天下功."

상을 '생'과 '화'의 두 축으로 이해하면서, 생명 존중의 단계에 머무르지 않고 모든 생명체를 감화 · 교화 · 변화 · 동화시키는 단계까지 끌어올렸다. 나를 둘러싼 뭇 생명체와의 접촉 속에서 자연스럽게 타자와 하나로 어우러져 동화되는 접화군생의 궁극적 경지는, 인간 세계의 가치 질서에 한정되지 않고 만물을 포괄하는 광범위한 것이다. 교화나 감화 등에서 볼 수 있는 인간 중심적 사유를 보완하는 구실을 한다고 할 수 있다. 여기서 최치원 생명 사상, 아니 우리 민족의 생명 사상의 특성을 단적으로 엿볼 수 있다.

이 글을 마무리하면서 필자는 유의미수(有意未遂)한 점이 많다는 점을 고백한다. 무엇보다도 최치원 이전의 생명 사상에 대해 개괄적으로나마 살피지 못한 점이 큰 아쉬움으로 남는다. 이 점은 필자에게 주어진 과제로 생각하고, 앞으로 연구를 계속하여 다음 기회에 이것이 최치원의 생명 사상에 어떻게 연결되는지 그 맥락에 대해 밝힐 것이다.

第4장
최치원의 역사의식

Ⅰ. 머리말

신라 말기의 대학자 최치원은《제왕연대력(帝王年代曆)》이라는 역사서를 남겼다. 이것은 '연대기적(年代記的)'으로 간략하게 서술한 역사서로서, 뚜렷한 사관(史觀)과 풍부한 내용으로 짜임새 있게 서술한《사기(史記)》류의 역사 서술은 아니다. 그러나 '연대기적인 간략한 서술'로 치자면《춘추》만한 것이 없는 만큼, 이에 비추어 볼 때《제왕연대력》역시 그 중요성이 떨어진다고 할 수만은 없다. 더욱이 우리나라 유학사나 한문학사 등 학술사에서 첫머리를 장식하는 선구자적 위치로 미루어, 전통 사학에서 한 걸음 더 나아가 유교 사학이 정착하도록 준도(濬導)하는 데 큰 구실을 했을 것으로 믿기 때문에, 우리나라 사학사(史學史)에서 그의 위치는 가볍게 보아 넘기기 어렵다.

그가 남긴 글들은 많은 분량이 없어졌음에도 한국 고대사, 특히 삼국 시대사 및 신라사 연구에 큰 도움이 될 뿐 아니라, 특히 고승(高僧)들의 전기(傳記) 및 비문(碑文) 등 상당수의 글은 특유의 사재(史才)를 잘 발휘한 것으로 평가할 수 있다. 또한《부석존자전》,《법장화상전》,《석순응전》,《석이정전》등 여러 승전(僧傳)[1]에서 볼 수 있는 바와 같이, 그는 그간 유교 사학

1) 이규보의 증언에 의하면, 최치원은 고구려 말기의 高僧인 普德和尙의 傳을 찬술했다고 한다. 최치원의 승전에 대한 관심이 자국인 신라는 물론 당나라와 고구려·백제 등에까

에서 매우 소홀히 다루었던 '승사(僧史)'에 남다른 관심을 가지고 불교홍통(佛教弘通)을 위한 삶을 살았던 이들의 업적을 기렸을 뿐 아니라, 이들 승전을 역사 서술로까지 끌어올렸다는 점을 간과해서는 안 된다고 하겠다.

한국 사학사에서 최치원의 위치가 이와 같음에도 지금까지 최치원의 역사인식 내지 역사 서술에 관한 연구 실적은 많지 않다.2) 자료의 절대적 부족을 극복하고 이처럼 연구 논문 몇 편이 나온 것만으로도 그 나름의 의의가 있을 것이나, 아직은 개척의 차원에서 벗어나지 못하고 있는 것만은 사실이다. 필자 역시 이러한 단계를 벗어나기에는 능력이 미치지 못한다. 다만, 선행 연구가 대체로 《제왕연대력》을 비롯한 몇 가지 역사 서술과 발해에 대한 인식을 중점적으로 분석하는 등 역사의 기술에 초점을 맞추고 있어, 외적 측면에 치우친 감이 없지 않다고 본다. 이를 극복하기 위해 내적 측면이라 할 수 있는 역사의식을 다룬 논문이 한 편 발표되었다. 그렇지만 최치원의 유문(遺文) 가운데 역사의식과 관련된 편언척구(片言隻句)를 모아 부연하면서 이를 유교 사학의 이론과 연계시키는 방향으로 무리하게 이끌어 감으로써, 논리적 비약이 많다는 평을 면치 못하였다.

제4장에서는 이와 같은 선행 연구의 의의와 한계를 인식하고, 최치원의 역사인식을 다루면서 내면과 외면을 아울러 살펴보고자 했다. 다만 최치원이 우리나라 역사를 어떻게 인식하였으며 또 어떻게 기술하였는지를 구체적으로 밝히는 것에 주안을 두지는 않고, 최치원의 역사의식과 관련하여 거시적인 면을 조망하는 데 초점을 맞추고자 했다.

지 미치고 있음을 짐작할 수 있다. 《동국이상국전집》 권23, 〈南行月日記〉, "普德字智法. 嘗居高句麗盤龍山延福寺. …… 崔致遠作傳備詳, 故於此略之."

2) 趙仁成, 〈최치원의 역사서술〉, 《역사학보》 제94·95합집, 역사학회, 1982 ; 李賢惠, 〈최치원의 역사인식〉, 《明知史學》 제1집, 명지대학교 국사학과, 1983 ; 李九義, 〈최치원의 역사 의식〉, 《상주문화연구》 제3집, 상주산업대학교, 1993 ; 李在云, 〈고운의 역사인식〉, 《고운 최치원의 사상과 역사인식 연구》, 이화여자대학교 박사 학위 논문, 1996 ; 崔敬淑, 〈최치원의 역사인식〉, 《고운의 사상과 문학》, 부산 : 坡田韓國學堂, 1997.

이 장에서는 필자가 펴낸《최치원의 사상 연구》(아세아문화사, 1990) 등에서 제시한 내용을 중심으로 하여, 미비한 것을 보충하는 형식으로 전개하였다. 한마디로 말해 '확대 재생산'의 성격을 지닌 것임을 미리 밝혀 둔다.

Ⅱ. 신라 하대 역사 편찬의 전통과 최치원

삼국 통일 이후의 역사 인식과 역사서 편찬에 대해서는 일반의 예상과는 달리 사료가 적어서, 당시의 정황에 비추어 개연성 차원에서 논의하는 정도에 그치고 있다. 다만 지금까지 연구를 통해 제기된 견해를 대략 종합해 보면, 사료의 절대적 부족에 따른 한계에도 삼국 통일 이후 신라에 문한기구(文翰機構)가 확장되고, 숙위학생(宿衛學生)과 빈공급제자(賓貢及第者)를 통해 당나라에서 사관(史官) 제도를 수용하였으며, 또 그들이 주로 문한직에 종사함으로써 국사 편찬의 정착에 기여하였을 것이라는 설에 대해 일반적으로 동의하고 있다. 그리고 신문왕 2년(682)에 확대 개편된 국학(國學)에도 국사 편찬을 위한 실무 부서가 있었을 것이라는 추정을 대체로 인정하고 있다.

더욱이 성덕왕 때에 김대문(金大問)의《화랑세기(花郎世紀)》·《고승전(高僧傳)》·《계림잡전(鷄林雜傳)》같은 사찬 사서(私撰史書)가 있었다는 사실은, 이미 그 이전에 국가적 또는 그에 준하는 사업으로서의 역사 편찬이 있었음을 시사하는 것이라고 해도 무방하다. 통일 대업과 전제왕통(專制王統)을 성취한 무열·문무왕의 사적을 바탕으로 국사(國史)가 이룩되기 전에 화랑의 사적을 다룬《화랑세기》나 불교 수용의 이야기가 실린《계림잡전》이 먼저 서술되기는 어렵다고 본다. 왜냐하면 전통 사학의 발전 과정을 보면 관찬 사서가 먼저 이룩되는 것이 보통이며, 기존 관찬 국사의 토대 위에서 사찬 사서의 서술이 가능하기 때문이다.[3]

---

3) 申瀅植,《통일신라사연구》, 三知院, 1990, 221~222쪽 참조.

최치원이 《제왕연대력》을 찬술하여 연대기를 정리할 수 있던 것만 하더라도 당시까지 역사 편찬의 전통이 계속되어 왔고 또 역사 기록이 잘 보존되었기 때문에 가능한 것이다. 연대기라는 것은 비록 간략한 기록이기는 하지만, 역대의 사실(史實)을 연조(年條)에 따라 정확히 기록해야 하는 것이기 때문에, 중국 사서에 보이는 '동이전(東夷傳)' 식의 포괄적인 기록과는 차원을 달리한다. 따라서 의외로 많은 역사서의 도움 없이는 불가능한 것이다. 이를 미루어 볼 때 통일 이후 신라에서 역사 편찬에 힘을 기울였을 것으로 짐작하기에 어렵지 않다.

또 신라의 국학에서 《춘추좌씨전》을 필수 과목으로 정하여 교수(敎授)하고, 또 독서삼품과에서도 《춘추좌씨전》을 필수 과목으로 채택하기는 하였지만, 고구려에서와 같이 삼사(三史)를 비롯한 기본적인 역사서를 직접 교수하는 일이 제도적으로 보장되지는 않았다. 그러나 이러한 한계는 숙위학생이 증가하고 빈공진사 급제자가 다수 배출되면서 충분히 극복될 수 있었을 것이다.

한편, 삼국 통일을 전후한 시기에 중국에서 중요한 역사서가 들어와 우리의 역사 편찬에 적지 않은 영향을 끼쳤던 것으로 보인다. 먼저 통일 이전 김춘추(金春秋)가 당나라에 들어가 당태종(唐太宗)으로부터 칙찬(勅撰) 《진서(晉書)》 한 질을 얻어 가지고 온 바 있으며,[4] 또 당나라 《태종실록(太宗實錄)》과 《현종실록(玄宗實錄)》이 신라에 들어와 학자들이 널리 참고하였던 사실이 기록되어 있다.[5] 이와 같은 선진 역사서들이 역사 편찬의 중요성을 일깨우기에 족하였다고 본다. 여기에 당시의 높은 문화 수준과 문운(文運) 역시 역사 편찬을 뒷받침하기에 충분했다. 최치원의 다음과 같은 글이 이를

4) 〈대낭혜화상비문〉, "昔武烈大王爲乙粲時, 爲屠獩貊乞師計, 將眞德女君命, 陛覲昭陵皇帝, 面陳願奉正朔易服章. …… 及其行也, 以御製幷書溫湯晉祠二碑, 暨御撰晉書一部賚之, 時蓬閣寫是書, 裁竟二本, 上一錫儲君, 一爲我賜"(《역주 최치원전집(1)》, 89~90쪽).

5) 〈遣宿衛學生首領等入朝狀〉, "伏覩太宗文武聖皇帝實錄, 貞觀元年, 宴群臣, 奏破陣樂之曲, 云云"(《역주 최치원전집(2)》, 149쪽) ; 〈謝恩表〉, "臣伏以當蕃家崇地義, 國仰天慈. 故昔遠祖政明, 仰求禮記, 玄宗聖帝, 別賜孝經, 灼見化成, 著於實錄"(같은 책, 118쪽).

잘 증명한다고 하겠다.

> 전하는 말에 의하면, 중국의 사신 호귀후(胡歸厚)가 귀국하여 복명(復命)하려 할 때, (신라에서) 한껏 채집한 풍요(風謠 : 당시에 유행하던 가요)를 두고 당시 재상에게 아뢰기를, "저로부터 이전의 무부(武夫)는 해동(海東)에 사신으로 가서는 안 될 것입니다. 왜냐하면 계림(鷄林)에 경치 좋은 곳이 많은데, 그 나라 임금이 시로써 그 정경을 그대로 그려 내어 저에게 주었을 때, 제가 일찍이 배웠던 것에 힘입어 운어(韻語)를 지음으로써, 억지로 부끄러움을 참아 가며 화답했기에 망정이지, 그렇지 않았더라면 해외(海外)의 웃음거리가 됨에 틀림없었을 것입니다" 라고 하니, 벼슬아치들이 이치에 닿는 말이라 여겼다 한다.[6]

여기에 덧붙여 지적해 둘 것은, 신라 하대의 역사 편찬에는 중국인들의 자극 또한 적지 않았을 것이라는 점이다. 다음의 언급에서 이를 엿볼 수 있다.

> 가만히 생각해 보건대, 중국에서 벼슬할 적에 일찍이 유자규(柳子珪)가 우리나라의 일에 대하여 적어 놓은 글을 읽었다. 서술된 정사(政事)의 조목들이 왕도(王道) 아님이 없었는데, 이제 향사(鄕史 : 신라의 국사)를 읽어 보니 성조(聖祖) 원성대왕조(元聖大王朝)의 사적(事跡)이 완연하였다.[7]

> 저번에 당사(唐使) 원계방(元季方)이 와서 계림(鷄林)의 정사(政事)를 기록하였는데, 시에 이르기를, "시서(詩書)의 가르침이 아름다울 뿐 무력으로 떨친 적이 없

---

6) 〈대숭복사비문〉, "抑又流聞, 漢使胡公歸厚之復命也, 飽採風謠, 白時相曰, 「自愚已往, 出山西者, 不宜使海東矣. 何則? 鷄林多佳山水, 東王詩以印之而爲贈 ; 賴愚嘗學, 爲綴韻語, 强忍愧酬之, 不爾爲海外笑必矣」 君子以爲知言"(《역주 최치원전집(1)》, 218~219쪽).

7) 〈대숭복사비문〉, "竊思西宦日, 嘗覽柳氏子珪錄東國事之筆, 所述政條, 莫非王道 ; 今讀鄕史, 宛是聖祖大王朝事蹟"(《역주 최치원전집(1)》, 218쪽).

었으니, 옛 철후(哲侯)들의 고요한 다스림이 여기에 있도다"고 하였다.[8)]

중국인들 가운데는 신라사에 관심 있는 이들이 있었다. 《계림유사(鷄林類事)》를 편찬한 손목(孫穆) 같은 이가 그 대표적인 예라 하겠는데, 앞서 말한 호귀후라든지 계림의 정사(政事)에 대한 기록[9)]했다는 유자규・원계방 등도 있다. 여기에는 호귀후처럼 직접 신라에 사행(使行)으로 왔다 간 뒤 견문기를 남긴 경우도 있고, 신라에 다녀온 당사(唐使)나 당나라에 입조(入朝)한 신라 사신, 그리고 신라 출신의 유학생・구법승(求法僧) 등에게서 전해 들은 것을 기록으로 남긴 경우도 있다. 어찌 되었든지 중국인들마저 신라의 역사에 대해 관심을 가졌던 상황과 분위기는 신라의 학인(學人)에게 상당한 자극을 주었을 듯하고, 마침내 이들로 하여금 역사서를 편찬하도록 하였을 것이다.

그리고 신라 하대의 빈공급제자들이 오랫동안 당나라에 체류하면서 사관(史官) 제도에 주목하고 역사 서술 방법 등을 체득했을 것으로 짐작된다. 아래에 소개하는 최치원의 글은 이때의 사정을 엿보게 한다.

> 상공(相公)께서는 참다운 군자유(君子儒)로서, …… 좌사(左史)와 우사(右史)의 직언(直言)을 재량(裁量)하여 역사 기록으로 남기는 데 (太史公에) 비견됨이 있어서, 훈신(勳臣)과 화족(華族)들이 모두 덕을 드러내고, (공자 문하의) 자유(子游)나 자하(子夏)와 같은 이들이 (한마디 말도 돕지 못한 채) 입을 다물게 되었습니다. (재상으로서) 능히 천자[袞職]를 보좌하는 공을 베푸시고, 저절로 잘 다스려지는 교화[垂衣之化]를 갖추어 (역사에) 재록(載錄)하심에, 반드시 진(眞)을 상주고 위(僞)를 폄척(貶斥)함으로써 전(傳)을 세우는 데 삼체(三體 : 簡・眞・正)가 있음을 밝히

---

8) 〈謝嗣位表〉, "又頃皇華元季方者, 來紀鷄林政事, 詩云, 「但美詩書敎, 曾無鼙鼓喧, 古哲侯靜理斯在」"(《역주 최치원전집(2)》, 111쪽).

9) 이것은 조선 시대에 중국의 使臣을 맞아 唱酬했던 것을 모은 《皇華集》을 연상케 한다. 이러한 글 역시 역사 편찬에 도움을 주었을 가능성이 높다.

> 도록 하며, 흐린 것을 쳐서 없애고 맑은 것을 고양(高揚)함으로써 임금을 섬기는 데 두 마음이 없음을 격려토록 하시었으니, 고금의 성미(盛美)를 원근에서 흠앙(欽仰)하고 의지하게 될 것입니다. 저는 멀리서 번진(藩鎭)을 지키면서 훈도(薰陶)를 받아 왔습니다만, 매양 절도사의 수칙(守則) 6조[10]를 삼가 행하였으니, 감히 한 글의 포창(褒彰)을 바라나이다.[11]

이는 고병을 대신하여 사관(史館)[12]의 총재인 재상 소구(蕭遘)에게 보낸 서한으로, 대찬(代撰)이라는 한계가 있다. 그러나 여기서 우리는 최치원이 춘추정신이라든지 사관(史館) 및 사관 제도, 사관의 직분, 역사 편찬의 중요성, 역사서의 효용 등에 대해 폭넓은 관심을 가졌고 또 잘 알고 있었음을 주목하지 않을 수 없다. 위에서 이른바 '좌사와 우사의 직언(直言)을 재량하여 역사 기록으로 남기는'이라고 운운한 것은 곧 최치원만이 아니라 역대 사관들의 최대의 소망이었을 것이다.

Ⅲ. 유교 사관과 춘추정신(春秋精神)의 전개

1. 수훈사관(垂訓史觀)

학문적 관점에서 최치원은 자신이 유자라는 점을 분명하게 표방하였다. 이러한 경향은 그가 찬(撰)한 불승(佛僧)·불사(佛寺)의 비문과 전기 등에서

---

10) 漢武帝 元封 5년(기원전 106)에 시행되었다. 첫째 '强豪田宅踰制 陵弱暴寡', 둘째 '侵漁百姓 聚斂爲姦', 셋째 '不卹疑獄 刑賞任性', 넷째 '苟阿所愛, 蔽賢寵玩', 다섯째 '子弟情勢 請託所監', 여섯째 '通行貨賂 割損政令'이다.

11) 《계원필경집》 권7, 〈史館蕭遘相公〉, "相公眞君子儒, …… 左右史之直言, 裁成有類；莫不勛華表德, 游夏緘詞. 能施補袞之功, 備載垂衣之化, 必使褒眞貶僞, 彰發傳之體有三, 激濁揚淸, 勵事君之心無二, 古今盛美, 邇遐欽依. 某遠守藩維, 忝資陶冶；每愼六條之理, 敢希一字之褒."

12) 당나라에서는 태종 貞觀 3년(629)에 史館을 禁中에 설치하였다.

도 엿볼 수 있으니, 불비(佛碑) 속에서도 찬자 자신이 유자임을 누누이 강조하였다. 그는 삼교를 종횡무진으로 출입하면서도, 역사 서술의 기조나 방법에서는 철저하리 만큼 유교적 관점을 취하였다.

최치원은 《제왕연대력》과 같은 독립된 형태의 역사서뿐 아니라 고승의 전기와 비문 그리고 한낱 기문(記文)을 지으면서도, 그것이 역사 기록이라는 정신에 입각하여 서술하였으며 한결같이 춘추정신을 발휘하였다. 〈대낭혜화상비문〉에서 비문의 효용과 의의에 대해 밝히면서 "마땅히 널리 기록하고 갖추어 말하여, 반드시 그것을 후생에게 남김으로써, 그들로 하여금 일의 시초를 캐고 종말을 살피도록 해야 할 것이다(宜廣記而備言之, 殆貽厥可畏, 俾原始要終)"고 하였다. 이것은 바로 두예(杜預)가 〈춘추좌씨전서(春秋左氏傳序)〉에서 "(좌구명) 자신이 사관이 되어 몸소 재적(載籍)을 열람하여 반드시 넓게 기록하고 갖추어 말함으로써 장차 배우는 사람들에게 일의 시초를 캐고 종말을 살피도록 하였다(身爲國史, 躬覽載籍, 必廣記而備言之, 將令學者, 原始要終)"고 했던 정신을 계승한 것이다. 그는 자신이 찬한 글에 대해 '직서(直書)'니 '실록(實錄)'이니 하는 말을 자주 사용하곤 하였다.[13] '이실직서(以實直書)'의 원칙을 강조하는 그로서는 이것이 우연이 아니라 하겠다.

> 옛 사기(史記)에는 없지만 나의 사서(史書)에서는 전한다고 하여 그 일을 위대하게 꾸미려 한다면, 이러한 태도는 (사실이) 와전되고 범람하는 본원이 되며, 멀리 지난 일을 기술하는 데 커다란 해독[蠹]이 된다고 하였습니다. 그대가 이에 가깝다는 생각은 없습니까? 말이란 비록 많다 한들 무슨 소용이 있겠습니까? 간결한 것이 귀한 법입니다.[14]

---

13) 〈新羅壽昌郡護國城八角燈樓記〉, "愚也尋蒙遙徵拙文, 俾述弘願, 遂敢直書其事, 用警將來"(《역주 최치원전집(2)》, 300쪽) ; 〈法藏和尙傳〉, "三十二句, 百二十八言, 雖文表虛宗, 而事皆實錄"(같은 책, 344쪽) ; 〈法藏和尙傳〉, "以致遠嘗宦玉京, 濫名金牓, 聊翻鴃語, 或類象胥. 遂命直書, 難從曲讓"(같은 책, 357쪽) ; 《계원필경집》 권16, 〈西州羅城圖記〉, "致遠雖丘堂覩奧, 師冕何知? 而秦國斂賢, 由余不棄, 謹成實錄."

이는 《법장화상전》이 지나치게 장황하고 사실과 다르게 주인공을 미화했다는 지적을 찬자인 최치원 자신이 소개한 것이다. 그는 이에 대해 다음과 같이 반박했다.

> 공자가 정공(定公)·애공(哀公) 시기에 살면서 은공(隱公) 원년의 기사를 씀에, 믿을 만한 것은 믿음으로써 전하고 의심나는 것은 의심으로써 전하였으니, 옛적부터 내려온 불변의 법칙이요, 지금에 마구 지어낸 것이 아닙니다. 더구나 이 전(傳)은 모두 옛말을 빙거(憑據)한 것이니, 어찌 새로 들은 것을 자랑하려 한 것이겠습니까? 또한 장공(藏公)의 재주로 말하자면 아름다움을 기록하는 데 있어 참으로 얼굴에는 부끄러운 빛이 없고 입에는 부끄러운 말이 없습니다.[15]

여기서 《춘추곡량전》에 이른바 "믿을 만한 것은 믿을 만한 대로 전하고 의심스러운 것은 의심스러운 대로 전한다(信以傳信 疑以傳疑)"[16]는 원칙이 그대로 제시되었다.

그는 〈지증대사비문〉에서도,

> 나라(新羅)에서 불서(佛書)를 중히 여기고, 집집마다 승사(僧史)를 간직하며, 법갈(法碣)이 서로 바라보고 선비(禪碑)가 가장 많았다. 두루 아름다운 글을 보고, 시험 삼아 새롭지 못한 글도 찾아보았는데, '무거무래(無去無來)'의 말이 다투어 말[斗]로 헤아릴 정도요, '불생불멸(不生不滅)'의 말이 움직이면 수레에 실을 지경이었지만, 일찍이 《춘추》에서와 같은 신의(新意)가 없었고, 간혹 주공(周公)의 구장(舊章)

---

14) 〈法藏和尙傳〉, "「舊史所無, 我書則傳, 欲偉其事, 此訛濫之本源, 迯遠之巨蠹也」 子無近之乎? 雖多奚爲, 以少是貴"(《역주 최치원전집(2)》, 355쪽).

15) 〈法藏和尙傳〉, "立定哀之時, 書隱元之事, 信以傳信, 疑以傳疑, 自古常規, 非今妄作. 況此皆憑舊說, 豈衒新聞? 且記藏公之才之美也, 寔得面無怍色, 口無媿辭"(《역주 최치원전집(2)》, 355~356쪽).

16) 《춘추곡량전》, 桓公 5년 春正月條, "春秋之義, 信以傳信, 疑以傳疑."

만을 쓴 것과 같을 뿐이었다.[17]

고 하였다. 여기서 '무거무래(無去無來)'니 '불생불멸(不生不滅)'이니 하는 불가어(진리의 불변을 뜻함)가 상투적으로 쓰일 뿐 《춘추》에서와 같은 새로운 뜻이 없다고 함은, 곧 불비(佛碑) 속에서도 춘추정신을 잘 드러낸 것이라 하겠다. 즉, 《춘추》는 공자가 노나라의 역사에 필삭(筆削)을 가하여 이룩한 역사서로, 단순한 역사서가 아니라 '미언대의(微言大義)'를 바탕으로 하여 후세에 강한 감계(鑑戒)를 드리우는 유교의 경서이다. 그러므로 두예는 〈춘추좌씨전서〉에서 "사관이 기록하지 않은 것을 곧 옳다고 여기는 것도 있으니 이것이 대개 춘추의 새로운 의리이다(亦有史所不書, 卽以爲義者, 此盖春秋新意)"고 하였다. 즉, 기록되지 않은 데서 대의를 찾는 것이 《춘추》의 '신의(新意)'라는 것이다. 그런데 최치원이 본 종래의 법갈(法碣)에는 '미언대의'로써 후세를 경계하는 의도가 담겨 있지 않다는 것이다. 그의 글[특히 비문, 전기 및 찬문(讚文) 등]이 변려문이라는 문체적 특성 이외에도 함축성이 강한 나머지 난삽하다는 평까지 듣는 까닭이 여기에 있다.

그리고 '주공(周公)의 옛 전장(典章)'이란 곧 과거의 전통을 의미한다. 즉, 비문도 하나의 역사적 서술이라고 할 수 있으니, 사적 서술에는 과거의 전통을 계승하려는 노력과 장래에 지켜야 할 법도를 밝히려는 노력이 병행되어야 한다. 다시 말해서 사적 서술은 단순히 지난날의 기록이 아니라, 과거를 통하여 현재를 비춰 주는 거울이 되고 또 보다 나은 오늘을 위한 반성의 자료가 되며 올바른 미래를 지시하는 교훈적 서술이 되어야 한다. 그런데 법갈에는 주인공의 과거 행적만이 서술되어 있을 뿐, 주인공의 경행(景行)에 대하여 그 진위를 가려 후인들이 본받고 계승하도록 하는, 장래를 내다보는 안

---

17) 〈지증대사비문〉, "況復國重佛書, 家藏僧史 ; 法碣相望, 禪碑最多. 遍覽色絲, 試搜殘錦, 則見無去無來之說, 競把斗量 ; 不生不滅之譚, 動論車載 ; 曾無魯史新意, 或用周公舊章"(《역주 최치원전집(1)》, 291~292쪽).

목이 결여되었다는 것이다. 이러한 사고 역시 두예가 〈춘추좌씨전서〉에서

> 공자는 책서성문(策書成文)[18]한 노나라 역사를 따라 그 참됨과 거짓됨을 상고하고 그 전례에 뜻을 두었는데, 위로는 주공이 남긴 제도를 따르고 아래로는 장래에 지켜야 할 법도를 밝혔다(仲尼因魯史策書成文, 考其眞僞, 而志其典禮, 上以遵周公之遺制, 下以明將來之法).

라고 한 데서 기인한 것이다. 이처럼 선승(禪僧)의 비문 하나를 지으면서도 철저할 정도로 유가의 수사(修史) 전통과 방법 그리고 춘추정신에 입각한 데서 우리는 역사가로서의 최치원의 안목까지도 엿볼 수 있다.

최치원의 이러한 서술 방법 및 태도는 《법장화상전》과 《사산비명》 등에서 더욱 뚜렷이 나타난다. 그는 현수(賢首) 법장(法藏 : 643~712, 중국 화엄종의 대성자)의 전기를 지으면서, 그 말미에서 '술이부작(述而不作)'의 태도로 찬술하였음을 밝혔으며 현수의 궤촉(軌躅) 가운데 사람들의 눈과 귀가 쏠릴 만한 것을 취사선택했다고 하였다. 이것은 〈대낭혜화상비〉에서 "대사께서 이 세상에 왔다 가신 동안에 남긴 뛰어난 일과 자취들이 별처럼 많지만, 후학들을 일깨우는 것이 아닌 사실은 역시 쓰지 않는다"[19]고 한 것과 같은 것이라 하겠다. 즉 서술의 기준을 후세에 교훈이 될 만한 사실에 두고 취사선택함으로써 '필즉필(筆則筆) 삭즉삭(削則削)'의 원리를 지키고자 했던 것이다. 이처럼 그가 개인의 전기나 비문 같은 글도 철저할 정도로 수훈적(垂訓的) 차원에서 서술하였음은 바로 유교 사학에 입각하여 쓴 것임을 알려준다고 하겠다.

그는 경(經)과 사(史)를 불가분의 관계로 파악하였으며, 본래 전(傳)은 사전(史傳)과 같은 구실을 하는 것으로 경전의 교훈적인 취지를 후세에 전수

---

18) 簡策에 써서 문장을 이룸.
19) 〈대낭혜화상비문〉, "大師時順間事蹟, 犖犖者星繁, 非所以警後學, 亦不書"(《역주 최치원전집(1)》, 63쪽).

(轉授)하는 것이라고 하였다.

> '사(史)'라는 것은 시키는 것이니, 좌우 사람(左史와 右史)에게 붓을 잡혀 기록하도록 하는 것이요, 전(傳)이라는 것은 '전(轉 : 옮기는 것)'으로, 경전의 취지를 옮겨 전수(傳授)하는 것이니, 전(傳)은 비문의 간략함을 넓혀 '후세 사람들에게 전수되도록 하는 것[使授於後]'이다.[20]

이는 《법장화상전》에 나오는 말로, 유협(劉勰)의 《문심조룡(文心雕龍)》에서 인용한 것이다. 《문심조룡》에서는 이 대목에 이어 "이른바 (傳이란) 성인저작(聖人著作)의 우익(羽翼)이 되고 사적(史籍)의 선구가 되는 것이다(以授於後, 實聖文之羽翮, 記籍之冠冕也)"고 말하였다. 《문심조룡》의 분류와 해설에 의하면, '전'은 '사전'의 의미로, 후세에 어떠한 진실을 밝혀 널리 알리려 하는 교훈적인 의미와 아울러 이 세상에 영원히 전해지도록 하는 보전적(保全的) 성격을 함께 지닌 것이다. '사수어후(使授於後)'라는 것은 바로 이를 뜻한다고 하겠다. 이러한 것은 비록 《문심조룡》에서 인용한 말이기는 하지만, 최치원의 역사의식과 역사 서술 태도를 대변하는 것이라 해도 지나친 말은 아닐 듯하다.

또 그는 《법장화상전》에서 현수 법장의 생애를 열 과목으로 나누어 서술하면서,

> 《춘추》에 이르기를 "죽은 뒤에도 훌륭한 이름을 남기는 자는 세 가지가 서야 한다" 하였다. 법장 스님께서 유학(遊學)한 것과 삭염(削染)한 것과 멸도(滅度)를 보인 것의 세 가지는 '덕을 세운 것'[立德]이요, 강연(講演)한 것과 번역(飜譯)한 것과 저술한 것의 세 가지는 '말을 세운 것'[立言]이며, 자신을 수양한 것과 세속을 제도

20) 《법장화상전》, "史者使也. 執筆左右使之記也. 〈傳者轉也, 轉授經旨〉, 傳廣碑略, 使授於後"(《역주 최치원전집(2)》, 356쪽).

한 것과 교훈을 드리운 것의 세 가지는 '공을 세운 것'[立功]이다.[21]

라고 하였다. 출생을 제외한 아홉 과목을 《춘추좌씨전》에 나오는 '삼불후(三不朽)'의 입덕 · 입공 · 입언에 세 가지씩 배속한 것을 통해서도 그의 유교적 관점을 엿볼 수가 있다. 이처럼 최치원이 불가 승려의 전기나 비문을 찬술하면서도 유교적 수훈사관(垂訓史觀)에 입각하고 있다는 것은 그의 학문적 기반을 살피는 데 중요한 문제라고 할 것이다.

2. 정통주의(正統主義)와 정명론적(正名論的) 사고

〈지증대사비문〉을 보면, "과연 여(麗) · 제(濟)를 크게 무찔러서[漂杵] 재앙을 제거하고, 무기를 거두어 복을 들어올리게 하니[騰慶], 옛날에는 조그마했던 세 나라가 지금에는 장하게도 한 집안이 되었다"[22]고 한 대목이 있다. 여기서 '최이삼국(蕞爾三國), 장재일가(壯哉一家)'라고 한 것은 흡사 《법화경》에서 설하는 '회삼귀일(會三歸一 : 會三乘歸一乘)'을 연상하게 한다. 이 '회삼귀일'의 이념은 신라 · 고구려 · 백제의 세 나라가 하나의 그릇인 '불국토(佛國土) 신라'로 통합된 역사적 정치 참여에 그 필연성과 정당성을 제공한 것으로 이해되었다.[23] 위에서 말한 '삼국일가'의 사고는 삼국의 역사적 전통이 신라의 삼국 통일로 말미암아 하나로 통합되었다는 것으로, 바로 신라 역사와 문화의 정통성을 확인하는 것이라 하겠다. 그가 《제왕연대력》을 찬술한 이유 가운데 하나가 바로 신라가 삼국의 정통을 계승하였다는 사실을 내외에 강조하려는 것이고 보면 더욱 그러하다고 할 수 있다.

---

21) 《법장화상전》(《역주 최치원전집(2)》, 355쪽).
22) 〈지증대사비문〉, "果使漂杵蠲灾, 鍵櫜騰慶, 昔之蕞爾三國, 今也壯哉一家"(《역주 최치원전집(1)》, 262쪽).
23) 安啓賢, 〈한국불교사(상)〉, 《한국문화사대계》(종교 · 철학), 고려대학교 민족문화연구소, 1970, 215쪽.

한편, 발해에 대한 최치원의 인식은 정통주의(正統主義)와 정명론적(正名論的) 사고가 주조를 이룬다. 특히 '쟁장사건(爭長事件)' 같은 것은 문화적 우월 의식의 또 다른 표현이라 할 수 있는데, 그 근거는 바로 신라가 문화적으로 정통성을 가진 나라라는 것이다. 최치원에게 중국적 가치 기준에 입각하여 문화적 보편주의를 지향하는 일과 신라가 발해보다 문화적으로 우월하다는 자부심을 강렬하게 표현하는 것은 서로 배치되지 않는다.

그는 발해를 도덕 국가 내지 문화 국가로 보지 않았으며, 정통성을 결여한 열등의 나라로 보았다.

> 만일 황제 폐하께서 영명(英明)하신 생각으로 독단(獨斷)하시고 신필(神筆)을 쭉 그어 비답(批答)을 내리시지 않았던들, 근화향(槿花鄕)의 염양(廉讓)이 저절로 침몰하고 호시국(楛矢國)의 독통(毒痛)이 더욱 성할 뻔하였나이다.[24]

여기서 '근화향'은 동방 군자국의 유서 깊은 전통을 신라가 계승하였다는 점을 부각시키기 위해 《산해경》의 전고를 인용한 것이다.[25] 근화는 무궁화로 군자국의 특산물 가운데 하나이다. '호시국'은 발해를 가리키는 말로서, 문치(文治)는 소홀히 하면서 무략(武略)에만 힘쓰는 미개한 나라라는 뜻이다. '호시'는 호목(楛木)으로 만든 화살을 말하는데, 말갈국에 이 화살이 있었다고 한다. 호시가 말갈과 관련이 있기 때문에, 말갈족과 고구려 유민(遺民)이 연합하여 세운 발해를 호시국이라 한 것이다.[26]

---

24) 〈謝不許北國居上表〉, "向非皇帝陛下, 英襟獨斷, 神筆橫批, 則必槿花鄕, 廉讓自沈, 楛矢國毒痛愈盛"(《역주 최치원전집(2)》, 131쪽).

25) 《山海經》, 〈海外東經〉, "君子國在其北, 衣冠帶劍, 食獸使二大虎在旁. 其人好讓不爭. 有薰(一作菫)華, 朝生夕死."

26) 《史記》 권77, 〈孔子世家〉, "有隼集于陳廷而死, 楛矢貫之, 石砮, 矢長尺有咫" ; 同注, "肅愼記云, 肅愼, 其地在夫餘國東北, 可六十日行. 其弓四尺, 强勁弩射四百步, 今之靺鞨, 方有此矢."

최치원은 신라를 염치와 도덕이 있어 남에게 사양할 줄 아는 예의 국가요, 유서 깊은 문화 국가로 보았다. 발해에 대해서는 무용(武勇)만 숭상하는 미개 국가이면서 독심(毒心)을 품고 남에게 고통이나 주는 집단 정도로 묘사하였다. 당시 신라는 비록 국세(國勢)가 쇠약해지고 있었지만, 위와 같은 문화적 우월감과 정통 의식이 있었기에 "우리는 기마(驥馬)가 약해졌을지라도 아직은 일컬을 만하며, 소가 비록 수척해졌어도 일을 무서워할 정도는 아닌 것과 같은데, 저 오랑캐는 매[鷹]가 배부른데도 (먹이를 찾아) 높이 날아가고, 쥐가 사체(四體)가 있으면서도 방자하게 탐욕만 내는 것과 같다"[27]고 하는 차별적 자존(自尊) 의식이 나오게 되었다고 본다.

최치원은 발해를 고구려의 '잔얼(殘孼)'이라 하고, 발해의 시조 대조영(大祚榮)을 '추장(酋長)'으로 격하하였다. 또 대조영이 신라에서 제5품 대아찬(大阿餐)을 제수받아 신속 관계(臣屬關係)에 있음을 부각하였다. 그리고 당시 국제질서에서 신라가 당나라에 대해 대번(大藩)인데 견주어 발해는 소번(小藩)임에도 제 명위(名位)를 벗어나 참람한 행동을 한다고 다음과 같이 비판하였다.

> 고(故) 정공(靖恭) 최시랑(崔侍郞)이 주시(主試)하던 해에 빈공 급제자가 둘이었는데, 발해의 오소도(烏昭度)를 상등(上等)으로 삼은 것을 말하자면, 마치 노(魯)나라를 여위게 하고 기(杞)나라를 살찌게 한 것 같은 점이 있으니, 누가 정(鄭)나라가 사리에 밝고 송(宋)나라가 귀머거리 나라라는 것을 징험하겠습니까? 체로 걸러 냄에 비록 모래와 자갈이 뒤에 남는 것은 감수해야 한다지만, (이러한 상태가) 그칠 때가 되면 그쳐야 하는 것이니, 어찌 치수(淄水)와 승수(澠水)로 하여금 함께 흐르게 할 수 있겠습니까? (천하의 모든) 수레와 문자는 비록 하나로 통일되는 것[混同]을 경하한다 하더라도, 갓과 신발은 실로 거꾸로 되는 것에 대하여 부끄러워 할 것입니다.[28]

---

27) 〈謝不許北國居上表〉, "伏惟陛下, 居高劼毖, 視遠孔昭, 念臣蕃之驥或羸而可稱, 牛雖瘠而非怯, 察彼虜之鷹飽腹而高颺, 鼠有體而恣貪"(《역주 최치원전집(2)》, 130쪽).

28) 〈與禮部裵尙書瓚狀〉, "故靖恭崔侍郞主貢之年, 賓薦及第者兩人, 以渤海烏昭度爲上,

그는 문화의 보편성을 인정하지만, '관구도치(冠屨倒置)'의 역위(逆位) 현상은 국제 질서를 위해서도 바람직한 것이 아니므로, 명위(名位)에 따른 분수를 지켜 참람함을 방지하는 것이 중요하다고 강조하였다. 여기서 정명론적 사고를 엿볼 수 있다.

3. 역사 서술의 방법과 특장(特長)

최치원은 유교 사상 특히 춘추정신에 입각하여 역사 서술을 하면서도, 그 서술 방법과 체제에서는 실로 많은 변화와 다양성을 보였다. 이것은 다음의 글로도 짐작할 수 있다.

> 옛적부터 전(傳)을 짓는 체(體)가 같지 아니하여, 먼저 그 결과[致]를 통괄한 뒤에 그 원인이 되는 바[所因]를 펴기도 하고, 혹은 첫머리에 성명(姓名)을 표시한 뒤에 끝으로 공렬(功烈)을 적기도 하는 것이다. 그러므로 태사공(太史公 : 司馬遷)이 매양 대현(大賢)을 위하여, 예를 들어 백이(伯夷)·숙제(叔齊)나 맹가(孟軻) 같은 분들의 전기를 쓸 적에는 반드시 들은 바를 첫머리에 놓고 그런 뒤에 비로소 그들의 행적을 드러냈다. 이것은 다름이 아니다. 덕행이 이미 높다면 보록(譜錄)이 달라야 되기 때문이다.[29]

그는 독립적이고 통사적(通史的)인 역사 서술보다도 주로 사적인 전기라든지 비문과 같은 글을 통해 자신의 역사의식을 드러냈다. 그의 역사의식에 사마천의 《사기》가 끼친 영향은 지대한데, 그 가운데서도 〈열전〉의 영향력

有同瘠魯而肥杞, 誰驗鄭昭而宋聾. 淘之汰之, 雖甘沙礫居後, 時止則止, 豈使淄澠竝流? 車書縱賀其混同, 冠屨實慚於倒置"(《역주 최치원전집(2)》, 175~176쪽).

29) 《법장화상전》, "古來爲傳之體不同, 或先統其致, 後鋪所因, 或首標姓名, 尾綰功烈. 故太史公, 每爲大賢, 如夷齊孟軻輩立傳, 必前冠以所聞, 然後始著其行事. 此無佗, 德行既峻, 譜錄宜異故爾"(《역주 최치원전집(2)》, 317쪽).

은 실로 크다고 할 것이다. 그는 개인의 행적을 역사 서술의 중요한 일부로 인식하여, 《사기》의 열전을 본보기로 삼은 역사 서술을 상당수 남겼다.

한편, 《사산비명》 가운데 〈지증대사비문〉은 신라 불교사, 특히 선종사(禪宗史)를 간명하게 기술한 것으로 유명한데, 신라의 불교사를 3기로 나누어 이해한 것은 신라 불교의 전개·발전 과정을 나름대로 구분한 것이므로 주목된다. 《법장화상전》 역시 최치원의 역사 인식 내지 역사 서술과 관련하여 중요한 자료임은 물론이다.

대개 평범한 역사가는 어떠한 사실(史實)을 서술할 때, 늘 많은 사실을 잡다하게 늘어놓으면서도 각각의 사실 사이에 개재하는 일정한 요인을 찾는 데 소홀하며, 이 요인들의 인과 관계를 찾아내지 못하는 경우가 허다하다. 그런데 최치원은 법장화상의 생애를 십과(十科)로 나누어 기술하면서, 화엄 사상의 사사무애법문(事事無碍法門), 즉 온갖 법이 낱낱이 고립된 존재가 아니고 개개의 하나를 취하더라도 어느 것이든지 모두 '전일(全一)'의 관계에 있다고 하는 십현문(十玄門)을 통해, 전체를 통찰력 있게 조망하는 동시에 각 부분 상호 간의 구분과 연관성을 명확히 서술하였다. 불교 이론을 역사 서술에 훌륭하게 반영한 데서 그의 박학과 사재(史才)를 엿볼 수 있다. 《법장화상전》은 뒷날 혁련정(赫連挺)의 《균여전(均如傳)》에 직접적인 영향을 끼쳤다고 보는데, 《균여전》 역시 《법장화상전》과 마찬가지로 '십과'로 분류하여 균여의 생애를 서술하였다. 따라서 《균여전》이 최치원의 《부석존자전》(의상전)과 짝을 이루어 서술된 것인 만큼,[30] 《부석존자전》의 서술 체제도 화엄 사상에 비추어 '십과'로 서술된 것임에 틀림없을 것이다.

최치원은 〈지증대사비문〉에서도 대사의 생애를 '육시(六是)'와 '육이(六異)'로 나누어 설명하고 있는데, 이는 저 유명한 왕발(王勃)의 〈익주부자묘비문(益州夫子廟碑文)〉이라든지 〈여래성도기(如來成道記)〉의 법식(法式)을 잘 체

30) 赫連挺, 〈大華嚴首座圓通量重大師均如傳幷序〉, "…… 故瑞書院學士, 夷喆湌淸河公致遠, 作湘師傳, 獨首座之行狀闕焉, 一乘行者惜之, 予亦惜之."

득한 것으로, 이러한 서술 방식은 여느 선승들의 탑비문에서 흔히 보기 어려운 특색을 지닌다. 또 〈대낭혜화상비문〉에서는 고승의 불비(佛碑)임에도 기전체(紀傳體)의 역사서에서나 주로 볼 수 있는 논(論)을 붙임으로써, 역사 서술로서의 성격을 한층 강하게 하였다. 이상으로 미루어 볼 때 최치원은 한마디로 뛰어난 역사가의 재질을 지녔다고 평가할 수 있다.

중국 사학사를 보면, 역사 서술의 발달이 고문(古文)의 발달과 밀접한 관련이 있다. 이에 비추어, 변려문이라는 그의 문체가 역사 서술에 적당하지 않은 한계가 있는 것은 사실이지만, 이는 당시의 문풍(文風)과 관련하여 이해하여야 할 문제이다. 변려문 일색인 당시의 문풍에서 최치원 홀로 초탈하기란 실로 어려웠을 것이다.

Ⅳ. 《제왕연대력(帝王年代曆)》의 찬술과 그 성격

1. 찬술 배경과 형식

최치원은 885년 당나라에서 귀국한 뒤, 헌강왕으로부터 한림학사 겸 수병부시랑(守兵部侍郎) 지서서감(知瑞書監)에 임명되었다. 귀국 뒤 2년 사이에 헌강왕·정강왕이 잇달아 세상을 떠났던 만큼 주로 진성여왕 때 활동하였다. 이 시기에 그는 임금에게 상당한 예우를 받으면서 문한직(文翰職)에 종사하였다. 자신을 문장가로만 대하는 임금에게 불만스러운 점이 적지는 않았던 것 같지만,[31] 어찌되었든지 여러모로 각별한 대우를 받았던 것만은 분명하다고 할 것이다.

31) 〈진감선사비문〉, "申命下臣曰, 「師以行顯, 汝以文進, 宜爲銘!」 致遠拜手, 曰, 「唯! 唯!」" (《역주 최치원전집(1)》, 166쪽) ; 〈대낭혜화상비문〉, "復惟之, 西學也, 彼此俱爲之, 而爲師者何人, 爲役者何人? 豈心學者高, 口學者勞耶? 故古之君子愼所學. 抑心學者立德, 口學者立言 ; 則彼德也或憑言而可稱, 是言也或倚悳而不朽 ; 可稱則心能遠示乎來者, 不朽則口亦無慙乎昔人"(《역주 최치원전집(1)》, 60쪽).

그런데 경문왕에서 진성여왕에 이르는 시기에 신라 왕실에는 정치적 사상적 측면에서 중요한 흐름이 있었다. 이 시기에 나타나는 특징적인 현상으로는, 화랑 활동의 정치적 부상, 황룡사(皇龍寺)를 중시하고 국가 의식을 고양하려는 노력, 《삼대목(三代目)》의 편찬과 같이 우리 고유의 것을 중시하는 경향의 증대, 왕실 혈통의 신성화, 여왕의 즉위에 따른 종교적 신비적 구실의 강조 등을 들 수 있다. 이는 마치 상대(上代) 말의 현상을 연상케 하는 복고적인 것으로, 모두가 경문왕가의 왕권 강화와 유지에 초점이 맞추어져 있다.[32]

최치원은 이러한 정치적 사상적 분위기 속에서 왕실의 의지를 확인하고 일정하게 협조하면서 자신의 정치적 학문적 위상을 넓히고자 하였다. 귀국한 뒤의 주요 저술인 《사산비명》에서 위와 같은 흐름과 분위기를 전반적으로 반영하고 있어 주목된다. 여기서 그의 사상 가운데 핵심이라 할 수 있는 동인의식(東人意識)과 고유 사상에 대한 뜨거운 관심 그리고 왕가의 혈통을 신성화하려는 노력이 여실히 드러난다. 또한 최치원 사상을 연구하면서 빼놓을 수 없는 〈난랑비서〉 역시 당시 왕실의 정치적 흐름을 반영하여, 화랑 활동을 정치적으로 부각하고, 고유 사상을 재인식시키고자 하는 일정한 의도가 깔린 것으로 볼 수 있다.[33] 앞에서 논한 정치적 사상적 흐름은 《제왕연대력》의 저술 시기와 동기, 목적 등을 고찰하는 데도 반드시 고려되어야 할 것이다.

위와 같은 배경을 감안할 때, 《제왕연대력》을 찬술한 것은 무엇보다도 당시 왕실의 권위와 신성성(神聖性)을 드높이고 왕권을 강화하려는 정치 참여적인 목적의식에서 비롯되었을 것이다. 물론 여기에 이른바 '동인의식'으로 일컬어지는 최치원의 주체 의식이 어우러져 우리 역사에 대한 새로운 의식이 정립되었던 점도 빼놓을 수 없다. 그가 귀국한 직후에 왕명을 받아 찬술한 《사산비명》에는 동인의식에 대한 견해가 뚜렷하게 드러나 있는데,[34] 여

32) 전기웅, 〈신라하대말의 정치사회와 景文王家〉, 38쪽.

33) 이러한 사정에 비추어 볼 때, 현재 〈난랑비서〉의 전모를 살필 수는 없지만 왕명을 받아 지었다고 보는 것이 타당할 듯하다.

기서 볼 수 있는 문제의식이 우리의 역사와 전통 문화에 대한 관심 내지 자부심 그리고 애착으로 이어졌을 것으로 믿는다. 다른 한편으로는 이것이 당시 신라와 함께 남북국 시대를 형성하였던 발해를 의식한 데서 비롯되었을 가능성이 높다. 당시 신라는 국세(國勢)가 날로 쇠약해 가는 데 비해 발해는 그 세력을 떨쳐, 신라로서는 자신들의 외교적 지위에 대해서 상당한 불안감을 가지고 발해를 경계하지 않을 수 없는 단계에 있었다. 그러므로 신라는 중국을 상대로 삼국을 통일한 나라라는 정통성과 문화적 우월성을 부각하고, 발해와의 차별성을 명백히 할 필요성이 있었던 것이다.

이제 찬술 시기에 대해서 살피기로 한다. 종래 학자들은《제왕연대력》을 찬술한 시기를 대체로 42세 이후 은거할 때로 보았다. 그러나 필자는 은거 이전, 그것도 중국에서 귀국하여 지방관으로 나가기 이전 시기에 찬술된 것으로 본다. 먼저 위에서 말한 바와 같이 경문왕 대부터 진성여왕 즉위 초에 이르는 시기의 정치적 사상적 흐름은《제왕연대력》이라는 역사서가 나오기 좋은 상황이라고 하지 않을 수 없다. 또한 아무리 연대기라 하더라도 중국과 우리나라를 망라하는 역사서를 찬술하려면 국가 기관의 일정한 뒷받침, 특히 왕실에 수장(收藏)된 고금의 사적(史籍)은 물론 후대에 나온 이른바 시정기(時政記)나 사초(史草) 등과 같은 성격의 글을 자유롭게 열람하지 않고는 불가능한 것이 사실이다. 더욱이 당나라에 십수 년을 머물러서 국내 사정에 그다지 밝지 못하였을 최치원으로서는 이것이 더욱 절실했을 것이다. 따라서 그가 귀국하여 시독 겸 한림학사 지서서감으로 재직할 당시가《제왕연대력》을 편찬하기에 가장 적당한 시기가 아니었는가 한다.[35)]

위에서 말한 '향사(鄕史)'는 '신라의 국사(國史)'라는 말로, 원래 이름이 무엇인지, 관찬(官撰)인지 사찬(私撰)인지, 또 통사적 형식인지 아니면 원성왕

---

34) 최치원의 동인의식에 대해서는 이 책의 제2장 참조.
35) 신형식은 최치원이 역임했던 '侍讀 겸 翰林學士 知瑞書監'이라고 하는 관직의 직능에 주목하고, 그가 실제 史官을 역임했을 가능성을 제기한 바 있다(《통일신라사연구》, 227쪽).

대의 사실을 실록 형식으로 기록한 것인지 분명히 알 수는 없다. 그렇지만 당나라에서 귀국한 직후 최치원이 왕명으로 〈대숭복사비문〉을 찬술하면서 참고하였으므로, 당시 신라 왕실에 수장되어 있던 중요 역사서임에 틀림없을 것이다. 이와 같은 역사 기록이 《제왕연대력》의 찬술에 좋은 사료가 되었을 것임은 더 말할 나위가 없다. 그리고 이것이 왕실과 왕권을 높이기 위해 나온 것이었음을 감안할 때 왕명으로 찬술되었을 가능성을 배제하기 어려우며 최치원이 남긴 글들이 대부분 남의 청탁에 의한 것이고 보면 더욱 그러한 가능성이 있다.[36]

다음으로, 《제왕연대력》의 형식에 대하여 살피기로 한다. 최치원의 《제왕연대력》은 현재 전하지 않기 때문에, 그 내용을 자세히 알 수는 없다. 다만 책이름의 '제왕'으로 미루어 이승휴(李承休)의 《제왕운기(帝王韻紀)》와 같이, 중국과 우리나라의 역사를 함께 담았을 것이라고 쉽게 짐작할 수 있다. 지난날 우리나라가 중국에 대하여 제후국으로 저신해 왔음에 비주어 볼 때, '제왕'이라는 말은 곧 천자와 제후를 엄격히 구분하는 춘추정신의 소산이며, 그 말 자체가 중국을 의식한 것임을 짐작케 한다. '연대력' 또는 '연대기'라는 명칭을 가진 역사서는 중국에도 있다.[37] 이에 비추어 볼 때, '연대력'이라고 하는 것은 역대 제왕의 향국(享國), 역대 조정의 역년(歷年), 역대 왕실의 계보 등 주로 왕실과 관련된 국가의 중대사를 기본 내용으로 하여 역대의 사실(史實)을 기록하되, 강목체(綱目體) 역사서에서 '강'에 해당됨 직한 큰 사건들을 연대에 따라 순차적으로 기록하는 사서로 보인다. 한마디로 연대기에다 연표를 하나로 합친 형식일 듯하니, 《삼국유사》의 〈왕력(王曆)〉은 물론 《삼국사기》의 〈연표〉와도 그 성격이 다르다고 할 수 있다.[38] 또한 간략한 기록

36) 최영성, 《최치원의 사상연구》, 33~35쪽 참조.

37) 《唐書》, 〈藝文志〉에 《古今年代曆》(1권)이 보이고, 《宋史》, 〈藝文志〉에는 武密의 《帝王年代錄》(30권), 鄭伯의 《帝王年代圖》(1권), 《帝王年代記》(3권) 등의 史書 이름이 실려 있다. 이들 사서는 대개 晉나라 때 皇甫謐의 《帝王世記》(《說郛》 제59책)에서 연원한 것으로 보인다.

이기 때문에 분량이 비교적 적은 것도 특징이라 하겠다.

위와 같은 역사서의 특성을 감안할 때, 《제왕연대력》에서 우리나라 역사의 주요 서술 대상으로 삼은 것은 말할 나위 없이 삼국일 것이다.[39] 왜냐하면 본서가 역대의 역사적 사실을 뭉뚱그려 포괄적으로 기록하는 것이 아니고 연표 형식의 일정한 틀 속에서 연대에 따라 기록하는 것이므로, 사료가 상당수 전해 오고 또 비교적 신빙성이 있다고 인정되는 삼국 시대를 중심으로 서술되었을 것이기 때문이다. 이러한 까닭에 삼국 시대의 사실을 그 출발점으로 삼지 않을 수 없었을 것이고, 《삼국사기》, 〈연표〉의 서(序)가 사실상 이를 대변한다고 하겠다.

> 해동에 국가가 있은 지 오래되었다. 기자(箕子)가 주황실(周皇室)로부터 후(侯)에 봉해지고, 한초(漢初) 위만(衛滿)이 칭왕(稱王)함으로부터 연대는 오래되었으나, 문헌이 소략하여 진실로 자세하게 알 수 없다. 그러나 삼국이 정치(鼎峙)함에 이르러서는 그 시종(始終)을 상고할 수 있으므로 삼국의 연표를 만든다.[40]

이로써 《삼국사기》의 〈연표〉나 《삼국유사》의 〈왕력〉은 결국 《제왕연대력》에서 큰 영향을 받았다고 할 수 있을 듯하다. 특히 〈연표〉와 〈왕력〉이 신라(통일신라 포함)·고구려·백제의 순으로 배열하는 등 신라 중심적 성향을 띠는 것도 사실상 《제왕연대력》에서 비롯되었을 것으로 본다. 최치원이 이처럼 신라를 중심으로 역사를 서술한 것을 《춘추》의 '상내이약외(詳內

38) 崔南善(1890~1957)은 《삼국유사》의 〈王曆〉이 최치원의 《제왕연대력》을 참고하고, 이 책 이름을 줄인 것으로 보았다(〈三國遺事解題〉, 《啓明》 제18호, 1927 참조).

39) 발해의 역사가 《제왕연대력》에서 제외되었을 것임은 이미 여러 학자들이 지적하였으므로 따로 논술하지 않는다.

40) 《삼국사기》 권29, 〈年表 上〉, "海東有國家久矣, 自箕子受封於周室, 衛滿僭號於漢初, 年代綿邈, 文字疎略, 固莫得而詳焉. 至於三國鼎峙, 則傳世尤多. …… 其始終可得而考焉, 作三國年表."

而略外)'의 정신에 비추어 볼 때 편향적이라 할 수는 없다. 최치원이 신라 사람인 만큼 국내의 일을 상세히 하고 국외(중국)의 일을 간략히 하며, 우리나라 삼국 가운데서도 고구려나 백제보다 자국인 신라를 상세히 다루는 것을 당연한 일로 이해하였을 것이다.[41]

그렇다면 삼국 이전의 사실은 완전히 제외하였다는 말인가. 그렇지는 않다고 본다. 《삼국유사》, 〈기이(紀異)〉편 '진한(辰韓)'조를 보면,

> 최치원이 말하기를 "진한은 본래 연나라 사람들이 피난해 왔던 것이므로 '탁수'의 이름을 따서 그들의 사는 읍과 마을을 일컬어 '사탁', '점탁' 등으로 불렀다"고 하였다(崔致遠云, 辰韓本燕人避之者, 故取涿水之名, 稱所居之邑里, 云沙涿漸涿等).

라는 대목이 있는데, 이것은 《제왕연대력》에서 인용되었을 가능성이 없지 않다. 만약 《제왕연대력》에서 인용한 것이 맞다면, 《제왕연대력》이 삼국을 중심으로 서술되었지만, 고조선에서 삼한에 이르는 시기, 즉 연대력으로 꾸미기 어려운 시기는 각 나라마다 그 나라의 시원과 세계(世系) 등을 간략히 서술하는 것을 기본으로 하였음 직하다.

2. '개칭모왕(皆稱某王)'과 중국적 역사 개념

《제왕연대력》은 연대기 형식의 역사서이기 때문에 최치원의 역사의식을

41) 趙仁成은 한국사의 범주에서 발해사를 제외하였던 기원을 최치원의 《제왕연대력》에서 찾아야 한다고 주장(〈최치원의 역사서술〉, 73쪽)하며, 김부식의 《삼국사기》에서 삼국만을 서술 대상으로 삼은 것의 선례로 보고자 하였다. 그러나 최치원의 경우는 신라 당대 사람이 자국의 관점에서 역사를 서술하면서 경쟁 관계에 있던 발해를 의식적으로 제외한 것이고, 김부식의 경우는 후대인으로 보다 공평하고 객관적 관점에서 서술할 수 있음에도 발해를 제외한 채 삼국만을 서술 대상으로 삼은 것이기 때문에, 양자를 같은 차원에서 논할 수 없다고 본다.

제대로 파헤치기에는 한계가 있다. 다만 여기서 주목을 끄는 것은, 그가《제왕연대력》에서 신라 고유의 왕호 대신 모두 '왕'이라 일컬은 사실이다. 왜냐하면 최치원의 모화적(慕華的) 성향을 거론할 때 곧잘 인용되는 논거가 바로 이것이기 때문이다. 먼저《삼국사기》에 있는 관련 기록을 살펴보고 이에 대하여 검토해 보기로 한다.

> 신라 말의 명유(名儒) 최치원이《제왕연대력》을 지었는데, 모두 '모왕(某王)'이라고만 일컫고, 거서간(居西干) 등으로 말하지 않았다. 혹시 말이 비야(鄙野)해서 족히 일컬을 만한 것이 못 된다는 이유에서였을까.《춘추좌씨전》과《국어(國語)》는 중국의 역사책이지만, 오히려 오(吳)나라의 말 '곡오도(穀於菟)'와 흉노의 말 '탱리고도(撑犁孤塗)' 등을 그대로 남겨 두었으니, 이제 신라의 사실을 기록함에, 그 나라말을 남겨 둠이 또한 마땅할 것이다.[42]

《제왕연대력》에서 '거서간' 등 신라 고유의 왕호를 쓰지 않고 모두 '왕'이라 일컬었던 까닭을 정확히 알 수는 없다. 그렇지만 이로 말미암아 최치원은 후세의 사람들에게 모화주의의 대표적 학자요, 문사(文辭)에 순(殉)하기 위해 자기 나라 고유어를 버리고 한문화(漢文化)하려 했던 주체성 없는 문장가·학자로 인식되어 왔다. 사대모화의 성향이 강하여 민족주의 역사가들에게 심한 비판을 받았던 김부식조차도 왕칭을 고유어로 남겨 두는 것이 바람직하다고 했던 것에 비추어 볼 때, 최치원의 모화적 성향은 그보다 훨씬 더 강했을 것이라고 생각하는 이들도 없지 않았다.

그러나 필자는 김부식과 견해를 달리한다. 김부식의 생각은 어디까지나

---

42)《삼국사기》 권4, 〈신라본기 第四〉, 智證麻立干紀 論贊, "論曰, 新羅王稱居西干者一, 次次雄者一, 尼師今者十六, 麻立干者四. 羅末名儒崔致遠作帝王年代曆, 皆稱某王, 不言居西干等, 豈以其言鄙野不足稱也? 曰, 左漢中國史書也, 猶存楚語穀於菟, 匈奴語撑犁孤塗等. 今記新羅事, 其存方言, 亦宜矣."

추측에 지나지 않는다. 그럼에도 후세 사람들이 이 추측을 기정사실화하고 있다. 《제왕연대력》을 직접 참고했던 김부식까지도 '개칭모왕(皆稱某王)'한 이유를 '추측'할 수밖에 없었던 것은 다름 아니라 《제왕연대력》이 역대의 사실(史實)을 연대기적으로 간략하게 기록하였을 뿐 사건의 전말이나 배경 등을 설명하지 않았으며, 게다가 이 역사서의 특성을 살필 수 있는 서(序)·발(跋)이나 범례마저도 없었기 때문이 아닐까 한다.

그렇다면 최치원은 왜 신라 고유의 왕호를 쓰지 않고 모두 '왕'이라 일컬었을까. 필자는 그 까닭을 《제왕연대력》이 가지는 독특한 특성에서 찾아야 한다고 생각한다. 앞에서 《제왕연대력》은 우리나라만이 아니라 중국의 역사까지도 담은 연대기이며, 우리나라뿐 아니라 중국에까지 유전(流傳)되어 중국인들에게 우리의 역사를 알도록 하기 위한 의도에서 쓰였을 것이라고 추단하였다.

당시 문인·학자들의 최대 소원 가운데 하나가 바로 자기의 글 또는 저술이 중국에까지 전해져 좋은 평가를 받는 것이었다. 최치원의 〈대낭혜화상비문〉에서는 "(이 비문을) 혹 소매에 품고 (당나라에) 들어가서 중국 사람들의 비웃음에서 벗어난다면 다행이겠다(或袖之, 脫西人笑則幸甚)"고 하여, 비문과 같은 글까지도 중국에 전해지기를 바랐음을 밝히고 있다. 《사산비명》을 보면 그는 몇 군데에서 당시 신라의 말과 제도 등에 대해 주석을 달아 한어(漢語) 또는 중국의 제도로써 이해할 수 있도록 배려하였다. 예컨대, 육두품인 '득난(得難)'을 설명하면서 육기(陸機)의 〈문부(文賦)〉에 나오는 '혹구이이득난(或求易而得難)'을 인용하여 이해를 도왔고, '아해(阿孩)'에 대해서 "방언으로 아이를 이르는데, 화어(華語)와 같다"고 하였으며, '예!'라는 말에 대해 "방언으로 허락함을 이른다"라 하였고, '남북상(南北相)'에 대해 "각기 그 관직에 있는 것이 (중국의) 좌·우상과 같다"고 하였던 것 등은 분명 중국인들을 의식하고, 그들이 이해하기 쉽도록 덧붙인 것이 틀림없다. 이는 최치원의 문장이 한문화(漢文化)를 추구하면서도 고유어를 소홀히 하지 않았음을 보여 준다. 이상의 사실로 미루어 볼 때, 보통의 글도 이러하건대 역사서임에야 더 말할 나위 없이 중국에까지 전해질 것을 염두에 두었으리라고 생각한다.

그렇다면 《제왕연대력》이 중국에 전해져 읽히도록 하려면 어떻게 해야 하는가. 그것은 바로 신라어를 한어나 한문으로 번역하는 일이 선행되어야만 했다. 위와 관련하여 다음의 두 인용문을 살펴보기로 한다.

> 동방 사람이 중국에서 배우는 것은 오직 예(禮)와 악(樂)입니다. 남은 힘으로 문장을 공부하고 바른 음으로 언어를 변화시키도록 하여, 문장으로는 표장(表章)을 지어 해외(海外 : 신라)의 신절(臣節)을 아뢰게 하고, 언어로는 정(情)과 예(禮)를 통하여 천상(天上 : 중국)의 사행(使行)을 받들게 하는데, 직책을 한림(翰林)이라 하여 종신토록 종사(從事)하게 되므로 …….[43]

> 수레와 문자는 하나로 통일됨을 경사스럽게 여긴다지만, 글이나 말[筆舌]로써 하려면 아마도 차이가 있는 것을 부끄럽게 여길 것입니다. 왜냐하면, 문자 형체는 비록 벌레 기어가는 자취를 흉내 내는 듯하지만, 토성(土聲)[44]은 새소리와 같아 분변하기 어려우며, 글자로 표기하는 것은 겨우 결승(結繩)을 면하였고, 어휘[譚]는 진실로 기어(綺語)를 이루기 어렵습니다. 모두 도역(導譯)을 통해야 비로소 소통을 할 수 있습니다. 이런 까닭에 천조(天朝)에 주달(奏達)하고 사신을 맞아들임에는 모름지기 '서학(西學)의 통변(通辯)'에 의지해야 우리의 실정을 알리게 됩니다.[45]

이는 모두 최치원이 진성여왕을 대신하여 지은 국서(國書)이다. 비록 사대외교에 관련된 문서이므로 당나라를 높이고 섬기는 감이 적지 않지만, 이를 통해 그가 《제왕연대력》에서 신라 고유의 왕호를 쓰지 않고 모두 '왕'이라

---

43) 〈遣宿衛學生首領等入朝狀〉(《역주 최치원전집(2)》, 151쪽).
44) 중국식 발음이 아닌 우리식으로 바뀐 발음.
45) 〈奏請宿衛學生還蕃狀〉(《역주 최치원전집(2)》, 162쪽).

일컬었던 이유를 추측할 수 있다. 그가 문장에 힘썼던 이유 가운데 하나가 바로 외교 문서의 작성에 보익(補益)하고 문장보국(文章輔國)하고자 함이었다. 이는 당시의 문인·학자라면 누구나 유념했던 문제이기는 하지만, 특히 중국에 유학하고 온 최치원으로서는 '도역(導譯)'과 '통변(通辯)'의 필요성을 절감하였고 또한 이것을 자임하였을 것은 분명하다고 하겠다.

위에서 결승을 면했다 함은 겨우 문자를 익혔다는 말이다. 그러나 말과 글이 중국과 달라, 한문을 배워 이에 의존하지 않으면 저들과 통할 수 없었다. 이러한 사정은 그가 당나라에 있을 때 고병에게 올린 편지글에서 "저는 이국(異國)의 언어를 번역하고 성대(聖代)의 문장을 배웁니다"[46]고 한 것을 보면 대강 짐작할 수 있다. 또 《법장화상전》 말미를 보면, 최치원이 그의 동복형 현준(賢俊)의 명을 받아 《법장화상전》을 찬술하였음을 밝히면서, "치원이 일찍이 중국[玉京]에서 벼슬살이를 하였고 금방(金牓)에서 이름을 훔쳤으며, 애오라지 격어(鴃語)를 (漢語로) 번역하여 아마도 상서(象胥)와 유사할 것이라는 구실을 들어, 드디어 바르게 쓰라고 명하였는데, 곡진하게 사양하기가 어려웠다"[47]라고 한 대목이 있다. 여기서 '격어'는 때까치들의 소리라는 뜻으로, 알아들을 수 없는 야만인의 언어, 즉 신라어를 비유한 것이다. 최치원이 사실상 자신에 비유하였던 '상서'는 중국 고대 주나라에서 주변 야만족(蠻閩·夷貉·戎狄 등)의 국사(國使)를 접대하고 또 제왕의 말을 전하여 유세(諭說)하는 일을 맡은 벼슬[48]이다. 후대에는 이적(夷狄)의 말을 통하게 하는 관직으로 통용되었다. 이 '상서'는 바로 위의 글에 나오는 도역의 구실을 하는 관리인 것이다.[49]

---

46) 《계원필경집》, 권17, 〈再獻啓〉, "譯殊方之語言, 學聖代之章句."

47) 《법장화상전》, "以致遠嘗宦玉京, 濫名金牓, 聊翻鴃語, 或類象胥, 遂命直書, 難從曲讓"(《역주 최치원전집(2)》, 357쪽).

48) 《周禮》, 秋官, 〈象胥〉, "象胥, 掌蠻閩夷貉戎狄之國使, 掌傳王之言而諭說焉."

49) 당나라 때 大薦福寺의 名僧 義淨(635~713)이 西域의 말에 뛰어났고 譯經으로 이름이 있어 당시 사람들이 '釋門의 象胥'라고 불렀다고 하는데(《宋高僧傳》 권1, 〈義淨傳〉), 이

따라서 최치원이 순수 우리식의 왕호를 버리고 모두 '왕'이라고 했던 것을 단순하게 모화적 사고에서 비롯되었다고 보기는 어렵다. 오히려 긍정적인 의미를 부여한다면, 신라를 낮추어 보는 중국인들에게 만족(蠻族)의 추장 정도로 인식될 법한 거서간·차차웅·이사금·마립간 등의 칭호 대신 모두 '왕'이라 일컬음으로써 어엿한 천승지국(千乘之國)의 군주임을 깨우쳐 주고, 더 나아가 우리의 역사를 바르게 널리 인식시키겠다는 포부에서, 그가 의도적으로 동양권의 보편적인 개념과 가치를 선택하였다고 보아야 한다. '모두 왕이라 칭하였다'는 사실은 그가 중국적 가치 기준과 역사 개념에 남달리 유념했던 것에 불과한 셈이다. 이러한 일의 대부분이 위와 같은 포부를 달성하기 위한 수단과 방법이라고 할 수 있는 만큼, 최치원의 의식 자체가 중국적인 것에 중독되지는 않았다고 생각한다. 이러한 점에서 다음과 같은 평가는 정당한 것이라고 하지 않을 수 없다.

> 최치원에게 있어서 중국적 역사개념은 바로 세계적 역사개념의 기준으로서, 최대의 객관성과 합리성을 지니는 것으로 인식되었을 것이다. 그러므로 한국고대사 내지는 자기 전통을 세계사적 관념과 기준 속에서 조명·정립시키려는 노력이 최치원에게서 비롯되고 있었다는 것은, 한국사학사상(韓國史學史上) 역사인식의 형성과정이란 측면에서 상당한 의미를 지니는 것이라고 할 수 있을 것이다.[50]

V. 현실 인식과 역사의식

최치원은 귀국한 뒤 여러 가지로 상당한 활동을 하였다. 그러나 그의 포부와 이상이 실현된 것은 아니었다. 이때 신라는 이미 말기적 증상을 보였다. 계속되는 흉년과 전란으로 국정이 문란하여, 그의 이상과 포부를 펼쳐 보이

경우에 비추어 최치원은 '儒門의 象胥'에 비유할 수 있을 것이다.

50) 李賢惠, 〈최치원의 역사인식〉, 《명지사학》 제1집, 명지대학교 국사학과, 1983, 11쪽.

기에는 너무도 무리였다. 마침내 당시의 사회 현실과 자신의 정치적 이상 사이의 모순 속에서 심각하게 고민한 나머지 외직을 자청하여 나가기도 했다. 또 부성군(富城郡：지금의 瑞山)의 태수로 재임 중이던 진성여왕 7년(893)에 중국에 봉명사신(奉命使臣)으로 다시 들어갔다가 돌아온 뒤,[51] 쓰러져 가는 신라의 국운을 만회하려는 의도에서 시무책 십여 조를 올리기도 하였다.

그렇다면 당나라에서 돌아온 직후 올린 시무책은 당시 당나라의 정치적 사회적 분위기와 어떠한 연관을 가지고 있었을까. 이에 관한 논의의 실마리가 될 수 있는 것이 〈해인사묘길상탑기(海印寺妙吉祥塔記)〉[52]이다. 이는 시무책을 올렸던 이듬해(895)에 지어진 것으로 그 첫머리에 나오는 "唐十九帝, 中興之際, 兵凶二災, 西歇東來"라고 한 대목은 시무책과 관련하여 중요한 실마리를 제공한다. '당십구제(唐十九帝)'란 당나라 제19대 황제인 소종(재위 888～904)을 가리킨다. 소종은 희종(재위 873～888)의 아우로, 환관의 전횡과 번진(藩鎭：節度使)의 발호로 말미암아 무력해질 대로 무력해진 당 황실을 재건하고 국가를 부흥하기 위해 '중흥지치(中興之治)'를 추구하였던 황제로서 형인 희종과는 대조적이었다.

돌이켜 볼 때, 당나라는 안사(安史)의 난(755～763) 이후 번진의 할거와 환관의 전횡이 심해 번영은 옛말이 되었고 세계적인 통일 국가로서의 위상도 유명무실해졌다. 관료와 군대의 수가 늘어나 국가의 재정은 위기에 빠졌다. 또 조세가 무거워 그 부담을 견디지 못한 농민들이 유민(流民)이 되어 떠돌았다. 이들 가운데는 호족의 장원(莊園)으로 들어가 소작하는 자가 많았으나, 산림에 숨어 군도(群盜)가 된 자도 적지 않았다. 또 당 왕조의 통치가 약한 지방에서는 이 군도가 조직화하여 대규모 농민 폭동이 터졌다.

역대 황제들은 거의 환관에 의해 옹립되었으므로, 환관의 전횡에서 벗어날 길이 막연하였다. 특히 의종(懿宗：재위 860～873)의 뒤를 이어 13세에

51) 제2차 입당 전후 사실에 대한 고증은 이 책 여러 부분에서 언급하였다.

52) 《역주 최치원전집(2)》, 312～313쪽 참조.

즉위한 희종의 시대가 되자, 정치가 환관에 의해 좌지우지되어 천하가 크게 어지러웠다. 도적 떼가 여러 곳에서 일어나고 번진이 크게 발호했지만 이를 억제할 힘이 없었다. 즉위한 직후 해를 이은 흉작에 시달리던 산동(山東) 지방에서 왕선지(王仙芝)의 반란이 일어났고, 황소(黃巢)가 이에 응하여(875) 황소의 난이 일어났다.[53] 황소의 난은 십 년 동안 열두 개의 성(省)을 횡행하고 2년 4개월 동안 수도 장안(長安)을 점령하였던 대규모의 반란으로, 청나라 말기에 일어났던 태평천국(太平天國)의 난에 필적할 정도로 커다란, 중국 역사상의 농민 반란으로 일컬어진다. 결국 당시 번진의 양웅(兩雄)인 주전충(朱全忠)·이극용(李克用)의 힘을 빌어 황소의 난을 평정하기는 했지만, 당나라는 이미 국망(國亡)의 길로 접어들어 돌이키기 어려운 지경이었다.

이러는 가운데 즉위한 소종은 성품이 총명하고 기품이 영매(英邁)하였으며, 학문을 좋아하고 유술(儒術)을 중시하였다. 그는 황제의 명령이 시행되지 않고 조정의 권위가 날로 떨어지는 것을 절감하고 이를 회복하려는 뜻을 품었다. 그가 제위에 오르자 많은 사람들은 태평한 세상이 오리라고 크게 기대하였다.[54] 한 역사서에 의하면 "소종은 제위에 오른 이래, 여러 현인과 호걸을 등용하여 꿈속에서까지 나라를 바로잡고자 했다"[55]고 할 정도였다. 그러나 전대의 무종(武宗)과 같은 강단(剛斷)과 용기가 있었지만, 안으로는 극성한 환관에게 눌리고 밖으로는 군벌 절도사에게 겁박(劫迫)당하다가, 결국 뜻을 이루지 못하고 시해당하는 비운의 주인공이 되었다. 그 뒤 아무런 실권이 없는 애제(哀帝 : 재위 904~907)가 즉위하였다가 3년 뒤 20대 290년 만에

53) 貝塚茂樹, 李龍範 편역, 《중국의 역사》 중권, 중앙일보사, 1983, 129~130쪽 참조.

54) 《舊唐書》 권20(上), 〈昭宗本紀〉, "帝攻書好文, 尤重儒術, 神氣雄俊, 有會昌之遺風. 以先朝威武不振, 國命寖微, 而尊禮大臣, 詳延道術, 意在恢張舊業, 號令天下. 卽位之始, 中外稱之." ; 《十八史略》 권5, 〈昭宗紀〉, "帝明粹有英氣, 喜文學. 以僖宗威令不振, 朝廷日卑, 有恢復前烈之志. 踐祚之始, 中外忻忻焉. 然而制於宦寺, 外有强鎭, 初志竟不遂."

55) 《十八史略》 권5, 〈昭宗紀〉, "上自卽位, 非不夢想賢豪, 卒不能用之."

당나라는 멸망하기에 이르렀다.

희종 이후 당나라의 실정은 진성여왕 이후 어지러운 신라 정세와 거의 다를 바 없었으며, 여러 면으로 유사하였다. 그런데 소종이 즉위한 뒤 입당하였던 최치원은 당시 당나라의 정세를 '중흥의 시기'로 접어든 것으로 규정하고 "전쟁과 흉년 두 재앙이 서국(西國 : 당나라)에서는 멈추고 동국으로 건너왔다"고 진단하였다. 몸소 사행(使行)으로 당나라에 들어가 정세를 살필 수 있었기에 보다 절실하게 느꼈을 것이다.

최치원은 중국의 혼란이 신라에 파급되어 큰 영향을 끼친 것으로 파악한 듯하다. 이러한 현실 인식은 그가 당나라에 체류하면서 10년에 걸친 황소의 난 등 국망(國亡)의 말기적 현상을 직접 체험하였고, 또 그가 당시 으뜸가는 국제통으로 국제적인 안목과 시대감각을 갖추고 있었기에 나올 수 있었을 것이다. 또 '천하일가(天下一家)' 또는 '사해일가(四海一家)'라는 유가의 기본 정신이 그의 의식 밑바탕을 관류(貫流)하였기 때문에 나올 수 있었다고 본다. 이와 관련하여 다음의 말은 그 사정을 엿볼 수 있게 한다.

> 듣건대, 성인이 능히 천하를 한 집안처럼 여기고, 중국을 한 사람 같이 여길 수 있는 것은, 반드시 그 대의(大義)를 드러내고 그 통환(通患)을 잘 안 뒤라야 가능하다.56)

그는 만당 시기 당나라에서 벌어졌던 말기적 현상의 연장선상에서 당시 신라의 정세를 판단하였고, 또 두 나라의 어지러운 정세 속에서 통환[大同之患]을 찾으려 했던 만큼, 걷잡을 수 없는 신라의 혼란상을 극복하기 위해서는 소종 즉위 이후 당나라에서 나온 대응책에서 그 해결 방안을 찾아야만 했을 것이다.

---

56) 《계원필경집》 권2, 〈請巡行第二表〉, "臣某言, 聞聖人能以天下爲一家, 以中國爲一人者, 必闡於其義, 達於其患, 然後能爲之."

당시 신라는 여왕의 무능과 향락으로 말미암아 안으로는 각간(角干) 위홍(魏弘 : ?~888)과 같은 폐신(嬖臣)이 이미 국정 농락의 단초를 제공했고, 밖으로는 강성한 호족들이 세력을 떨쳐 왕명이 제대로 하달되지 못하였다. 이에 신라는 겨우 경주를 중심으로 한 부근 일대에만 통치권이 미치는 참담한 지경에 이르렀다. 환관의 전횡 대신 폐신의 국정 농단이라는 차이만 있을 뿐, 당시 당나라와 신라의 실정이 거의 다를 바 없었다. 더욱이 사행으로 다시 당나라에 들어가 소종의 치세(治世)가 '중홍의 정치'를 향하고 있음을 보고 들은 그로서는 더 말할 나위 없이 이로부터 구폐책을 찾아야 했을 것이다. 진성여왕이 전비(前非)를 깨닫고 '중홍'을 이룩할 영주(英主)라고 확신하였던 것 같지는 않지만, 국보(國步)가 경각(頃刻)에 달려 있는 비상시국을 하루라도 빨리 타개하기 위해, 그는 '우국여가(憂國如家)'의 심정으로 자신의 마지막 충정(衷情)을 다하여 시무책을 건의하였을 것이다. 그는 중국 전한 때의 문인인 사마상여(司馬相如)가 "비상한 인재가 있어야 비상한 일이 있고, 비상한 일이 있어야 비상한 공이 있다. 그러므로 비상이라는 것은 진실로 보통 사람으로서는 엿볼 수 없는 것이다"[57]고 한 말을 자주 인용하곤 하였다. 그가 시무책을 올렸을 당시의 자부와 다짐이 아마도 이러하였을 것이다.

최치원은 시무책의 건의가 무위로 돌아간 뒤, 진성여왕을 대신하여 찬술한 〈양위표(讓位表)〉에서 진성여왕 대의 혼란상에 대하여 신랄할 정도로 적실(的實)하게 적었다.

> 우신(愚臣)이 왕위를 계수(繼守)함에 미쳐 여러 환란이 한꺼번에 밀어닥쳤으니, 처음에는 흑수(黑水)[58]가 국경을 침범하여 독액(毒液)을 내뿜었고, 다음에는 도적

---

57) 《계원필경집》 권8, 〈徐州時溥司空 第二〉, "久留盛績, 終屬雄才, 所謂有非常之人然後, 有非常之事" ; 《계원필경집》 권16, 〈西州羅城圖記〉, "昔全蜀未城也, 天留盛績, 日待英才. 所謂有非常之人然後, 有非常之事. 有非常之事然後, 有非常之功. 是以非常者, 固非常人之所覬也."

58) 고구려 유민과 함께 발해의 중심 세력이었던 黑水靺鞨族을 가리킨 듯하다. 여기서는 발

들[綠林]이 무리를 이루고 다투어 광분(狂氛)을 부채질함으로써, 관할하는 구주(九州)의 모든 고을[百郡]이 다 도적의 난리를 만나서 겁회(劫灰)를 보는 것 같았습니다. 게다가 사람 죽이기를 칼로 삼대를 치듯 하고, 내던져진 백골은 풀숲처럼 쌓였으니, 창해(滄海)가 횡류(橫流)함이 날로 심하고, 곤강(崑崗)의 맹렬한 불꽃은 바람같이 거세었습니다. 결국 인향(仁鄕)이 변하여 병든 나라가 되었사옵니다. 이는 모두 신이 중(中)을 지킴에 도가 희미하고 아랫사람을 부리는 방법이 잘못된 까닭이온지라, 올빼미는 구림(鳩林 : 鷄林)에서 소리를 지르고 어별(魚鼈)은 접수(鰈水)에서 시달림을 받습니다.59)

불은 나무에서 났으나 불이 맹렬하면 나무를 태우고 물은 배를 띄우지만 성나면 배를 엎을 수도 있는 법입니다. 본국에 큰 흉년이 자주 들어 좀도둑이 사방에서 일어났는데, 본시 늑대나 이리 같은 탐욕을 부리다가 차츰 홍곡(鴻鵠)의 웅지(雄志)를 자랑하였으며, 처음엔 쥐같이 숨어서 살살 뒤주를 뒤지고 비로소 수머니를 더듬다가 형세를 타 벌떼가 나는 듯하였습니다. 문득 성(城)을 파괴하고 고을을 노략질하여, 드디어 연진(煙塵)이 국내에 자욱하고 풍우(風雨)가 농사를 잡치게 하니, 뭇 도적이 동릉(東陵)에 더욱 치성(熾盛)함에 남무(南畝)에서 농사를 지을 수 없었습니다.60)

《사산비명》에서 진성여왕의 왕통을 찬양하고 신성함을 부르짖을 당시의 서술 기조와는 사뭇 다르다. 더욱이 이 표(表)가 실정의 주체인 진성여왕을 대신하여 찬술한 것이라는 데서 최치원이 당시 사태를 얼마나 심각하게 인식하였는지를 짐작할 수 있으며, 이로 말미암아 새로운 시대를 위한 개혁 정치를 효공왕에게 기대하였음을 엿볼 수 있다.

해를 지칭한다고 보는 것이 좋을 것 같다.

59) 〈讓位表〉(《역주 최치원전집(2)》, 93~98쪽).

60) 〈謝嗣位表〉(《역주 최치원전집(2)》, 108~113쪽).

그러나 그는 정치적 사건으로 말미암아 효공왕 2년(898) 가야산에 은거한다. 이때 그는 자신의 은둔이 소극적인 도피가 아니라 자신의 행위나 주관에 대하여 흑백을 가린다는 적극적인 의미임을 강조하였지만,[61] 그 뒤 이러한 생각은 점차 시들고 만다. 그가 가야산 해인사에서 동복형인 현준 그리고 정현사(定玄師)를 비롯한 화엄승들과 친교를 맺으면서 불도에 심취하였을 때, 속세에서는 궁예와 견훤 등의 할거로 말미암아 백성들의 유리표박(流離漂泊)이 극심하였다. 그런데도 그는 《법장화상전》의 말미에서 "난세에 무슨 일을 이룰 것인가. 칠불감(七不堪)[62]만 더할 뿐이로다"고 탄식하였듯이 이미 세상에 대한 온갖 미련과 기대를 버렸다. 역사의 추진 주체로서의 구실을 그에게 기대하는 것은 난망(難望)한 일이 되고 말았다.

그러나 그는 세상에 아무 힘을 쓸 수 없었지만, 신라가 무너져 가는 것을 바라만 볼 수 없었고, 더욱이 최인연(최언위)이나 최승우처럼 신라를 버리고 왕건이나 견훤에게 붙을 수는 없었다. 무력하나마 화엄 사상을 기반으로 호국(護國)·우국(憂國) 사상을 고취하는 일을 지속적으로 펼쳤으니, 이는 그의 〈신라수창군호국성팔각등루기〉 등에 잘 나타나 있다. 여기서 한 지성인의 고뇌와 울분을 짐작하고도 남을 것이다. 결국 그가 지향했던 개혁의 목표와 방향은 뒷날 고려 초기에 경주계 중심의 후배 학인들에 의해 개화되어 결실을 맺음으로써, 다시 역사 속에 빛을 발하게 된다.

Ⅵ. 맺음말

최치원은 유교적 관점에서 학술 활동을 하였고, 춘추정신에 입각하여 자신

---

61) 《迦耶山海印寺善安住院壁記〉(《역주 최치원전집(2)》, 277~287쪽 참조).

62) 嵇康의 이른바 '감당할 수 없는 일곱 가지 일[七不堪]' 가운데 일곱 번째 일. 곧 세상일의 번거롭고 수고로움이 心思를 얽어매어 부자유스럽게 하는 것을 가리킨다(《文選》 권43, 〈與山巨源絶交書〉 참조).

의 역사의식을 전개하였다. 그의 역사 서술은 김대문의 사학을 비판적으로 계승하여 유교주의 사학을 우리나라에 뿌리내리게 한 선구적 구실을 하였으며, 후일 김부식의《삼국사기》등 일련의 유교적 역사서에 큰 영향을 끼쳐 유교사관의 확립에 공헌했다. 특히《제왕연대력》의 역사 서술 범위와 기점, 신라 중심의 역사 서술 체계는 김부식의《삼국사기》와 일연의《삼국유사》에 그대로 이어졌으며,《삼국사기》의〈연표〉나《삼국유사》의〈왕력〉에 결정적인 영향을 끼쳤다고 평가할 수 있다. 이러한 점에서, 최치원은 김대문과 김부식 사이에서 '관절적(關節的)' '교량적(橋梁的)' 구실을 수행하였다고 하겠다.

우리 역사에 대한 최치원의 관심은 신라사를 비롯하여 고구려・백제・가야・발해는 물론 중국에까지 미쳤다. 전대의 김대문이 주로 신라사에 머문 것[63]과는 대비가 될 정도로 폭이 넓었음을 지적하지 않을 수 없다.《제왕연대력》에서 중국 역사와 우리 역사를 함께 서술한 것은, 세계사와 관련하여 자국의 역사를 서술한 최초의 사례로 기록될 수 있을 것이다.

그의 역사 서술은 한 인간의 생애를 체계적으로 정리하여 인간의 의지와 행동을 새롭게 발견하고 그 의의를 조명하려는 데서 특징이 드러난다.《부석존자전》(의상전)과《법장화상전》등은 우리나라 승전(僧傳)의 본보기로서, 이전 시기 김대문의《고승전》등에서 일정한 영향을 받았지만, 그에 이르러 정형화(定型化)되었다. 이것은 뒷날 고려 시대에 혁련정의《균여전》및 각훈(覺訓)의《해동고승전(海東高僧傳)》등이 나오는 데 중요한 구실을 했다.

최치원이 전통 문화와 역사를 재정리하는 과정에서 중국적 가치관과 역사 개념을 크게 중시한 것은 사실이다. 그렇지만 이것은 근본적으로 전통 문화와 역사에 대한 비판이나 회의에서 비롯된 것이라고 보기는 어렵다. 우리의 역사와 문화가 내외에 널리 알려지는 것을 염원한 나머지 이것을 위한 수단과 방법으로 이해하였던 만큼 그의 허물로 돌릴 수만은 없다.《제왕연대력》

63) 이기백,〈金大問과 그의 史學〉,《역사학보》제77집, 1978 참조.

에서 '개칭모왕(皆稱某王)'한 것도 이 연장선에서 이해해야 할 것이다. 그리고 그가 비록 중국적 역사 개념과 가치관을 가지고 신라의 역사를 이해하려는 태도를 지녔다고 하더라도, 유교적 도덕관념을 가지고 천편일률적으로 역사를 이해하려고 하지는 않았음에 주목할 필요가 있다. 그의 역사 서술의 기조가 객관적 서술과 합리적 이해인 것은 사실이지만, 신화적이거나 설화적인 것 그리고 괴(怪)·력(力)·난(亂)·신(神)에 해당되는 것을 될 수 있는 한 배제하고자 했던 후대의 역사서와는 다르게 상당한 탄력성과 유연성을 보였다. 특히 불교 관계 서술에서 이 점이 두드러진다. 이는 전통 문화의 올바른 전승 차원에서 다시 되새겨 볼 문제라 하겠다.

오늘날 우리는 국제화·세계화 시대에 살고 있다. 우리 문화의 전통을 원형적으로 잘 살리면서도 세계에 널리 알리는 것이 바람직한 세계화요, 이것이야말로 이 시대에 우리들이 해야 할 임무이다. 이러한 점에서 우리의 역사와 문화를 당시의 세계 중심 무대인 중국에까지 널리 알리고자 했던 최치원의 노력을 긍정적으로 평가할 필요가 있다고 본다.

끝으로 '비상한 인재에 의한 비상한 방책'이라고 자부했음 직한 최치원의 시무책은 그의 현실 인식과 역사의식의 소산으로, '구시정신(救時精神)의 발로' 이것이었다고 생각한다. 그러나 그가 국제 정치의 주무대인 당나라의 질서, 특히 소종의 '중흥지치'에 대한 구상에 큰 기대를 걸었던 까닭에, 그의 시무책에서 '새 시대를 열 수 있는 이념과 체제를 제시하지 못하였다'[64]는 아픈 지적을 달게 받아들일 수밖에 없는 것도 사실이다. 더 나아가 은거 이후 무기력할 정도로 종교 활동에만 침잠했던 것 역시 '시대 탓'만이 아니라, 그의 현실 인식과 역사의식이 가지는 또 하나의 한계가 아닐까 한다.

64) 전기웅, 〈신라하대말의 정치사회와 경문왕가〉, 37쪽.

제5장
최치원의 승전(僧傳) 찬술과 그 사상적 함의
《법장화상전(法藏和尙傳)》과 《보덕화상전(普德和尙傳)》을 중심으로

Ⅰ. 머리말

고운 최치원의 철학 사상에 대한 연구는 1980년대에 들어 본격적으로 시작되었다고 할 수 있다. 그간 전공자들이 꾸준히 늘어났고 연구 주제가 세분화함에 따라 최치원 사상의 실제가 여러 각도에서 조명되었고, 또 상당히 깊숙한 경지에까지 이르렀다.[1] 한국 사상사에서 최치원이 차지하는 위치 역시 전에 비해 훨씬 확고해진 감이 없지 않다. 이제는 최치원에 대해 그저 '유・불・선 삼교에 회통(會通)했던 학자요, 우리 고유 사상의 실체를 분석하여 풍류도의 존재를 확인해 준 학자'라는 평가에서 그치지 않고, 더 나아가 그가 동인의식(東人意識)으로 일컬어지는 민족 주체 의식과 뚜렷한 문명 의식을 지녔던 사상가였음이 밝혀졌다.

제5장에서는 최치원이 말년에 지은 여러 편의 승전(僧傳)에 주목하고자 한다. 이들 승전에 대한 면밀한 고찰은 그의 말년 발자취와 사상 경향을 살피는 데 중요한 밑거름이 될 수 있다. 잘 알려진 바와 같이 최치원은 은거한 뒤 불교에 침잠하였다. 유자(儒者)를 자처했고 유자의 길을 걸었던 그가 왜 스스로 불교에 침잠하였으며 또 그럴 수밖에 없었는가. 어찌하여 도교에 대

1) 崔一凡, 〈고운 철학사상 연구의 회고와 전망〉, 《제1회 고운학회 학술발표 논문집》, 孤雲學會, 1997, 49~58쪽 참조.

해서는 별로 관심이 없었던가? 이러한 점을 우연으로만 돌릴 수 있을까? 이 글에서는 이런 의문점을 기초로 하여 고운사상의 완성기인 말년의 사상 경향을 고찰하고자 한다. 이에 대한 기본적인 자료로는 최치원이 찬한 승전 가운데 유일하게 전하는 《법장화상전》과 최근까지 최치원 소찬(所撰)이라는 사실조차 제대로 알려지지 않았던 《보덕화상전》을 들 수 있는데, 특히 《보덕화상전》에 주목하고자 한다.

이 장에서 주된 자료의 하나로 삼은 《법장화상전》은 일찍부터 여러 학자들에게 주목받아 왔지만, 《보덕화상전》은 국사학자 노용필(盧鏞弼)이 〈보덕의 사상과 활동〉[2]이라는 논고에서 관심을 표명한 것 이외에 이렇다 할 연구 업적이 없는 듯하다. 노용필은 위 논문에서 보덕의 생애와 종교 활동에 대해 다각도로 자세한 논증을 하였는데 이는 필자가 본 장을 작성하는 데 적지 않은 도움이 되었다. 그의 노고에 사의(謝意)를 표해 둔다.

Ⅱ. 승전 찬술의 동기와 우환의식(憂患意識)

고려 때 대각국사(大覺國師) 의천(義天)이 편찬한 《신편제종교장총록(新編諸宗敎藏總錄)》 권1을 보면 여러 불서(佛書) 목록 가운데

> 《賢首傳》 一卷
>
> 《浮石尊者傳》 一卷 已上 崔致遠述

이라고 한 기록이 있다.[3] 이는 최치원이 찬한 대표적인 승전을 소개한 것이다.

최치원은 위의 《법장화상전》(賢首傳)·《부석존자전》(義湘傳) 이외에도 《석순응전(釋順應傳)》·《석이정전(釋利貞傳)》 등 주로 화엄 고승의 승전을

---

2) 《한국상고사학보》 제2호, 한국상고사학회, 1989.
3) 《大正新修大藏經》 제55권, 1168쪽 상단 참조.

찬술하였다. 이 네 편 가운데 《법장화상전》은 전문이 온전하게 전하지만, 나머지는 뒤에 나온 역사서에 부분적으로 인용되어 그 일반(一斑)을 엿볼 수 있을 뿐이다. 《부석존자전》은 《삼국유사》[4]에, 《석순응전》[5]과 《석이정전》[6]은 《신증동국여지승람(新增東國輿地勝覽)》에 극히 일부가 전한다.

백운거사 이규보의 증언에 의하면, 최치원은 고구려 말기의 고승인 보덕화상의 전기도 찬술하였다고 한다.[7] 비록 오늘날 전하지는 않지만 최치원 연구에서 몇 가지 중요한 단서를 제공하는 자료라 할 수 있다. 다만 이 《보덕화상전》에 대해 최근까지 최치원을 전공하는 학자들마저도 무관심했던 것이 사실이다.

또 고려 때 금강거사(金剛居士) 이오(李頫 : ?~1110)가 지은 〈삼각산중수승가굴기(三角山重修僧伽崛記)〉[8]를 보면, 최치원이 중국 당나라 때의 고승인 승가대사(僧伽大師 : 628~710)의 전기를 찬술했다고 짐작되는 대목이 있다.

---

4) 《삼국유사》 권4, 義解第五, 〈義湘傳教〉 조에 나오는 '崔侯本傳'이란 바로 《부석존자전》을 말한다.

5) 《신증동국여지승람》 권29, 高靈縣, 〈建置沿革〉, "又釋順應傳, 大伽倻國月光太子, 乃正見之十世孫. 父曰異腦王, 求婚于新羅. 迎夷粲比枝輩之女, 而生太子, 則異腦王, 乃惱窒朱日之八世孫也. 然亦不可考." ; 《신증동국여지승람》 권30, 陜川郡, 〈古跡〉, '擧德寺', "崔致遠釋順應傳, 其西崦兩溪交許, 有蘭若號擧德, 往古大伽倻太子月光結緣之所云云."

6) 《신증동국여지승람》 권29, 高靈縣, 〈建置沿革〉, "按崔致遠釋利貞傳云, 〈伽倻山神正見母主, 乃爲天神夷毗訶之所感, 生大伽倻王惱窒朱日, 金官國王惱窒青裔二人, 則惱窒朱日爲伊珍阿鼓王之別稱, 青裔爲首露王之別稱〉 然與駕洛國古記六卵之說, 俱荒誕不可信."

7) 《東國李相國全集》 권23, 〈南行月日記〉, "普德字智法. 嘗居高句麗盤龍山延福寺. …… 崔致遠作傳備詳, 故於此略之."

8) 이 記文의 일부는 《신증동국여지승람》 권3, 漢城府, 〈佛宇〉, '僧伽寺' 조에도 실려 있다. 그런데 《동문선》에서는 작자를 이예(李預)라 하고 《여지승람》에서는 이오(李頫)라 하였다. 두 사람은 형제간으로 모두 불교에 밝았는데, 특히 이오는 불교에 몹시 심취하여 居士佛者로 자처, 自號를 '金剛居士'라 하였다. 이런 까닭에 여기에서는 작자를 이오로 보고자 한다.

> 최공 치원의 문집을 보니 "옛날 신라 때 낭적사(狼迹寺)의 스님 수태(秀台)가 승가대사의 거룩한 행적을 익히 듣고는 삼각산 남쪽에서 좋은 곳을 찾아, 바위를 뚫어 굴을 만들고 돌에다 조각하여 형상을 묘사하니, 대사의 도용(道容)이 더욱 동토(東土)를 비추었다. 만일 나라에 천지의 재변이나 수재(水災)・한재(旱災)가 있을 때 그리고 모든 의심스러운 일이 있을 때, 기도를 올려 이를 물리치고자 하면 그 자리에서 반응 없는 적이 없었다"고 하였다.[9)]

승가대사는 속성이 하씨(河氏)이다. 서역의 고승으로 서른 살 즈음에 중국에 와서 당나라 여러 황제들에게서 존숭을 받았다. 세간에서 '관세음보살의 화신(化身)'이란 말을 들을 정도로 많은 이적(異蹟)을 보였는데, 그의 전기에 실린 신이(神異)한 영험을 간략히 소개하기 어려울 지경이다. 송나라 때에 와서 조산대부(朝散大夫) 장지기(張之奇)와 저작랑(著作郎) 유신(柳紳) 그리고 천수사(天壽寺)의 찬녕(贊寧)이 각기 승가대사의 전기를 지었고, 중조산거사(中條山居士) 신숭(辛崇)이 36항목에 달하는 행장을 지은 바도 있다.

위에 인용한 내용으로는 최치원이 승가대사의 전기를 직접 지었는지 아니면 전기 아닌 다른 글에서 간접적으로 소개한 것인지는 단언하기 어렵다. 다만 승가대사의 신령하고 기이한 행적이 신라에까지 널리 알려져 영험 신앙적(靈驗信仰的) 차원에서 크게 받들어졌던 것으로 미루어 볼 때, 승가대사의 전기를 지었을 가능성이 높다고 하겠다. 위의 글에서 '개암작굴(開巖作窟), 각석모형(刻石摸形), 대사도용(大師道容), 익조동토(益照東土)'라 한 것은 승가대사의 비중을 우회적으로 알리는 바라 하겠다.

이상에서 소개한 오륙 종의 승전으로 미루어 볼 때, 최치원의 승전에 대한 관심은 자국인 신라는 물론 고구려와 당나라에까지 미치고 있다. 최치원이

---

9) 《동문선》 권64, 〈三角山重修僧伽崛記〉, "案崔公致遠文集, 「昔有新羅代狼迹寺僧秀台, 飫聆大師之聖跡. 尋選勝于三角山之南面, 開巖作窟, 刻石摸形, 大師道容, 益照東土. 國家如有乾坤之變, 水旱之災, 凡所可疑之事, 禱以禳之, 無不立應.」"

이들 승전을 찬술한 시기는 대체로 해인사에 은거할 때로 짐작된다. 이 승전들은 최치원이 산사(山寺)에 머물면서 그저 소일거리로 집필한 것이 아니다. 《법장화상전》 말미에서 "이 전기를 찬수(撰修)함에 미쳐 자임(自任)하는 생각을 더욱 갖게 되었다"[10]고 한 것을 보면 뚜렷한 목적의식을 가지고 집필에 임했음을 알 수 있다. 그가 찬한 승전에는 한결같이 '우환의식(憂患意識)'이 밑바탕에 깔려 있다. 불승(佛僧)의 전기 속에서도 세쇠도미(世衰道微)한 현실세계를 걱정하고 이상 세계를 제시하는 유자(儒者)의 자세를 보였다.

최치원은 여러 고승들의 거룩한 발자취를 기술하면서 '우의적(寓意的)' 기법을 주로 사용하였다. 비록 '문간의풍(文簡義豊)'하여 보는 이에 따라 해석의 차이가 있을 수는 있지만, 말의 이면에는 당세와 관련하여 자신의 생각을 은근하면서도 간절하게 담았다. 《법장화상전》, 〈후서(後序)〉를 보면 언뜻 '신세타령'이라는 느낌이 들 정도로 '꿈'에 대해 길게 서술하였다. 그는 이 글에서 꿈의 허망함을 사신의 암담한 처지와 결부시켜 감상적으로 서술하면서도, 동시에 꿈이 '미래의 이상'이기도 하다는 이중적 의미의 '꿈의 철학'을 전개하였다. 그가 몽감(夢感)을 퍽 중시하였음은 어쩌면 한낱 나약한 인간으로 불우한 자신의 처지를 위로하는 것이기도 하겠지만, '꿈과 현실의 일체화'를 그리워하는 간절한 소망의 다른 표현이라고 보아야 할 듯하다. 그가 생각하는 꿈과 현실의 일체화란 무엇일까. 다음의 글에서 답을 얻을 수 있다.

> 듣건대 옛적에 공자[尼父]는 (꿈속에서) 주공(周公)을 보았고 고종(高宗)은 (꿈을 꾼 뒤) 부열(傅說)을 얻었으며,[11] 신상보살(信相菩薩)은 금고(金鼓)를 꿈꾸었고[12]

---

10) 《법장화상전》, "及修斯傳, 自責增懷"(《역주 최치원전집(2)》, 359~360쪽).

11) 商나라 高宗이 어느 날 꿈을 꾸었는데, 꿈속에서 하늘이 良弼이 될 만한 신하를 계시하였다. 이에 고종은 꿈에서 본 사람의 용모를 떠올려 肖像을 그리게 하고, 이를 천하에 돌려 널리 구하도록 하였다. 그때 부열이란 사람이 傅巖이라는 시골에서 농사를 짓고 있었는데, 그의 얼굴 모양이 고종이 꿈에 본 사람과 꼭 같은지라, 마침내 부열을 擧用하여 宰相으로 삼고 훌륭한 정치를 기대하였다고 한다(《書經》, 商書, 〈說命〉 참조).

> 보안(普眼)은 산신(山神)을 꿈꾸었다고 하니, 이들은 모두 꿈[靈遊]에 의탁하여 능히 미묘한 이치를 융해(融解)하였다.[13]

이를 보면 '꿈과 현실의 일체화'는 아마도 그가 희구하여 마지않았던 '새로운 시대의 열림', '새로운 인물의 등장' 바로 그것이 아니었을까 한다.

최치원이 그간 유교 사학에서 매우 소홀히 하였던 '승사(僧史)'에 대해 남다른 관심을 가지고, 불교홍통(佛敎弘通)을 위한 삶을 살았던 고승대덕의 업적을 기렸을 뿐 아니라, 이들 승전을 전기 문학(傳記文學) 내지 역사 서술로까지 끌어올렸다는 점에서 그 중요성을 인정할 수 있다. 그리고 이러한 고승들의 전기와 《사산비명》 같은 글은 구성이 독특하고 사재(史才)를 잘 발휘한 것으로도 평가할 수 있다. 《부석존자전》과 《법장화상전》은 우리나라 승전의 전범으로 이전 시기 김대문의 《고승전》 등에서 일정한 영향을 받았을 것으로 짐작된다. 그렇지만 사실상 이 두 편에 이르러 승전의 정형(定型)을 갖추게 되었으니, 이것이 뒷날 고려 시대에 혁련정(赫連挺)의 《균여전(均如傳)》이라든지 각훈(覺訓)의 《해동고승전》 등이 나오는 데 중요한 구실을 했다고 하겠다.

Ⅲ. 《법장화상전》과 그 사상적 추향(趨向)

최치원은 화엄 고승의 승전을 여러 편 찬술하였다. 《석순응전》과 《석이정전》은 해인사를 개창(開剏)한 조사(祖師)들의 전기라는 점에서 그가 은거하였던 해인사 측의 부촉(咐囑)에 의한 것이라고 짐작된다. 그러나 《부석존

---

12) 신상보살이 꿈속에서 金鼓를 보았던 故事. 金鼓의 光大함이 매우 성하여 마치 해와 달이 비치는 듯, 十方世界를 환히 비추었다고 한다. 《金光明經》 권16에 나오는데, 이 金鼓故事로 말미암아 《금광명경》을 '金鼓經'이라고도 한다.

13) 《법장화상전》, "聞昔尼父見周公, 高宗得傳說, 信相金鼓, 普眼山神, 皆託靈遊, 能融妙理"(《역주 최치원전집(2)》, 362~363쪽).

자전》과 《법장화상전》은 최치원이 사상적 종교적으로 확고한 신념을 가지고 세도인심(世道人心)을 자임한다는 의도를 가지고 집필했다는 점에서 앞의 두 승전과 구별됨 직하다. 이들 두 전기가 우리나라와 중국의 화엄 불교를 대표하는 거장(巨匠)의 전기라는 점에서 우연히 찬술되었다고 볼 수는 없다. 그가 두 전기의 찬술을 종생(終生)의 임무로 삼았던 데서 입언(立言)의 기본 취지를 짐작할 수 있다. 그러므로 이에 담긴 내용 하나하나를 예사로 보아 넘기기 어렵다.

《부석존자전》은 해동 화엄의 초조(初祖)인 의상(625~702)의 전기이다. 현재 전하지는 않지만,[14] 그와 짝을 이루는 《법장화상전》의 내용으로 미루어 이것이 같은 취지에서 찬술되었음을 짐작할 수 있다. 더 나아가 두 승전이 그 서술 체제나 구성, 규모 등의 면에서 서로 비슷했으리라고 본다.

《법장화상전》은 중국 화엄종의 제3조인 현수 법장(643~712)의 평생 발사취를 웅대한 필치로 엮은 것이다. 지금까지 알려진 현수 법장의 전기 자료로는 염조은(閻朝隱)이 찬한 비문과 신라 출신 승려 석광엄(釋光嚴)이 찬한 전기 등 대략 20여 가지가 있다. 그 가운데서도 가장 상세하고 독특한 구성으로 되어 있는 것은 최치원의 《법장화상전》이다. 최치원이 48세 때인 신라 효공왕 4년(904)에 찬술한 이 전기는 현수 법장이 입적한 뒤 192년 만에 이룩된 것으로, 현수 법장에 대한 최초의 본격적인 전기 자료이다. 원문이 약 7천6백여 자에 달하는 이 전기는 그 상세함과 신빙성 그리고 현수 법장의 인간상과 종교적 이적(異蹟)을 약여(躍如)하게 그려낸 점이라든지, 화엄의 영험성 등을 통해 새로운 법장관(法藏觀)을 세우려 했다는 점에서 실로 전무후무한 것이라 해도 과언이 아니다. 최치원이 괴력난신(怪力亂神)을 말하지 않는 유자의 처지에서 불교의 영험성과 신비성을 크게 부각하여 인심을 용

14) 여러 史書에 인용된 내용들을 수습하여 최치원이 찬한 《부석존자전》의 원형을 복원하려는 시도가 있어 참고된다. 張日圭, 〈崔致遠撰 '浮石尊者傳'의 復元試論〉(《北岳史論》 제6집, 국민대학교, 1999) 참조.

동(聳動)케 하려 했던 데서 화엄 사상에 거는 기대가 어느 정도였던가를 짐작할 수 있다.

그렇다면 최치원이 화엄 고승들의 전기를 찬술하게 된 동기는 무엇이었을까. 우선 《법장화상전》의 내면을 들여다보면 당시 교종(敎宗)의 대표격인 화엄종에 대한 비난 속에서 이를 옹호하려는 의지를 읽을 수 있다.

> 옛적 어진 이들은 그 말만 취하고 그 몸을 버리는 것에 대해 마음속으로 도적이라 여겼다. 지금 배우는 이들로 말할 것 같으면, 그 가르침을 받고도 그 행적에 어두우니 실로 얼굴이 붉어질 일이다. 더구나 조금 알려졌다는 무리들은 간혹 크게 헐뜯는 말을 늘어놓아 전철(前哲)들을 더럽히고 후생들을 현혹시킨다. 비록 염조은(閻朝隱)이 찬한 비문이 있고 석광엄(釋光嚴)이 찬한 전기가 있어도 펴서 샅샅이 보는 데에는 게으르고 속이는 데 용감하다. 심지어 사학(史學)을 마(魔)의 근원이라 헐뜯고 승보(僧譜)를 배척하여 쓸모없는 물건으로 여기며, (淸凉 澄觀의) 《현담소(玄談疏)》에서 연기(緣起)를 주로 한 것이 사람들의 웃음거리로 화하기도 하였다. 이를 일러 "흉허물 없는 친구[讌朋] 사이에 있는 사람들마저도 (法界의) 조상을 욕되게 하지 않음이 없었으니, (좋지 않은 말이 듣기 싫어) 귀를 막고 달아날 만하다"고 하는 것이다. 어찌 이 몸으로 하여금 편안히 있도록 하겠는가.[15)]

이것은 최치원의 동복형으로 당시 화엄종의 거장(巨匠)이었던 현준(賢俊)이 최치원에게 《법장화상전》을 찬술해 줄 것을 부촉(咐囑)하면서 한 말이다. 최치원이 본시 가정적으로 화엄종과 인연이 있고, 친형이 화엄 고승이었으며, 또 그 자신이 말년에 해인사에 은거하였던 데서 화엄종과 화엄 사상에

---

15) 《법장화상전》, "且曰, 「古賢以取其言, 而棄其身, 心爲盜也」 今學則稟其訓, 而昧其迹, 顔實靦焉. 況有小鳴之徒, 或陳大嚼之說, 玷汚前哲, 眩惑後生, 雖復閻朝隱有碑, 釋光嚴有傳, 惰於披閱, 勇在矯誣矣. 至有譏史學爲魔宗, 黜僧譜爲廢物, 及談疏主緣起, 或作化人笑端. 是謂, 「讌朋不無忝祖, 可掩而走」, 豈俾躬處休?"(《역주 최치원전집(2)》, 356쪽).

대한 그의 기본적인 인식이 어떠하였을지 짐작할 수 있다. 최치원이 중국과 우리나라에서 화엄의 법등(法燈)을 확고하게 전한 의상과 현수를 쌍벽으로 생각하고 이들의 전기를 찬술하는 데 혼신의 힘을 쏟았던 것은, 저들의 사상과 경행(景行)을 통해 화엄에 대한 오해나 그릇된 인식을 바로잡음은 물론, 말류적인 파벌 의식을 불식하려는 의도에서 비롯되었다고 할 것이다. 즉, 화엄의 진면목을 널리 전하는 데 중국과 우리나라의 대표적인 화엄대덕(華嚴大德)의 전기를 활용하는 것이 가장 용이한 방법이고, 또 더욱 절실하다고 생각했기 때문이다.

그러나 역시 그 근본적인 목적은 더 높은 차원에서 찾아야 한다. 《법장화상전》에서는 그가 화엄의 사유 체계를 철저하게 분석하여 정신적 이념적 측면에서 화엄 사상의 우위를 세우려는 노력을 보이고 있지는 않지만, 《부석존자전》에서는 이와 달랐을 것으로 짐작된다. 의상이 〈화엄일승법계도(華嚴一乘法界圖)〉에서 화엄의 사상적 특성으로 '원융무애(圓融無碍)'를 이끌어 냈던 만큼, 최치원 역시 화엄의 원융 사상으로 신라 하대의 혼란상과 분열상을 극복하고 토붕와해(土崩瓦解)의 위기에 직면한 국가를 보지(保持)하려 했음을 미루어 짐작할 수 있다. 또 지난날 화엄 사상이 삼국 통일의 정신적 이념적 지주가 되어 '통삼(統三)'의 위업을 완수할 수 있었던 만큼, 신라가 날로 쇠잔하고 후백제나 후고구려가 흥기하던 당시에 다시 한 번 화엄의 이념에 의해 통일을 기하려는 일념으로 화엄에 심취, 몰입하였음 직하다.

《법장화상전》에서 현수의 충군애국(忠君愛國) 정신을 선명하게 그린 부분도 지나쳐 볼 수 없는 대목이다.

> 신공(神功) 원년(697)에 글안[契丹]이 황명(皇命)을 거역하자 군사를 출동시켜 치게 되었다. 특별히 법장 스님에게 조서를 내리되, "경전의 가르침에 의지하여 도적의 포학(暴虐)을 막도록 하라!"고 하였다. 법장 스님이 아뢰기를 "만약 원적(怨敵)들을 꺾어 굴복시키고자 하면 좌도(左道)의 모든 법을 단속해 주옵소서"라고 하니, 이

에 따르겠다고 조서를 내렸다. 법장 스님은 향내 나는 약수로 목욕재계하고 옷을 갈아입었다. 십일면관음도량(十一面觀音道場)을 세우고 관음상을 모셔 놓은 다음 도법을 행한 지 며칠 만에 갈로(羯虜)들이 왕사(王師) 중에서 무수한 신왕(神王)의 무리를 보기도 하고, 더러 관음보살의 형상이 공중에 떠서 이르는 것을 보기도 하여, 개와 염소 떼 같은 무리들이 두려워 앞으로 나아가지 못하다가[逗撓] 달포 만에 크게 이겼다는 소식을 알리게 되었다. 측천무후는 우악(優渥)한 조서를 내려 노고를 치하하기를 "…… 신병(神兵)이 도적을 쓸어 없앤 것은 대개 자력(慈力)의 가피(加被)일 것이다"고 하였다.[16)]

결국 최치원이 말년에 극도로 병약한 몸을 이끌고, 《법장화장전》의 완성을 생의 마지막 임무로 자임하였던 것은 조국 신라에 대한 뜨거운 애국심에서 비롯되었다고 본다.

Ⅳ. 《보덕화상전》과 그 사상적 함의

《보덕화상전》은 최치원이 찬한 여러 편의 승전 가운데 고구려 출신 고승의 전기라는 점에서 특기할 만하고, 또 주인공 보덕이 화엄승이 아닌 열반종의 개창자라는 점에서 주목을 끌기에 충분하다. 이 《보덕화상전》은 현재 전하지 않는다. 따라서 찬술 배경과 동기 그리고 전기의 밑바탕에 깔려 있는 목적의식 등에 대해서는 자세히 알기 어렵다. 다만 최치원 말년의 앞뒤 상황과 몇몇 단편적인 자료들을 종합해 보면 그에 대한 추정이 불가능한 것은 아니다. 결론적으로 《보덕화상전》 역시 《부석존자전》·《법장화상전》 등과 마찬

16) 《법장화상전》, "神功元年, 契丹拒命, 出師討之. 特詔藏, 「依經教遏寇虐」 乃奏曰, 「若令摧伏怨敵, 請約左道諸法」 詔從之. 法師㬎浴更衣, 建立十一面道場, 置光音像行道, 始數日, 羯虜覩王師無數神王之衆, 或矚觀音之像, 浮空而至, 犬羊之群, 相次逗撓, 月捷以聞. 天后優詔, 勞之曰, 「…… 此神兵之掃除, 蓋慈力之加被」"(《역주 최치원전집(2)》, 341~342쪽).

가지로 뚜렷한 목적의식 아래 찬술되었을 것으로 보이며, 찬술 시기도 해인사에 은거할 때로 추정된다.

의상과 현수의 전기가 화엄 사상을 밑바탕에 깔고 있다면, 이 보덕의 전기는 《열반경(涅槃經)》에 나오는 평등사상과 불신상주(佛身常住) 사상을 배경으로 하는 도교 비판이 그 기저를 이루었으리라고 짐작된다. 최치원이 이처럼 화엄종과 열반종의 사상을 자유롭게 넘나들었다는 데서 우선 불교에 대한 안목과 학문의 폭이 어떠하였는가를 짐작할 수 있다.

노용필은 최치원이 보덕의 전기를 지은 배경 내지 동기에 대하여 다음과 같이 분석하였다. 즉, 첫째로 보덕이 신라로 망명함으로써 신라가 삼국 통일의 위업을 달성하는 데 결정적인 보탬이 되었음을 높이 평가하였기 때문일 것이며, 둘째로 엄격한 골품제 아래서 육두품 출신의 한계를 극복하지 못한 채 갈등을 겪어야 했던 최치원 처지에서는 보덕이 소의(所依)로 하던 《열반경》의 평등사상이 매력적이었기 때문일 것이라고 정리하였다.[17] 이 두 가지 다 수긍할 수 있는 분석이다. 다만 필자의 생각으로는 여기에 한두 가지 추가할 것이 있다. 그 하나는 종교 간의 알력으로 다툼이 생기고 이것이 발전하여 매우 심각한 지경에 이르렀을 때 나라와 백성이 결딴날 수 있다는 점, 다시 말해서 종교 갈등이 빚어낼 결과를 염려하는 '우환의식'의 발로였다는 것이다. 그리고 또 하나는 앞의 내용과 연결된 것으로 연개소문(淵蓋蘇文)이라는 집정자의 정치적 의도 아래 도교가 숭상된 나머지, 오랫동안 민족의 정신적 지주 구실을 해 왔던 불교가 일조(一朝)에 배척을 당하고 중국에서 들어온 도교가 그 자리를 대신하면서, 백성들이 큰 정신적 공황에 빠져들고 급기야 멸망을 앞당기게 되었음을 강조하려 했다는 것이다.

뒷날 고려 때 김부식(金富軾)도 보덕화상의 전기를 지었다고 하는데,[18]

---

17) 노용필, 〈普德의 사상과 활동〉, 139~140쪽 참조.
18) 《삼국유사》 권3, 興法第三, 〈寶藏奉老 普德移庵〉, "…… 眞樂公留詩在堂, 文烈公著傳行世."

《삼국사기》에 보이는 그의 유교적 합리주의 사관에 비추어 볼 때 김부식이 《보덕전》을 지은 동기 역시 최치원의 경우와 마찬가지였다고 짐작된다. 즉, 보덕의 망명을 통해 고구려가 멸망한 원인을 진단하고 이를 귀감으로 삼으려 했을 것이다. 고구려 멸망과 관련한 김부식의 사론은 이를 뒷받침한다.

> 고구려의 시종(始終)을 살펴볼 때, 그 윗사람과 아랫사람이 화합하고 많은 백성이 화목할 때는 비록 대국이라도 이를 능히 빼앗지 못했지만, 위정자가 나라에 불의(不義)한 짓을 하고 백성들에게 불인(不仁)한 행동을 하여 여러 사람의 원망을 사게 된 지경에 이르러서는 무너져서 스스로 떨치지 못했던 것이다.[19)]

최치원의 《보덕화상전》에서도 역시 이러한 '우환의식'을 엿볼 수 있을 듯하다.

이제 《보덕화상전》에 보이는 두드러진 특징을 도교 비판과 평등사상으로 나누고 이를 최치원 말년의 사상 경향과 관련하여 논하고자 한다.

(1) 도교에 대한 부정적 인식

고구려 말기에 정치적 목적에 따라 도교가 숭상되면서 불교에 대해 우위를 차지하였다. 불교에서는 이에 대항하려고 열반종을 개창하였다. 그런데 열반종이 도교에 맞서기 위해 개창되었다면 먼저 그 사상적 특성을 살피지 않을 수 없다. 이에 관한 이기백(李基白)의 논고가 있는데, 그에 의하면 보덕화상이 《열반경》을 주로 강설하고 나중에 열반종까지 개창하게 된 것은 당시 고구려에서 새롭게 뿌리를 내려가던 도교의 불로장생(不老長生) 사상에 대항하는 데 가장 적합한 것이 열반종의 교의(教義)였기 때문이라 한다.[20)]

---

19) 《삼국사기》 권23, 〈고구려본기〉 보장왕 27년조, 史論, "觀其始末, 當其上下和, 衆庶睦, 雖大國不能以取之, 及其不義於國, 不仁於民, 以興衆怨, 則崩潰而不自振."

그렇다면 열반종의 교의는 무엇인가. 《열반경》에 담긴 불교 사상의 요체를 몇 가지로 꼽자면, 첫째는 '불신상주(佛身常住)', 둘째는 '열반상락아정(涅槃常樂我淨)', 셋째는 '일체중생(一切衆生) 실유불성(悉有佛性)'이라 할 수 있다.[21] '불신상주'란 여래의 법신(法身)은 금강(金剛)과 같아서, 석가가 열반에 들더라도 결코 죽어 없어지지 않고 실은 영원한 생명에 빛나는 상주불괴(常住不壞)의 몸이라는 것이다.[22] '열반상락아정'이란 열반의 사덕(四德)으로 상·락·아·정이야말로 도교에서 말하는 무위자연(無爲自然)의 경지와도 비교가 되지 않는 경지라는 것이다. '일체중생 실유불성'은 모든 중생이 이 '금강불괴'의 불성(佛性)을 한결같이 가지고 있다는 것으로 해석된다. 이것을 보면 최치원의 《보덕화상전》에서 먼저 주목해야 할 것은 도교 비판이 아닐까 한다. 고구려에서 보덕에 의해 열반종이 개창된 것은 그럴 만한 까닭이 있었던 것이다.

이쯤에서 우리는 이 《보덕화상전》을 통해 최치원 말년의 사상적 경향, 특히 도교관에 주목할 필요가 있다. 앞서 말한 바와 같이 최치원은 만년에 이르러 불교에 심취하였다. 그는 신라로 귀국한 이후 도교에 대해서는 열성적이거나 적극적인 태도를 보이지 않았으며 줄곧 비판적 견해를 보였다. 물론 우리 고유의 선도(仙道)에 대해서까지 무관심했던 것은 아니지만, 귀국 이후의 사상 역정에서 장생불사(長生不死)를 추구하는 도교에 관심이 희박했던 것은 주목해야 할 사실이다. 도교에 대한 최치원의 인식 태도는 그의 전 생애에 비추어 볼 때 대체로 사상적 이해의 차원에 머물고 있어, 종교적 차원으로도 그다지 승화되지 못한 것 같다. 또 사상적으로도 유교와 불교에 비하여 이해 수준이 깊지 못했다는 사실이 그의 문집을 통해 증명된다. 더욱이 귀국 이후 보여 준 도교에 대한 인식은 당나라에 머물던 때와는 사뭇 달랐으

20) 이기백, 《신라사상사》, 일조각, 1986, 18쪽.
21) 李載昌, 《불교경전해설》, 동국대학교, 1982, 195쪽.
22) 《大般涅槃經》, 〈金剛身品第五〉 참조.

며, 오히려 유교와 불교에 대한 관심과 이해가 더욱 깊어졌다. 여기에는 최치원 자신의 학문적 사상적 기호라든지 당나라에서 도교의 말폐(末弊)를 실제로 목도, 경험한 것[23]이 크게 작용하였을 것이다. 이와 함께 당시 신라 사회에서 종교적 의미의 도교 사상이 불교에 비해 상대적으로 세력을 얻지 못한 데서도 원인을 찾을 수 있다.

최치원은 구시(久視)・경비(輕飛)를 추구하는 신선 사상을 탐탁하게 여기지 않았던 듯하다.

> 저 장량(張良)은 한고조(漢高祖)의 군사(軍師)가 되어 식읍만호(食邑萬戶)에 봉해지고 열후(列侯)의 위(位)에 오른 것을 크게 자랑하여, 이를 한(韓)나라 승상(丞相)의 자손으로 더없는 일이라고 여겼지만, 이것은 (소인배의) 소루(小陋)한 것이리라. 가령 그가 선도를 배움이 시종 한결같았다고 하더라도 과연 백일승천(白日昇天)할 수 있었겠는가? 도중에서 그만두고 말았으니,[24] 학의 등 위에 탄 하나의 환신(幻身)이 되었을 뿐이다.[25]

---

23) 최치원이 도교에 그다지 열성적이지 못한 데에는, 唐末 道士들에 의한 末流的 폐해를 몸소 보고 겪었던 것이 큰 요인으로 작용했으리라 생각한다. 이와 관련하여 풍석 서유구가 〈桂苑筆耕集序〉에서 "其居幕數載, 知高駢之不足有爲, 呂用之諸葛殷等之誕妄必敗, 超然引去, 去三年而淮南亂作, 則又有似乎知幾明哲之君子 …….”라고 한 것은 자못 음미할 만하다.

24) 留侯 張良은 천성적으로 병이 많았기 때문에 평소 辟穀을 배워 오곡을 먹지 않았고 道引을 행하여 몸을 가벼이 하였다. 그는 늘 公言하기를 "우리 집안은 대대로 韓나라 재상을 지냈는데, …… 지금은 세 치의 혀로 황제의 軍師가 되어 食邑이 萬戶에 이르고 지위가 제후의 반열에 올랐으니, 이는 평민으로는 최고의 지위이다. 나 장량으로서는 매우 만족스럽다. 그러므로 세속의 일일랑 떨쳐 버리고 赤松子(전설 속의 신선)를 따라 고고히 노닐고자 한다"고 하면서 仙道에 침잠하였다. 그러나 高帝가 세상을 떠나고 태자(惠帝)의 母后인 呂后가 음식을 들도록 강권하자 하는 수 없이 음식을 먹었다고 한다(《史記》 권55, 〈留侯世家〉 참조).

25) 〈대낭혜화상비문〉, "彼文成侯爲師漢祖, 大誇封萬戶位列侯, 爲韓相子孫之極則仙矣. 假學仙有終始, 果能白日上昇去? 於中止得, 爲鶴背上一幻軀爾"(《역주 최치원전집(1)》, 91쪽).

이는 한고조(漢高祖) 유방(劉邦)의 모신(謀臣)이었던 문성후(文成侯) 장양(張良)[26]이 권귀(權貴)가 극에 이른 말년에, 홀연히 신선 적송자(赤松子)를 따라 놀겠다고 했던 사실에 대해 논한 것이다. 최치원이 신선술을 비판적으로 본 것이 불비(佛碑)라는 특수성 때문인지 아니면 신선술의 한계와 말폐[27] 때문인지 분명하게 알기는 어렵지만, 분명히 선가(仙家)에서 말하는 '백일승천'을 부정적으로 보았다. '학의 등에 탄 사람'을 환형(幻形)이고 환상(幻想)이라고 했다. 그는 참다운 선인(仙人)이란 범속(凡俗)에서 초탈하여 고결한 성품을 잃지 않은 사람이라야 한다고 하였다. 장양처럼 다시없는 극도의 권귀와 영화를 다 누리다가 인생의 마지막에 이르러 세속 잡사에 염증을 느껴 선도를 배운다고 하더라도, 이때는 이미 참다운 선(仙)의 경지에 들 수 없다는 것이다.

최치원은 고병의 덕을 기리는 시 가운데 하나인 〈조상청(朝上淸)〉에서 "마음 정제(整齊)하기를 게을리 하지 않으면 저절로 진인(眞人)을 조회(朝會)하게 되리니, 어찌 선도를 닦고서야 인간을 구제하려는가"[28]라고 하여, 수선(修仙)이란 다름 아닌 '제심불권(齊心不倦)'하는 그 자체라고 하였다. 도교의 상청재(上淸齋)에는 두 가지가 있는데 그 가운데 하나가 바로 '심재(心齋)'이다. 그가 이 심재를 중시하여 '심재를 하면 언제든지 진인을 만날 수 있거늘 어찌 꼭 신선되는 수련을 한 뒤에야 인간을 구제할 수 있으리요'라고 물은 것은, 곧 병곤(兵閫)을 쥐고 치란(治亂)에 여념이 없는 고병과 그 종사관인 최치원 자신의 불만을 간접적으로 드러낸 것이다.[29] 그는 또 〈중원재사(中

---

26) 최치원은 평소 張良이라는 인간에 대해서 그다지 좋지 않은 평가를 내렸다. 〈대낭혜화상비명〉, "彼渭濱老翁, 眞釣名者, 圯上孺子, 盖履迹焉. 雖爲王者師, 徒弄三寸舌也"(《역주 최치원전집(1)》, 83~84쪽).

27) 아마도 金時習이 신선술의 말폐를 지적하여 "스스로 제 몸을 保眞할 수는 있지만 世道에는 유익함이 없다(知神仙, 自保其身, 而無益於世道)"고 한 것과 같은 생각이 아니었을까 한다(《매월당집》 권17, 〈修眞〉 참조).

28) 《계원필경집》 권17, 七言紀德詩, 〈朝上淸〉, "齊心不倦自朝眞, 豈爲修仙欲濟人."

29) 崔昌祿, 《한국도교문학사》, 국학자료원, 1997, 26~27쪽 참조.

元齋詞)〉에서 "신(臣 : 고병)은 성대(聖代)에 나서 진풍(眞風)을 사모하온바, 어찌 구시(久視)의 문(門)을 탐내며 경비(輕飛)하는 길을 엿봄이 있겠습니까?"[30]라고 하여, 구세제민(救世濟民)에는 뜻이 없고 불로장생이라는 현세적 이익만을 추구하는 선도에 대하여 그 격을 낮추어 보았다.

어떤 이는 최치원이 고병에게 올린 시 〈진정(陳情)〉[31]에서

俗眼難窺冰雪姿　속안으로 빙설 같은 자태를 엿보기 어려워
終朝共詠小山詞　아침 내내 소산사[32]를 함께 읊조렸네.
此身依託同雞犬　이 몸 의탁함이 계견(鷄犬)과 같으니
他日昇天莫棄遺　이 다음 승천[33]하는 날 부디 버리지 마옵소서.

라고 한 것을 인용, 도교 사상과 결부시켜 논하기도 한다. 그러나 이것은 도교 사상을 내용으로 하는 것이 아니다. 최치원이 도교 신자인 고병에게 뒷날 다른 벼슬로 승진하더라도 자신을 계속해서 써 달라고 하는, 제목 그대로 '진정'의 뜻을 담은 시라는 점을 지나쳐서는 안 될 것이다.

위와 같은 최치원의 도선관(道仙觀)에 비추어 본다면 그가 말년에 우화등선(羽化登仙)했다는 것은 사실이 아닐 것이다. 이는 필시 후세 사람이 그의 불우한 말년을 애석해 마지않은 나머지 미화한 사실이라 하겠고, 또 이 밖에

---

30) 《계원필경집》 권15, 〈中元齋詞〉, "臣生逢聖日, 志慕眞風, 寧貪久視之門, 有覬輕飛之路."

31) 《계원필경집》 권17, 獻詩啓, 〈陳情〉.

32) 중국 漢나라 때 淮南王 劉安(漢高祖의 손자)이 服食求仙하다가 方士를 만나 승천하자, 회남의 小山之徒가 그를 그리워하면서 마침내 〈淮南王歌〉를 지어 불렀는데 이를 '小山詞'라 한다.

33) 회남왕 유안이 仙藥을 먹고 白日昇天하였는데, 닭과 개도 뜰에 남겨진 선약을 핥아 먹고 모두 승천하였다고 한다. 葛洪, 《神仙傳》 권6, 〈淮南王〉, "淮南王, …… 乃取鼎煮藥, 使王服之骨肉近三百餘人同日昇天, 鷄犬舐藥器者, 亦同飛去"(《文淵閣四庫全書》, 子部 365, 道家類 1059, 285쪽).

세상에 전하는 여러 가지 전설적 설화도 그의 인격과 학식을 흠모한 나머지 그에 가탁(假託)한 것이라고 하겠다.[34] 뒷날 여러 후학들이 그를 '유선(儒仙 : 유학자이면서 선인)'으로 일컬었던 것은 이러한 견지에서 이해하여야 할 것이다.[35]

최치원은 《법장화상전》에서 현수 법장의 기이한 행적과 화엄의 영이성(靈異性)을 서술하는 가운데 도교와 도사에 대한 부정적 인식을 부각하여 서술하였다. 이 역시 그의 도교관과 관련하여 그냥 지나쳐 볼 부분은 아니다.

> …… 일찍이 조주(曹州)의 강장(講場)에서 마침 교종(教宗)[36]의 사정(邪正)에 대하여 분변(分辨)하였다. 어느 도사가 도교[玄元]를 헐뜯는다 하여 노기를 품고는 "제법(諸法)이 평등한가 평등하지 않은가?"라고 물으니, 법장 스님은 "평등하기도 하고 평등하지 않기도 하다"라고 대답했다. 또 묻기를 "어찌 두 가지인가?"라고 하니, 대답하기를 "진(眞)과 속(俗)이 다르기 때문에 일개(一槩)가 아닌 것이다"고 하였다. 그 도사[黃冠]가 더욱 성을 내어 크게 삼보(三寶)를 꾸짖었다.
>
> 이튿날 아침에 얼굴을 씻으려다가 문득 보니, 수염과 눈썹이 손만 대면 떨어지며 갑자기 온 몸에 창포(瘡疱)가 생겼다. 허물을 참회하며 (법장 스님에게) 《화엄경》을 백 번 되풀이해서 전독(轉讀)[37]해 달라고 하였는데, 경을 절반도 못 읽어서

---

34) 이와 비슷한 예가 조선 초기의 김시습이라 할 수 있다. 도교 史書에서는 김시습을 최치원과 마찬가지로 한국 道脈의 中興祖 격인 인물로 기술하고 있다. 그러나 사실 그의 도교관을 살펴보면 상당히 비판적이다. 그 이유는 도교, 특히 신선술이 儒·佛과는 달리 長生不死만을 추구하고 인륜 도덕을 말하지 않으므로, 결국 비사회적이며 자기의 이익만을 탐한다는 것이다. 李能和가 《조선도교사》에서 소개하였던 김시습의 도교 관계 논문 〈龍虎〉·〈服氣〉·〈修眞〉 등은 사실 도교를 비판하기 위해 지은 것이다(《매월당전집》, 권17). 이를 본다면 김시습은 오히려 도교 비판론자인 셈이다.

35) 최치원의 圓融會通的 사상 경향을 잘 이해하였던 釋休靜이 〈崔孤雲圖〉라는 시에서 "時自壺中出, 向人白頭悲. 性隨山共寂, 身與鶴同歸"라고 한 것도 최치원이 신선이 되었다는 사고가 밑바탕에 깔려 있다.

36) 각 종교의 宗旨. 여기서는 유·불·도 삼교의 종지를 가리킨 듯하다.

37) 祈願 등을 할 때 많은 경전의 긴요한 부분을 읽어 넘기는 것.

형질(形質)이 예와 같이 회복되었다.[38]

여기에 도교에 대한 최치원의 기본 인식이 은연중 담겨 있는 것으로 보아도 좋을 듯하다. 도교에 대한 최치원의 이와 같은 비판적인 인식은《보덕화상전》에서 더욱 선명하게 드러났으리라 짐작된다.

(2) 평등사상 및 호국 사상(護國思想)의 고취

일본의 불교 학자 야나기다 세이잔(柳田聖山), 히라이 슌에이(平井俊榮) 등에 의하면,《열반경》의 사상을 한마디로 잘 요약한 것은〈여래성품(如來性品)〉에서 말한 '명(明)과 무명(無明)은 둘이 아니다(明無明無二說)'는 설이라 한다.[39] 여기서 '무이'란 바로 '일체중생 실유불성'을 가리키는 것이니《열반경》의 평등사상을 대변한다고 할 수 있다. 모든 중생이 다 같이 부처가 될 성질을 가지고 있다는 '일체중생 실유불성'은 열반종의 중심 사상을 이룬다. 특히 아주 죄 많은 존재로서 도저히 구제할 길 없다는 '일천제(一闡提 : 斷善根이라 번역)'까지도 성불할 수 있다고 설하는 것은《열반경》에서만 볼 수 있다.

이와 같은《열반경》의 만민 평등사상은 무엇보다도 모든 사람이 똑같이 불성을 지니고 있다는 것인 만큼, 민족의 동질성 회복과 화합 그리고 이념적 통일에 크게 기여할 수 있었으리라고 본다. 또한 골품제라는 사슬에 얽매여 있던 육두품 계열에게 크게 환영받았으리라 짐작된다. 최치원이 시무십여조

---

38)《법장화상전》, "第八科曰, …… 嘗於曹州講場, 適辨教宗邪正. 有道士, 謂訾玄元, 含怒問曰,「諸法爲平等以不?」答,「平等不平等」又問,「何有二耶?」答,「眞俗異故, 非一槩」黃冠益喫, 大詬三寶. 翌旦顙面欻見, 鬚眉隨手墮落, 遍體瘡疱, 遽來懺過, 願轉華嚴百遍, 讀經未半, 形質復舊"(《역주 최치원전집(2)》 339~340쪽).

39) 柳田聖山,《初期禪宗思想史書の研究》, 東京 : 法藏館, 1967, 240쪽 ; 平井俊榮,《中國般若思想史研究》, 東京 : 春秋社, 1976, 545쪽 참조.

를 통해 '과거제 실시'를 주장했다고 하지만 이것은 사실상 골품제를 완전히 개혁하라는 것보다 '하급 귀족을 존중'하라는 의미가 더 강했을 것이므로, 《열반경》에서 평등사상을 바탕으로 골품제 개혁의 당위성을 외치는 것과는 비교할 바가 아니었을 듯하다. 따라서 최치원이 《보덕화상전》을 찬술하면서 이것을 중요하게 다루었을 것임이 분명하다고 하겠다.

한편 《대반열반경》, 〈금강신품(金剛身品)〉에는 다음과 같은 대목도 보인다.

> 정법(正法)을 받들고 간직하는 사람은 오계를 받지 않았거나 위의(威儀)를 닦지 않았더라도 칼이나 창, 활 등을 들고 지계청정(持戒淸淨)의 비구를 수호해야 한다.[40]

> 국왕과 대신, 장자(長者) 그리고 우바새(남성 신도)들이 불법을 지키기 위해서 칼과 몽둥이를 가지는 것에 대해 (破戒가 아니라) 지계(持戒)라 이름한다.[41]

일찍이 원광법사(圓光法師)가 귀산(貴山)과 추항(箒項)이라는 두 화랑에게 세속오계(世俗五戒)를 내려 줄 때 《열반경》에 나오는 이 대목의 영향을 받았다고 하는데, 이는 불교의 파사현정(破邪顯正) 내지 호법 사상(호국 사상)과 관련하여 중요한 의미를 지닌다. 신라 화랑의 정신적 지주 구실을 하였던 원광법사가 《열반경》에 밝았음은 우연이 아니었을 것이다. 《열반경》의 평등사상과 호법 사상은 《보덕화상전》의 찬자 최치원 자신의 정치 이념을 담기에 여러 면으로 적절하였을 것이라 짐작된다.

---

40) 《大般涅槃經》, 〈金剛身品〉, "護持正法者, 不受五戒, 不修威儀, 應持刀劍弓箭鉾槊, 守護持戒淸淨比丘"(《大正新修大藏經》 제12권, 623쪽 중단).

41) 《大般涅槃經》, 〈金剛身品〉, "諸國王大臣長者優婆塞等, 爲護法故, 雖持刀杖, 我說是等, 名爲持戒"(《대정신수대장경》 제12권, 624쪽 상단~중단).

Ⅴ. 맺음말

최치원은 진성여왕 8년(894) 기울어 가는 천년 사직을 붙들어 세우기 위해 시무십여조의 개혁안을 올렸고, 이 개혁안이 무위로 돌아간 뒤 마침내 해인사에 은거하였다. 은거할 당시 그는 몹시 의기저상(意氣沮喪)한 일면을 보여 주기도 했으며 세사(世事)에 대한 모든 미련을 훌쩍 내던진 듯하였다. 《법장화상전》 말미에서 "난세에 무슨 일을 이룰 것인가. 칠불감(七不堪)만 더할 뿐이로다"라고 한 것은 이를 잘 보여 준다. 그러나 겉으로는 현실 세계에 대한 미련을 버린 듯하면서도 실은 세쇠도미(世衰道微)한 현실과 관련하여 '세도(世道) 회복'에 대한 의욕마저 버린 것은 아니었다. 〈화엄사회원문(華嚴社會願文)〉에서는 "아아! 때가 상법(像法)·말법(末法)의 시기인지라, 세속이 경박함을 숭상하여 여러 병통을 없애기 어렵고, 단지 정명거사(淨名居士 : 維摩詰) 같은 이를 우러를 뿐이다"[42]고 하여, 유마거사와 같은 인간상을 넌지시 그리워하기도 하였다. 그는 사실상 타의에 의해 은거하였지만 거사형(居士型) 유자로 남아 있으면서 세도인심(世道人心)을 자임하였던 것 같다. 서포(西浦) 김만중(金萬重)은 최치원에 대해 '장실(丈室)의 유마'[43]라 하였는데, 이 말에 담긴 의미를 새겨 볼 필요가 있다.

최치원이 유마형 거사로 남고자 한 데에는 선학 가운데 원효대사의 영향이 적지 않았을 것이며, 더 올라가 보덕화상의 영향 또한 무시할 수 없었으리라고 본다. 《대각국사문집》에 의하면 일찍이 원효와 의상 두 성사(聖師)가 보덕의 강석(講席)에 참예하여 《열반경》과 《유마경》의 오의(奧義)를 친히 물었다고 하는데,[44] 원효가 보덕에게 《유마경》을 수학한 뒤 거사 행각을

---

42) 〈華嚴社會願文〉, 《역주 최치원전집(2)》, 272쪽.

43) 《西浦漫筆》, 권하, 제4칙, "新羅之盛, 薛弘儒(聰), 以釋門之羅睺, 首闡文風, 崔文昌(致遠), 以丈室之維摩, 大鳴中華"(文林社 영인본, 49~50쪽).

44) 《大覺國師文集》 권17, 〈孤大山景福寺飛來方丈 禮普德聖師〉, "涅槃方等教, 傳授自吾師, 兩聖橫經日(夾註 : 元曉義相, 嘗參講下, 親稟涅槃維摩等)."

하였던 점으로 미루어 《유마경》에 통효하였던 보덕은 최치원에게 줄곧 관심의 대상이었을 것이다.

최치원은 말년에 이르러 불교에 심취했다. 그가 불교에 심취한 중요한 계기는 다름 아닌 유교적 개혁안의 좌절이었으리라고 본다. 그는 여기서 유교에 희박한 '종교성'에 대해 새삼 절감하였고, 종교 활동을 통해 자신의 남은 이상을 펼치려 하였다. 그가 여러 편의 승전을 찬술했던 것은 못다 이룬 꿈을 언설(言說)에라도 부쳐 펴 보려 한 데서 비롯되었으리라. 종래의 역사서에서는 최치원이 은거 이후 전국 각지의 명승지를 유력(遊歷)하면서 고운야학(孤雲野鶴)처럼 살다가 세상을 떠난 것으로 기록하였다. 이를 보면 그는 참으로 무기력하기 이를 데 없는 지식인으로 인식되기에 알맞다. 그러나 최치원의 말년이 은둔이나 배회로 일관되지는 않았다. 그는 종교와 학술 활동을 통해 남은 삶을 불사르면서 현실 구제의 서원(誓願)을 접지 않았던 지성인이었다.

최치원은 만년에 불교에 침잠하면서 도교에 대해서는 현세의 이익을 추구하는 성향이 강하다고 하여 비판적으로 인식하였다. 그는 《부석존자전》과 《법장화상전》에서 화엄의 원융 사상과 영이성(靈異性), 화엄 고승의 초인간적 신비성 등을 통해 흩어질 대로 흩어져 있는 민심을 하나로 통합하는 데 힘썼다. 특히 《보덕화상전》에서는 장생불사를 추구하는 도교를 간접적으로 비판함과 아울러 한 나라에서 종교 간의 갈등이 있을 경우 마침내 멸망의 길로 들 수도 있음을 넌지시 시사하였다고 생각한다. 현수 법장의 충군애국을 부각하고 현세 이익적인 도교를 비판한 것도 일맥상통한다.

종래 최치원의 도교관을 연구하는 데 주로 사용된 자료는 《계원필경집》에 실린 여러 편의 재사(齋詞)였다. 이는 최치원이 당나라에 있을 때 지은 것들이고 고병을 위해 대신 지은 것이다. 따라서 일정한 한계가 있을 수밖에 없다. 그럼에도 종래의 연구 논문에서는 이들 자료가 최치원의 전 생애에 걸쳐 통시기적으로 이용되었다. 이는 분명 잘못이라 하지 않을 수 없다. 최치원의 생애와 사상적 역정을 염두에 두면서 제한적으로 이용해야 할 것이다. 이제 종래 도교 사서(史書)에서 최치원을 '한국 도교사의 중추적인 인물' 또는 '해동단학(海東丹學)의 비조'라고 한 막연한 설을 다시 정밀하게 검토해야 할 것이다.

최치원의 《보덕화상전》에는 도교 비판 이외에도 또 한 가지 중요한 메시지가 담겨 있었을 것으로 짐작된다. 즉, 보덕이 '만인 평등'을 부르짖는 《열반경》을 소의(所依)로 하면서 불성(佛性)의 보편성을 강조했던 것이 육두품이라는 신분상의 두터운 벽을 실감해야 했던 최치원에게는 실로 매력적일 수밖에 없었다. 따라서 《보덕화상전》에는 신분상의 제한으로 말미암아 개인의 능력이 무시당하는 사회가 아니라, 자신의 능력이 최고도로 발휘되는 이상 사회에 대한 염원이 간절하게 담겼으리라고 짐작된다.

《보덕화상전》은 보덕의 생애·사상을 고찰하는 데 중요한 자료이지만 최치원의 말년 생애를 정밀하게 살피는 데서도 빠뜨릴 수 없는 자료라고 본다. 앞으로 이에 대한 심도 있는 논의가 계속되기를 기대해 본다.

제2부

고운사상의 현실적 구현과 전승

제1장 이규보와 최치원

이규보 연구의 회고와 전망

Ⅰ. 머리말

우리 역사에 커다란 발자취를 남긴 백운거사(白雲居士) 이규보(李奎報 : 1168~1241)에 대한 연구는 대체로 1960년대에 들어 선을 보이기 시작했고,[1] 이후 70년대, 80년대를 거치면서 연구의 폭과 깊이를 더해 갔다. 지금까지 고려 시대 여타 인물들에 견주어 연구가 비교적 많이 진척되었다고 평가할 수 있는데, 이것은 무엇보다도 그의 정치적 학문적 위치가 작용한 것이라 할 수 있다. 게다가 53권에 이르는 거질의 《동국이상국집(東國李相國集)》이 온전히 전하고, 또 1979년부터 3년에 걸쳐 민족문화추진회에서 이것을 완역해 냈다는 점을 꼽지 않을 수 없다. 이것은 이규보 개인만이 아니라, 우리나라 학술사를 위하여 퍽 다행한 일이라고 생각한다.

'회고와 전망'이라는 주제로 학술회의가 열린다는 것은 이를 뒷받침할 만

1) 정확하게 파악할 수는 없지만 이규보 연구의 초기 논문으로는 鄭在洪의 〈이규보의 假傳體文學考〉(《국어국문학 연구논문집》 제8집, 효성여대, 1959), 張德順의 〈민족서사시 '동명왕편'〉(《인문과학》 제5집, 연세대학교, 1960), 李佑成의 〈고려 중기의 민족서사시〉(《성균관대학교 논문집》 제7집, 1962), 장덕순의 〈이규보—붓의 정치가〉(《韓國의 人間像》 제5권, 신구문화사, 1965), 朴菖熙의 〈李奎報の就官と折節〉(《新韓學報》 통권 제14호, 東京 : 新韓學術硏究會, 1967), 박창희의 〈이규보의 '동명왕편'시〉(《역사교육》 제11·12합집, 1969), 박창희의 〈李奎報の東明王篇詩〉(大谷森繁 譯, 《朝鮮硏究年報》, 조선연구회, 1970) 등의 순으로 꼽을 수 있다.

한 연구 업적이 축적되었음을 의미한다. 실제로 지금까지의 이규보에 대한 연구 논저를 종람(綜覽)하면 하나하나 들기 어려울 정도로 많지만, 연구 경향이라든지 내용을 분석해 보면 시문학에 대한 연구가 주를 이룬다. 이와 함께 〈동명왕편(東明王篇)〉 등에 보이는 민족의식이 주목을 받으면서 이에 대한 연구가 학계에 여러 편 보고되었고, 또 〈동명왕편〉을 역사학적 측면에서 다룬 논문도 다수 발표되었다. 근자에는 유교사가(儒教史家)라는 관점에서 이규보의 역사학을 탐구한 논문도 발표된 바 있다.[2] 불교사를 연구하는 학자들에 의해 그의 불교관이 검토된 것도 빼놓을 수 없다. 이를 볼 때, 문학・역사학・철학 등 각 방면에서 균형 있게 연구되었다고 하기는 어려울 듯하다. '학제간(學際間)의 연구'가 활발하게 이루어지려면 아직 상당한 시일이 필요하다. 이규보를 연구하여 박사 학위를 취득한 학자가 퍽 드문 것도 예상 밖의 일이다.[3] 이규보의 성명(盛名)에 비추어 의외이다. 이것은 이규보 전공자가 겉보기와는 달리 많지 않은 현실을 대변한다.

이규보의 철학 사상에 대한 연구는 제대로 이루어지지 못한 상태이다. 한마디로 '이제부터 시작'이라고 해도 과언은 아닌 성싶다. 그 기초라 할 수 있는 삼교관(三教觀)에 대한 연구가 이제 시작 단계인데, 이것도 역사학 전공자에 의해 이룩된 성과가 대부분이다. 사정이 이렇다 보니 이규보 철학 사상의 내용과 체계를 정밀하게 분석, 고찰한 논저는 아직 기대하기 어려우며, 다른 사상가와의 비교 연구는 엄두조차 내지 못하고 있는 실정이다.

이 장에서는 먼저 이규보 철학 사상의 경개(梗概)를 살펴본 뒤 이어 지금

---

2) 대표적인 것으로 朴宗基, 〈儒教史家 이규보의 역사학〉(《韓國史學史研究—于松趙東杰停年紀念》, 도서출판 나남, 1997, 143~160쪽) 참조. 역사 철학적 관점에서 이규보를 다룬 논고로는 韓相璉의 〈한국의 歷史哲學—史家와 그 理論〉(《아세아연구》 8권 2호, 고려대학교, 1965) 참조.

3) 석사 학위의 경우, 낱낱이 소개하기가 어려울 정도로 많다. 박사 학위의 경우, 대부분 '고려 무신정권 시기 문인 지식층'에 대한 연구 차원에서 여러 문인들과 함께 다루었고, 독립적으로 다룬 것은 朴菖熙가 1976년 일본 히도츠바시 대학(一橋大學)에 제출한 〈李奎報研究〉가 최초인 듯하다.

까지 철학 사상 측면에서 접근한 이규보 연구의 성과를 되돌아보려고 한다.[4] 그리고 거기서 드러난 문제점을 짚어본 뒤, 앞으로의 연구 방향, 연구 방법 등에 대하여 모색해 보고자 한다. 문학 · 역사학 등의 측면에서 접근한 연구 성과에 대해서는 별도의 검토가 있는 만큼 필요한 경우에만 논급하겠다. 또 학위 논문의 경우, 박사 학위 논문만 다루고 석사 학위 논문은 지면의 제약을 고려하여 제외하였음을 밝혀 둔다.

Ⅱ. 이규보의 철학 사상 개관

이규보는 명실 공히 고려 중기의 문호(文豪)요 시호(詩豪)였다. 그의 학문 본령은 유학이었으나, 교조적인 학자는 아니었다. 유학 이외에도 불교와 도교에 남다른 소양을 지녔으며, 제자백가 역시 통효(通曉)하였다. 특히 불교의 경우 일찍부터 섭하고 평생도록 불문(佛門)에 출입하였다. 만년에는 종교적으로도 심취했던 경향이 없지 않다. 그러나 어디까지나 유자였기 때문에 불교의 전 사상을 섭렵한 것은 아니었고, 대체로 유학 사상과 조화, 융합되는 측면에서 접근하고 수용한 것으로 보인다. 이 점은 도교의 경우도 크게 다름이 없다. 그에게 유교는 경세적(經世的) 측면에서, 불교는 심성 수양의 측면에서, 도교는 구세적(救世的) 측면에서 주로 이해되었다.

이 이면에는 삼교일원설(三敎一源說)이 크게 작용하였던 듯하다. 그는 일찍이 박환고(朴還古)에게 보낸 시에서,

---

4) 정치사상 · 사회사상 등의 측면에서 고찰한 논고에 대해서는 그 제목만 적어 둔다. 金晧東, 〈고려 무신정권시대 문인지식인 이규보의 농촌현실관〉, 《국사관논총》 제42집, 국사편찬위원회, 1992 ; 金仁昊, 〈이규보의 현실인식과 정치 · 경제 개선론〉, 《學林》 제15집, 연세대학교, 1993 ; 황병성, 〈이규보의 君臣 · 君子觀의 성격〉, 《전남사학》 제19집, 전남사학회, 2002 ; 김호동, 〈桂陽都護府使 李奎報의 활동을 통해 본 고려 郡縣統治의 실상〉, 《한국중세사연구》 제14집, 한국중세사학회, 2003.

師傳甘蔗氏 사(師)께서는 불성(佛姓)[5]을 전하고
我繼仙李君 나는 노자를 계승하였다.
釋老本一鴻 노・불은 본래 하나의 기러기.
鳧乙何須分 오리・제비로 나눌 필요가 있겠는가.[6]

라고 하였으며, 또 일흔둘이 되던 어느 날 고관(高官) 한 사람이 방문하여 불경을 독송하는 자신을 힐난하자 "유교와 불교는/ 이치의 극(極)은 같은 일원(一源)이라/ 무엇이 잡박(雜駁)하고 무엇이 순일(純一)할까/ 괴이하도다, 그대의 논한 바여"[7]라고 응수하였다. 위시의 논지는 도불일원(道佛一源)이고, 아래의 것은 유불일원(儒佛一源)이다. 이와 같은 관점은 《홍명집(弘明集)》, 《광홍명집(廣弘明集)》 등에 많이 보이는 삼교일원설과 가깝게는 북송 소식(蘇軾)의 삼교조화론 등에서 연원한다고 할 수 있다. 오리와 제비의 비유는 중국 남북조 시대 남제(南齊) 사람인 장융(張融)의 설에서 영향을 받은 것으로 보인다.[8] 그러나 이러한 삼교조화 내지 삼교일원 사상은 내면적으로 우리나라 고유 사상을 바탕으로 하고 있는데, 이는 신라 말의 명유 최치원의 관점과 합치됨이 특징이라 하겠다.[9]

이규보의 유학 사상은 구경(九經) 및 《논어》, 《효경》, 《맹자》 등에 근원한다. 이들 경전의 이해는 대개 구주(舊注)인 《오경정의(五經正義)》에 바탕을 두었다. 이 가운데 《주역》과 《춘추》를 통해 신비성과 민족 주체성을 각각 강조하고 있는 것이 특색이다. 그는 《주역》에 대하여, 신명(神明)의 책으

5) 佛姓을 이름. 석가모니의 조상 가운데 甘蔗王(감자왕)이란 분이 있었으므로 후세에 석가모니의 佛姓을 甘蔗로 하였다 한다.
6) 《동국이상국전집》 권8, 13a, 〈明日朴還古有詩走筆和之〉.
7) 《동국이상국전집》 後集 권6, 5b, 〈南軒答客〉, "…… 況復儒與釋, 理極同一源, 誰駁又誰純, 咄哉渠所論."
8) 《弘明集》, 張融 撰 〈門律〉; 《大正新修大藏經》, 史傳部 四, 38쪽 참조.
9) 魯平奎, 〈이규보의 古神道思想과 三教融和〉, 《東方哲學思想研究》(道原 柳承國 博士 고희기념 논문집), 1992 참조.

로 오경 가운데 지신(至神)함이 복희역(伏羲易)과 같은 것이 없으며, 천지의 도를 밝힌 경전 가운데 가장 신비한 것이라고 하였다.[10] 이와 같은 이해는 〈동명왕편〉에 보이는 '내성내신(乃聖乃神)'의 초월적 신비성과 일맥상통한다고 할 수 있다. 그는 〈동명왕편〉에서 우리나라는 신비하고 이적(異蹟)이 있는 나라로서 그 창업이 신묘(神妙)하여 '성인지도(聖人之都)'라 하였다. 그는 괴력난신(怪力亂神)을 말하지 않는 유교 사상의 합리성과 윤리성·실천성에 대하여 일정하게 의문을 표시하고, 예로부터 우리나라에 신비적 요소를 지닌 고유 사상이 전해 오고 있다는 점을 은연중 부각시키고자 했다. 이것은 바로 현묘지도(玄妙之道)로서의 풍류도의 실체를 해석하고 정의를 내렸던 최치원의 사상적 기치와 통한다고 할 것이다.

이규보는 춘추정신(春秋精神)과 관련하여 다음과 같이 말하였다.

> 외국(外國 : 고구려를 가리킴)이 중국에 조공(朝貢)하지 않은 지가 오래되었다. 태종이 장차 만국(萬國)을 신복(臣服)시켜 문자와 수레를 통일시키고자 우리 고려를 침범하여 짓밟았다. …… 외국이 조공하지 않음은 당연한 이치이거늘, 문황제(文皇帝 : 唐太宗)가 도리어 분연히 화를 내고는 군사를 원정(遠征)에 내보내어 고달프게 하였으며, 끝내는 몸소 진두에 서서 경략(經略)하였다.[11]

국가와 국가는 원칙적으로 대등한 관계여야 한다는 점을 논한 것으로, 당 태종이 고구려를 침략한 것은 부질없는 야욕이요 불법적 침략일 뿐이라는 점을 은근히 강조하였다. 이처럼 《춘추》의 근본정신을 주체성의 차원에서 이해한 것은 《춘추》의 '대일통사상(大一統思想)'을 화이관(華夷觀)에 따라 이

10) 《동국이상국전집》 後集 권12, 〈秦始皇不焚周易論〉 참조.

11) 《동국이상국전집》 권38, 10b, 〈祭蘇挺(定)方將軍文〉, "夫外國之不賓中國久矣. 太宗將臣伏(服)萬國, 混一文軌, 使將軍統師侵軼我高麗, …… 且外國不賓常理也, 文皇帝猶憤然怒作, 使勞師遠役, 迺至自將而經略."

해하였던 조선 시대 유자들의 관점과는 상당한 차이를 보인다.[12] 최치원의 민족 주체 의식과도 연결해 볼 수 있을 법하다.

이규보는 또 "고금에 어진 인재 끊임없이 태어나 중국에 견주어도 크게 부끄러울 것이 없네. 인재 있으면 나라요 없으면 나라가 아니라, 오랑캐는 땅덩어리만 컸지 도리어 초개(草芥) 같을 뿐. 그대는 보지 못했는가, 중화인들이 우리를 일러 소중화(小中華)라 했던 것을. 이 말은 진실로 채택할 만하네"[13]라고 하였다. 한 나라를 평가함에 국토의 크기는 중요한 것이 아니고, 훌륭한 인재가 얼마나 배출되느냐가 중요하다는 말이다.

이규보의 강렬한 민족의식은 우리나라 서사시(敍事詩) 가운데 웅편(雄篇)으로 꼽히는 〈동명왕편〉을 통해서 엿볼 수 있다. 그는 일찍이 26세 때(1193) 《구삼국사(舊三國史)》를 읽고 느낀 바 있어 〈동명왕편〉을 지었는데, 그는 고구려 시조 동명왕의 영웅적인 행적을 감격스럽게 노래한 이 장편 서사시를 지은 동기에 대하여 다음과 같이 말하였다.

> 동명왕의 사적(事迹)은 환(幻)이 아니요 성(聖)이며, 귀(鬼)가 아니요 신(神)이었다. …… 변화신이(變化神異)한 것으로써 여러 사람의 눈을 현혹하는 일이 아니요, 실로 창국(創國)하신 신성한 자취이니, 여기에 기술하지 않으면 후일에 장차 어찌 볼 수 있겠는가. 이런 까닭에 시를 지어 이를 기록하고 저 천하 사람들에게 우리나라가 본래 성인께서 계신 곳[聖人之都]임을 알도록 할 따름이다.[14]

이처럼 그는 몽고의 겸제(箝制) 아래 신음하던 민족의 수난기에 〈동명왕편〉을 지어 우리나라가 성신(聖神)의 나라였음을 강조하였다. 당시 학자·지

---

12) 이것은 그가 '小中華的' 의식에서 완전히 탈피했느냐 여부와 별개의 문제라고 본다.
13) 《동국이상국전집》 권17, 12b, 〈題華夷圖長短句〉, "萬國森羅數幅牋, 三韓隈若一微塊. 觀者莫小之, 我眼謂差大. 古今才賢衮衮生, 較之中夏毋多愧. 有人曰國無則非, 胡戎雖大猶如芥. 君不見華人謂我小中華, 此語眞堪採."
14) 《동국이상국전집》 권3, 1b~2a, 〈東明王篇序〉.

식인 대다수가 친몽적(親蒙的) 사대주의에 빠져 있을 때, 이처럼 민족 주체 의식을 한껏 드높였던 것은 '도는 사람에게서 멀리 있지 않고, 사람은 나라에 따라 차이가 없다(道不遠人人無異國)'고 외쳤던 최치원의 동인의식(東人意識)과 일맥상통한다고 하겠다. 이런 점에서 이규보가 문집 이름에 '동국(東國)' 두 글자를 드러낸 것을 대수롭지 않게 볼 일은 아니다.

이규보는 유·불·도 삼교에 정통한 학자로서, 최치원 이후 거의 첫손에 꼽힐 만한 통유(通儒)였다. 그의 호 '백운(白雲)'은 '고운(孤雲)'과의 사상적 연계성을 상징적으로 보여 준다. 그는 일찍이 최치원을 평하는 글을 지어 문학적 성취를 높이 평가한 뒤 "《당서(唐書)》, 〈문예열전(文藝列傳)〉에 최치원의 전(傳)을 넣지 않은 것은 그 의도를 모르겠다"고 비판하면서, 이를 민족적 자부심과 연결하였다.

> 《당서》, 〈예문지(藝文志)〉를 살피건대, 최치원의 《사륙문(四六文)》 1권과 《계원필경》 20권이 실렸다. 자주(自注)에 이르기를, "(최치원은) 고려(高麗) 사람인데 빈공급제(賓貢及第)로 고병의 회남종사(淮南從事)가 되었다"고 했다. 내가 이것을 읽어보고, 과연 중국인은 흉회(胸懷)가 넓다고 칭찬하였다. 그 이유는 곧 외국인이라고 해서 가볍게 여기지 않고, 이미 문집을 발간하여 세상에 유행하도록 하였고, 또 사서(史書)에 이러한 사실을 실었기 때문이다. 그러나 〈문예열전〉에 최치원의 '전'을 넣지 않은 것은 그 의도를 모르겠다. …… 외국인이라고 해서 '전'에 넣지 않았다면 그만이지만, 〈예문지〉에 이미 최치원의 이름이 나타나 있고, 또 번진(藩鎭)의 호용(虎勇)으로 말하더라도 이정기(李正己)·흑치상지(黑齒常之)의 무리가 다 고려 사람이거늘, 어찌 〈문예열전〉에서만 최치원의 열전을 쓰지 않았단 말인가. 혼자 가만히 생각해 보건대, 옛날 사람들은 문장 때문에 서로 시기가 있었는데, 더구나 최치원이 외국 사람으로 중국에 들어가 당시의 명인들을 짓밟았으니, 이런 것이 중국 사람들이 꺼리는 바라 하겠다. 이에 대하여 나는 이해가 가지 않는다.[15)]

이규보는 최치원과 관련하여 다음과 같은 시를 남기기도 하였다.

仁範笙篁雅 박인범이 부는 생황 소리 우아하였고
弘儒黼黻披 홍유후(설총)는 문채 있는 옷을 걸쳤다네.
……
孤雲金馬客 고운 금마객은
東海玉林枝 해동의 옥림 가지였다네.
射策鳴中國 화살로 금방(金牓)을 쏘아 중국을 울렸으니
馳聲振四陲 치닫는 명성 사해에 진동하였네.
高芬繁肸蠁 높은 향기 멀리 울려 퍼지고
遺韻遠委蛇 남은 운치 멀리 굽이굽이 전해지네.[16]

여기서 '높은 향기'니 '남은 운치'니 하는 것은 다름 아닌 최치원의 문학과 사상을 가리키는 것이라 할 수 있다. 이규보가 자신의 저술을 통해 우리 고유 사상을 강조하고 또 고유 사상을 통해 삼교 융화를 도모하였던 사실은 그가 최치원의 사상적 통서(統緖)를 잘 계승한 인물이라는 점을 보여 준다.[17]

Ⅲ. 이규보 철학 사상의 연구사적 검토

이규보는 유·불·도 삼교를 겸한 고려 시대의 대표적인 학자·사상가다. 그는 1990년대 이전까지는 대체로 '문장의 대가'로 인식되어 왔으며, 그의 철학 사상은 사실상 관심 밖이었다고 해도 과언이 아니다.[18] 이에 견주어 북

15)《동국이상국전집》 권22, 7a~8a,〈唐書不立崔致遠列傳議〉 참조.
16)《동국이상국전집》 권5, 6a~6b,〈次韻吳東閣世文呈誥院諸學士三百韻詩〉.
17) 자세한 것은 노평규,〈이규보 철학사상 연구〉(성균관대학교 박사 학위 논문, 1990, 121~133쪽) 참조.
18) 물론 그 사이 崔利子의〈이규보 사상에 대한 일고찰〉(전주대학교 교육학부《논문집》

한의 《조선철학사》에서는 고려 전 시기를 통해 관념론을 배격하고 유물론적(唯物論的) 철학 사상을 고취한 대표적인 학자로 이규보를 들었고, 이러한 사상적 경향을 진보적이라며 높이 평가하였다.[19] 또 이규보를 기론자(氣論者)라 지목하면서 그에 합당한 글로 〈문조물(問造物)〉 등 중요한 단서 다수를 들기도 하였다. 그러나 그가 단순히 기론자가 아니고 유기론자(唯氣論者)・유물론자는 더욱 아니라는 사실은 후일 노평규(魯平奎) 등의 연구에서 논의되었다.

1. 종합적 연구

'철학 사상'의 측면에서 최초로 이규보를 연구한 업적은 1991년 8월, 성균관대학교 대학원 동양철학과에 박사 학위 논문으로 제출된 노평규의 〈이규보 철학사상 연구〉이다. 이 논문은 이규보의 철학 사상을 종합적으로 연구한 최초이자 아직까지 유일한 연구이다. 더욱이 학위 논문이라는 데서 '개척적인 논문' 이상의 의의와 학술적 가치를 인정할 수 있다. 대개 각론 격의 연구가 집적되어 심화 과정을 거친 뒤 이를 기반으로 총론 격의 종합적인 연구가 나오는 것이 통상적인 일인데, 이 경우는 실로 이례적이다. 선행 연구가 전무한 만큼 연구자의 노고가 곱절로 요구되었음 직하다.

연구 업적이 많지 않은 상태에서, 더욱이 아직까지 최초이면서 유일한 업적을 검토하려 할 때 어려움이 없지 않다. 단순한 소개가 아닌 비평을 곁들인 검토일 경우, 연구사적 검토라기보다는 특정 논문에 대한 논평과 같은 성격을 띨 수도 있다. 그러나 이러한 점이 불가피하므로 독자의 이해가 있기를 바란다.

창간호, 1983, 5~28쪽)이 발표되는 등, 사상적 측면에서 관심이 전혀 없었던 것은 아니다.

19) 정성철(외)의 《조선철학사》 상권(1962)부터 최봉익의 《조선철학사개요》(1986)에 이르기까지 대체로 이와 같은 시각과 논조를 유지하였다.

노평규의 논문은 이규보의 철학 사상을 통해 고려 시대 삼교 교섭사를 고찰한 것이면서, 고려 시대 삼교 교섭사 속에서 이규보의 철학 사상이 지닌 의미와 위상을 살핀 것이라 할 수 있다. '고려시대 유・불・도 교섭과 관련하여'라는 부제에 그 성격이 잘 드러나 있다. 내용을 보면, 먼저 고려 시대 삼교 교섭에 대해 개괄적으로 살펴본 뒤, 삼교 교섭사에서 이규보가 차지하는 위치를 이끌어냈다. 이어 이규보의 삼교관에 대해서 유교관・불교관・도교관의 순으로 자세하게 살피고, 마지막으로 민족 고유의 고신도(古神道) 사상 및 삼교 융화에 대한 이규보의 관점과 견해를 논술했다. 이 논문의 핵심은 한마디로 이규보 철학 사상의 특징이 '삼교 융화'이고, 삼교 융화 사상의 기저(基底)에 민족 고유 사상이 있다는 것이다. 그리고 삼교 사상은 '인간주체'의 문제를 통해 회통 내지 귀일할 수 있으며, 또 삼교 사상이 하나로 만날 수 있는 기반인 '고신도'를 통해 민족 주체성의 문제라든지 각 종교 간, 사상 간 화해의 필요성까지도 자연스럽게 제기된다는 것이다. 이러한 논리는 시대를 거슬러 올라가 고운 최치원의 철학 사상과 연결되며, 또 그 핵심에서는 서로 다르지 않다는 결론에 이르고 있다.[20]

이 논문에서는 전체 분량의 5분의 3 가량을 할애하여 삼교관을 자세히 고찰하였다. 전반적으로는 그 대체적인 내용을 구명(究明)하였다고 본다. 다만 삼교 각각에 대한 이해의 정도가 어떠하였으며, 그로부터 어떠한 특성을 뽑아낼 수 있는지, 삼교는 어떠한 것을 기반으로 융화 내지 회통할 수 있다는 것인지, 그 맥락과 특성이 어떠한지 등이 체계적이고 분석적으로 논술되었다고 보기는 어렵다. 그러다 보니 이규보가 삼교 사상을 어떻게 이해하였는지, 그 면면을 모아 나열하고 소개하는 데 머물렀다는 평이 나올 법도 하다. 이것은 역시 삼교관 각각에 대한 연구 업적이 제대로 축적되지 않은 상태에서 홀로 어렵게 집필하였기 때문일 것이다. 이를 볼 때, 그 뒤에 나온 이규보의 삼교관

20) 최영성, 《최치원의 철학사상》, 아세아문화사, 2001 참조.

각각에 대한 연구 성과는 일정하게 이를 보완하는 구실을 하였다고 본다.

이 논문의 큰 특성은, 〈동명왕편〉을 중심으로 이규보의 사상을 재래의 고신도와 연결한 최초의 글이라는 데서 찾을 수 있다. 이 논문의 필자는 이규보의 삼교관에 대한 고찰에 이어 삼교조화론의 기반을 민족 고유의 고신도 사상에서 캐냈다. 우리나라 고유 사상을 '고신도'라 하고, 이규보의 사상을 고신도와 연결하여 정면으로 문제 삼았다. 1992년 《동방철학사상연구》에 〈이규보의 고신도사상과 삼교융화〉(142~161쪽)를 발표하였는데, 이것은 학위 논문 제VI장을 전재하고 약간의 내용을 덧붙인 것이기는 하지만 그가 고신도 사상을 이규보와 결부한 배경과 이유를 살필 수 있다. 그는 이 글 머리말에서 다음과 같이 말하였다.

> 류승국(柳承國) 교수는 이규보의 〈동명왕편〉은 우리나라 고대로부터의 종교적 신비한 요소를 지닌 고신도와 관계되는 것이라고 하였다. 이규보를 고신도와 관련지어 이해하는 것은 전례가 없는 전혀 독창적인 것이라 하겠다. 본고는 이 설에 기반하여 이규보의 삼교융화 사상의 핵심에는 고신도가 놓여 있다는 가설을 세우고 이를 구체적으로 증명해 보고자 하였다.[21)]

류승국이 이규보의 사상을 고신도와 연결한 최초의 학자인 것은 사실이다. 그러나 그의 설은 여러 논거가 뒷받침된 논문이나 저술을 통해 제기된 것이 아니며,[22)] 직관적 통찰력에 의지한 측면이 많다. 설사 사계(斯界)의 원로인 류승국의 언급이 비중 있고 설득력이 크다는 점을 인정하더라도, 이를 근거로 하나의 가설을 세우고 이를 구체적으로 증명해 내려 한 것은 위험성

---

21) 〈이규보의 고신도사상과 삼교융화〉, 144쪽.

22) 류승국은 《한국의 유교》(세종대왕기념사업회, 1980, 45·54쪽), 《동양철학연구》(근역서재, 1983, 342쪽), 《한국사상과 현대》(동방학술연구원, 1988, 73쪽) 등에서, 특별한 설명이나 전제 없이 '고신도'란 용어를 사용하고 고신도와 이규보의 사상을 결부한 바 있다.

이 내재한다. 자칫 견강부회할 가능성이 적지 않고, 어쩌면 논문의 가치를 떨어뜨리는 결과를 가져올 수도 있다.

현시점에서 '고신도'란 용어의 사용에는 일정한 전제가 필요하다고 본다. 이규보 자신이 우리의 고유 사상을 일정한 용어로 표현한 적이 없으므로,[23] 주기(註記) 하나 없이 사용한 것은 문제가 있다. '고신도'는 일본에서 고유 신앙을 일컫는 말로 일찍부터 널리 사용되어 왔으나, 우리나라에서는 그렇지 않았다. 이것은 조선 말부터 일제 식민지 시기에 민족주의적 성향을 지닌 종교 단체 그리고 최남선(崔南善)과 같은 국학자들에 의해 '우리나라 고유 사상'을 일컫는 말로 사용됨으로써 학계에 학술 용어로 등장하였다. 즉, 최치원이 〈난랑비서(鸞郎碑序)〉에서 우리 고유 사상을 '풍류(風流)'라 하였지만, 이것은 기실 우리 고어로 '신명(神明)'을 뜻하는 '부루'를 한자어로 표기한 데 지나지 않는다는 것이다.[24] 그 뒤 1949년 현상윤(玄相允)이 《조선사상사》를 저술하면서, 제1편 제1장에서 '신도 사상'이라는 제목 아래 민족 고유 사상을 다룸으로써 이것은 학계에서 사용되기에 이르렀다.

1940년대 말, 학술 연구가 본 궤도에 진입하기 전이기는 하지만, 한국 최초로 저술된 '사상사'에서 '신도'란 말이 사용되었다면 이 용어는 일정하게 보편성을 띤다고 해도 좋을 듯하다. 그러나 그 뒤 '신도' 내지 '고신도'란 용어를 사용하는 학자가 점차로 줄어들었다. 그 이유를 꼭 집어 말하기는 어렵지만, 아마도 일본의 고신도를 의식한 측면이 많지 않을까 한다. 어찌 되었든지 1980년대 이후로 학계에서는 '고신도'란 용어를 사용하는 학자가 드물고, 사실상 젊은 세대에게는 보편적인 학술 용어로서 지위를 상실했다고 할 수 있다. '학계의 공인'에 실패한 용어는 주의해서 사용할 필요가 있을 것 같다.[25]

---

23) 굳이 예를 찾는다면 《동국이상국전집》 권2, 2b, 〈老巫篇 幷序〉 등에서 '太古之風'을 언급한 정도라 하겠다.

24) 《육당 최남선 전집》 제3권, 현암사, 1974, 253~255쪽 〈조선상식〉 참조. 여기서는 '신도'란 말의 의미, 出典, 用例, 風流道와의 관계 등을 폭넓게 다루었다.

25) 필자 역시 지난날 발표한 논저에서 특별한 검토 없이 '고신도'란 용어를 사용하였으나,

이규보가 고신도 사상에 대해 어떻게 이해하였는지, 또한 고신도를 통해 유・불・도 삼교의 융화 문제를 어떻게 다루었는지 하는 대목은, 이규보의 철학 사상 연구에서 차지하는 비중이 절대적임에도 서술 분량의 안배에서 퍽 인색하다.[26] 제시할 논거가 많지 않기 때문에 소략한 것은 아닐까?[27] 어찌 되었든지 스스로 세운 가설을 구체적으로 증명해 보이겠다는 집필자의 다짐과 거리가 있음이 아쉽다. 무엇보다도 이에 대한 보충 내지 보완이 필요하다고 생각한다.

2. 〈동명왕편〉과 삼교관에 대한 연구

종합적인 연구가 아닌, 각론 격의 논문으로는 〈동명왕편〉을 주요 자료로 다룬 것이 상당수에 달한다. 시기적으로도 1960년대부터 1990년대까지 지속적으로 발표되었다. 한국 문학사에서 독보적 위치를 차지하는 민족 서사시인 만큼, 주로 문학적 측면에서 연구되었다. 사학사적 측면에서 검토된 것도 상당수에 이른다. 이 〈동명왕편〉은 이민족의 압제에 시달리던 고려인들에게는 민족의식을 고취하는 횃불이었던 시대적 산물이기도 했다. 이를 통해 우리는 민족의 위대한 전통을 중시하는 이규보의 주체적 역사의식과 민족정신, 후세에 대한 감계(鑑戒) 의식을 엿볼 수 있다 그러나 이규보가 내세운 민족주의

본고를 통해 이를 바로잡는 계기로 삼고자 한다.

26) 이후 노평규는 〈이규보의 문학과 풍류사상〉(《겨레문화연구소 제4회 학술연구발표회 논문집—강화도의 사상적 맥락과 정신문화》, 인천카톨릭대학교, 1998)을 발표한 바 있다. 《누리와 말씀》 제5호(인천카톨릭대학교, 1999)에 재록.

27) 물론 결정적인 논거라면 굳이 많고 적음을 따질 필요는 없다. 원래 말이란 설명을 할 때는 길게 늘어놓지만, 결론은 언제나 간단하고 명료한 법이기 때문이다. 일찍이 栗谷 李珥가 말한 바와 같이, 선인들의 글에는 한마디의 말이지만 體用이 該備된 경우도 있고, 반면에 여러 말을 했지만 단지 一端을 제시하는 데 그친 경우도 있다. 논거의 多寡, 長篇細說의 여부를 가지고 일률적으로 논단할 것은 아니다. 문제는 '적지만 결정적인 것인가'라는 데 있다.

의식은, 주로 권문(權門)에 아부하여 일신상의 영달을 누린 일부 지식인들이 자신들의 권력 유지를 위해 내세운 이념적 포장이라는 비판적인 시각도 만만치 않다. 실제로 그가 주체적 역사의식과 민족정신을 뚜렷이 표방하였음에도 당시 집권층과의 영합에서 탈피했다고 하기는 어렵다. 이러한 맥락에서 이규보의 철학 사상은 통시적으로 논해서는 안 되고, 그의 전 생애를 사상 경향에 따라 시기별로 나누어 정밀하게 분석해야 타당하다고 본다. 이와 관련하여 이규보의 생애를 현실 인식, 의식의 변화, 정치 참여 등에 따라 삼십 대, 사십 대, 벼슬에서 물러난 이후 세 시기로 구분해서 고찰함으로써, 궁극적으로 그의 본질에 접근하려 시도했던 박창희(朴菖熙)의 연구 성과는 의미가 있다고 하겠다.[28)]

〈동명왕편〉에 대한 여러 관점의 연구와 함께, 삼교관에 대한 연구도 여러 편 나왔다. 1990년대 후반에 주로 발표되었는데, 삼교관 가운데서도 불교관에 대한 연구가 다른 것에 비해 다소 많은 편이다. 이규보의 불교 사상은 대체로 고려 시대 재가 불교(在家佛教) 또는 거사 불교(居士佛教)를 고찰하면서 또는 그 연장선에서 연구된 것이 다수이다.[29)] 이것은 그가 '백운거사'라 자호(自號)한 것으로도 짐작할 수 있다. 불교에 대한 그의 관점과 견해, 말년의 불교 신앙 등은 삶의 발자취나 종교 역정과 관련하여 남다른 바가 있다. 이규보의 불교에 대한 이해나 불교 신앙은 그의 삼교관을 총체적으로 고찰하는 과정에서가 아니라, 독립적으로 다루어져야 한다고 본다.

1996년에 나온 정제규(鄭濟奎)의 〈이규보의 불교 이해와 '수능엄경(首楞嚴經)' 신앙〉[30)]은, 만년에 불교에 심취했던 이규보의 불교 신앙에 대해 고찰

---

28) 박창희, 〈이규보의 본질에 대한 연구(1)—그의 30대에서의 관료지향성에 대하여〉, 《外大史學》 제1집, 한국외국어대학교 사학과, 1987 ; ———, 〈이규보의 본질에 대한 연구(2)—그의 40대 이후의 의식의 변용에 대하여〉, 《외대사학》 제2집, 1989 ; ———, 〈이규보의 본질에 대한 연구(3)—그의 만년에서의 감개〉, 《외대사학》 제3집, 1990 참조.
29) 鄭濟奎, 〈고려 후기 在家佛教信仰 연구〉, 단국대학교 박사 학위 논문, 2001 외 다수.
30) 《동양고전연구》 제7집, 동양고전학회, 1996, 181~213쪽.

한 것으로 선편(先鞭)이라고 하겠다.[31] 이 논문의 초점은 '이규보 불교 신앙의 특성은 어떤 것일까'라는 점이다. 논문의 필자는 이를 논증하면서, 고려 지식인들의 불교 신앙 전통을 고려 중기 거사 불교에서 찾았으며, 구체적으로 《수능엄경》이 그 기반을 이룬다고 하였다. 거사 불교에서는 《수능엄경》을 매우 중시하였고 이것은 심성 수양에 힘쓰는 경향과 연결되는데, 이규보의 불교 신앙이 이러한 흐름을 충실히 계승하였다고 보았다. 그리고 그의 불교 신앙이 《수능엄경》에 근거했다는 점에서 '수능엄경 신앙'이라고 명명할 수 있다고 하였다. 이 논문은 필자 자신이 정의한 것처럼 '고려 사회의 재가불교 신앙이 지닌 다양한 측면에 접근하기 위한 하나의 기초 작업으로 의의'가 있을 뿐 아니라, 이규보의 불교 신앙이 가지는 사회적 의미까지 고찰했다는 점에서 역사학적 의미가 있다고 평가된다.

그 뒤를 이어 진성규(秦星圭)의 〈이규보의 불교관〉[32]이 발표되었다. 한마디로 이규보의 삶의 궤적을 불교적 관점에서 살펴본 논문이라 할 수 있다. 이규보의 불교관을 총체적으로 고찰하고 자세히 소개했다는 점에서 선도적이고 개척적이라고 평가할 수 있다. 이 논문에서는 이규보의 생애 및 교유했던 승려와의 관계를 비교적 자세히 살핀 뒤, ① 공관(空觀), ② 선관(禪觀), ③ 유심론(唯心論), ④ 능엄경 이해, ⑤ 법화경 이해의 순으로 그의 불교관을 고찰하였다. 그리고 결론에서 "그의 학문적 본령은 유학자였지만 왕성한 지적 호기심 때문에, 만년에는 불교인으로 일생을 마감했다"고 하면서, "고려 후기 불교계에서 중시되었던 불교적 논리를 나름대로 구체화시켜, 사회적 문제점을 치유하는 방법으로 제시하였지만, 불교 교리를 새롭게 정리하거나 체계화시키는 데까지 확대되지 못한 것은 '유자적 불교인'이 갖는 체질 때문일 것이라"고 하였다. 이 논문으로 불교 교리나 불경과 관련하여 이규보가 이해

31) 이와 비슷한 주제의 논문으로 李丙翼의 〈이규보의 불교신앙 연구〉(교원대학교 석사 학위 논문, 1994)도 있다.

32) 《불교사연구》 제2집, 중앙승가대학교 불교사학연구회, 1998, 63~87쪽.

한 불교의 면모를 관련 자료를 통해 섭렵한 셈이다. 앞으로 좀 더 분석적이고, 사상 체계와의 정합성이 잘 드러난 논문이 나오기를 기대한다.

이와 비슷한 성격의 논문으로, 근자에 박윤진(朴胤珍)의 〈이규보의 불교관에 대한 일고찰〉이 나왔다.[33] 제목만 보면 특색이 바로 드러나지는 않지만, 내용 면에서 보면 위의 두 논문과는 일정한 차이가 있다. '관인(官人) 내지 유학자 관점에서의 불교 이해'라고 결론을 이끌어 낸 점은 선행 연구와 다를 바 없으나, 이규보의 생애를 세 시기로 나누어 불교와 관련된 특징을 살펴본 것이 다르다. 이규보가 시기별로 불교에 심취한 모습을 보이거나 반대로 유학자적 면모를 보인 것은 당시 그 자신의 처지에 따라 어느 한 부분을 강조한 것으로 파악해야 한다는 것이 논문 필자의 주장이다.[34]

한편 이규보와 최해(崔瀣 : 1287～1340)의 사례를 통해, 무인 집권기부터 원나라 간섭기까지 고려 지식인들의 불교 인식이 변화해 간 추이를 고찰한 논문이 나오기도 하였다. 김인호(金仁昊)의 〈이규보와 최해의 불교인식과 비판론〉[35]이 그것이다. 이 논문에서는 불교를 인정하고 사회 안정과 국가 운영을 위해 불교의 순기능적 요소를 살리려는 이규보의 관점과 유교를 정통으로 삼고 불교를 이단시했던 최해의 상반된 관점을 중점적으로 고찰하였는

33) 《史叢》 제53집, 고대사학회, 2000, 93～118쪽.

34) 이러한 경향은 벼슬살이를 비롯해 정치적 기복이 심하고 사상적 종교적 편력이 다채로운 학자·사상가에게서 드러나는 공통적인 현상이라 할 수도 있다. 우리 역사를 보면 일생토록 儒者를 자처하면서도 老·佛이 의식의 언저리에서 잠시라도 떠나지 않았던 학자·문인들이 적지 않은데, 이들의 생애를 보면 대체로 정치적 기복이 심하고 불우한 처지에 있던 나날이 많았다. 전통 사회에서 유교는 성공한 자의 철학이고, 노·불은 현실 정치에서 실패한 사람들에게 시름을 달래 주고 정신적 위안을 주는 철학 사상이기도 했다. 현실에 대해 긍정적이고 적극적인 유교의 '經世的' 특성과 불교의 종교적 특성, 老莊의 현세 초월적 특성은 늘 긴장 관계에 있지만, 때로는 서로 견제와 균형, 조화와 보완을 추구하는 관계로 이해되기도 했다. 인간은 현실 세계의 삶이 한계 상황에 부딪쳤을 때, 이를 벗어나고 싶어 하고 또 인간의 한계를 초월한 그 무엇인가에 의지하고 싶어 한다. 그러기에 고단한 현재의 삶과 예측할 수 없는 미래에 대해 종교적 초월적 경지에 의지하고자 노·불의 세계에 노닐곤 했던 것이다.

35) 《한국사의 구조와 전개 : 河炫綱 교수 정년기념논총》, 2000, 221～236쪽.

데, 불교가 담당한 '사회적 기능', 즉 순기능과 역기능에 초점을 맞추어 변화의 추이를 탐색했다는 데 특징이 있다. 이규보의 불교관을 정면으로 다룬 것은 아니라 하더라도, 사상사적 측면에서 의미 있는 논문으로 평가된다.

이규보의 유교관을 독립적으로 다룬 논문은 아직 없는 듯하다. 이와 관련된 논문으로는 최영성의 〈고려 중기 북송 성리학의 수용과 그 양상〉[36], 마종락(馬宗樂)의 〈이규보의 유학사상〉[37]을 들 수 있다. 최영성의 논문에서는 성리학이 고려에 전래 내지 수용된 시기가 종래의 통설과 다르게 고려 중기라는 점을 다각도로 고증하면서, 북송대 성리학이 고려 유학자들에게 수용되었던 여러 사례를 들면서 이규보의 경우를 특기하였다. 돌이켜 보면, 최근까지 성리학은 고려 충렬왕 16년(1290)에 회헌(晦軒) 안향(安珦 : 1243~1306)에 의해 최초로 전래되고, 이어 백이정(白頤正 : 1247~1323) · 박충좌(朴忠佐 : 1287~1349) 등에 의해 본격적으로 수용, 발전되어 왔다고 보는 것이 학계의 통설이었다. 이 실대로라면 이 땅의 성리학 도입은 북송 성리학의 발흥으로부터 2세기 정도가 지난 뒤의 일이다. 그런데 1980년대에 접어들면서 11세기 무렵부터 이미 북송의 신유학, 즉 성리학이 여 · 송 간의 학문 교류를 통해 고려에 전래되었다는 주장이 몇몇 학자에 의해 제기되었다. 또 이를 뒷받침할 만한 단편적인 자료들이 제시되어 그 개연성을 높여 주기도 하였다. 다만, 그것을 명증(明證)하기에는 다소 부족했던 것은 사실이다.

그런데 이 논문에서는 무신 집정기에 정의(鄭義)라는 학자가 '부(賦)' 작품에서 성리학의 이기론(理氣論)을 응용한 사실을 《동문선》을 통해 증명하였으며,[38] 또 정의와 비슷한 시기에 살았던 이규보에게도 성리학의 중요한 편린이 있음을 《동국이상국집》을 통해 고증하였다.[39] 이로써 종래의 단편적

36) 《대동문화연구》 제31집, 성균관대학교 대동문화연구원, 1996, 123~150쪽.

37) 《한국중세사연구》 제5호, 한국중세사학회, 1998, 66~117쪽.

38) 《동문선》 권2, 〈道閱一和槐橘合爲兄弟賦〉, "…… 議夫氣之所鍾, 有同而異, 理之所管, 雖異必同, 宜彼二般之合, 歸于一化之融."

39) 이규보가 시 〈病中〉에서 사용한 '因性循理'(《동국이상국전집》 後集 권1, 18b~19a)란

인 근거 제시의 한계를 일정 부분 극복하고 보다 분명히 뒷받침했다는 데서 의미를 찾을 수 있다.

마종락의 논문은 '무신집권기의 유학의 일면모'라는 부제가 시사하듯이, '유학의 암흑기'라고 불리는 무신 집권기 유교계의 동향과 유학 사상 이해의 양상을 주로 이규보의 경우를 통해 고찰한 논문이다. 그동안 연구가 상당히 집적되었던 '무인 집권기 지식인, 문인의 동향과 의식'이라는 주제를 세분화하여 그 가운데 한 갈래를 중점적으로 논한 것이라고도 할 수 있다. 이 논문에서는 주로 이규보의 유학자로서의 위치와 관점에 대해 논술하였다. 다만 역사학적 관점에서 접근한 논문이기 때문에 철학 사상 측면의 고찰과는 일정한 차이가 있다고 본다.

이규보의 도교관, 도가 사상에 관련된 논고로는 박희병(朴熙秉)의 〈이규보의 도가사상〉[40], 김철웅(金澈雄)의 〈이규보의 도교관〉[41]이 있다. 전자는 국문학에 끼친 도가 사상(노장 사상)의 영향을 고구(考究)하면서 그 일환으로 나온 것이다. 순수하게 철학 사상적 측면에서 다룬 것과는 차이가 있다. 이규보의 사상적 본령을 '도가 사상'에서 찾아야 된다는 것이 필자의 기본 시각이다. 후자는 '이규보의 도교 이해'를 주제로 ① 신선 사상, ② 내단론(內丹論)과 외단론, ③ 초제(醮祭)와 청사(靑詞)에 나타난 도교 사상 순으로 그 이모저모를 밝혔는데, 도가 사상과 도교를 구분 지은 것이 특색이다. 이규보의 도교적 성향이 당시 교류하던 인물이라든지 보편화된 국가적 도교 행사 등을 통하여 자연스럽게 형성되었다고 보았으며, 그에게 도교는 전쟁과 질병, 재변(災變) 등의 극복을 기원하는 호국적(護國的) 구세적(救世的) 의미가 있

말은 북송 程子의 문인 游酢(1053~1123)의 《中庸輯略》(제32장) 등에 나온다. 이규보가 자신과 거의 동시대 사람인 유작의 글을 인용한 것은 당시 북송 성리학의 성과가 암암리에 고려 학계에 전해졌음을 알려 준다고 하겠다.

40) 《한국의 생태사상》, 돌베개, 1999, 39~64쪽. 이에 앞서 《국문학과 도교》(돌베개, 1998)에도 실린 바 있음.

41) 《한국사상사학》 제13집, 한국사상사학회, 1999, 83~113쪽.

다고 하였다. 도교관에 대한 첫 연구라는 점에서 의미가 적지 않으나, 이규보의 도교관이 지닌 독특한 의미나 성격을 분석적으로 이끌어내지 못했다는 아쉬움이 없지 않다.

Ⅳ. 전망과 과제

1. 선행 연구에 대한 반성적 고찰

앞서 살핀 바와 같이, 이규보 철학 사상의 연구 현황을 보면 그 성과가 풍성하지 못하다. 무엇보다도 발표된 논저의 수가 적어 초라함을 면치 못한다. 그마저도 역사학 전공자들의 관심과 노력에 의한 것이 대다수다. 영역별로 균형 있고 심도 있는 연구를 위해 철학 전공자들의 관심과 분발, 반성이 필요하다고 하겠다.

이규보의 철학 사상에 대한 연구가 이처럼 부진한 것은 연구 자료가 적어서도 아니고, 문집에 실린 글이 난해하기 때문도 아니다. 사람에 따라 견해가 다를 수 있지만, 필자는 이규보에 대한 일반적 통념에 근본 원인이 있다고 본다. 오늘날까지 이규보는 사상가나 철학자보다 문인·학자로 더 알려져 왔다. '고려 중기의 대문장가', 이것이 아직까지도 이규보를 규정하는 대체적인 시각인 듯하다. 그러나 기실 이규보는 상당히 심도 있고 독특한 철학 사상을 전개하여 우리나라 고대 사상사의 한 장을 의미 있게 장식한 인물이다. 철학 사상가로서 이규보의 면모와 위상에 북한의 연구자들이 이미 1960년대부터 주목하기 시작했다는 데서 자성의 목소리가 없지는 않다. 이규보라는 인물에 대한 새로운 인식이 없이는 철학 사상가로서 이규보의 면모는 제대로 드러나지 않을 것이다.

선행 연구에서 두드러지게 드러난 문제점으로는 뭐니 뭐니 해도 '문제의식의 결핍'을 들지 않을 수 없다. 문제의식이 투철하고 연구 목적이 뚜렷해야 함은 논문의 기초적이고 필수적인 요건이다. 이 점에서 미흡한 부분이 적지 않다. 문제의식이 심화되지 않다 보니, 종래의 통설을 검증하는 차원의 논문이라든지 특정 주제에 대해 자료를 나열하거나 소개하는 논문이 주조를 이룰 수밖에 없었고, 이것이 타성적으로 하나의 '연구 틀'을 형성하였다고 본다. 이규보 철학 사상이 현대적으로 조명되어야 할 필요성, 즉 현대적으로 어떠한 가치와 의미를 지니는지에 대해 나름의 견해와 확신이 없다면 의미 있는 논문을 기대하기는 어렵다. 이것은 곧 이규보의 철학 사상을 단순히 역사상의 정신적 유산으로 논의하는 것이냐, 아니면 오늘날까지도 연면히 생동하고 있다고 보느냐 하는 점을 밝히는 문제이기도 하다.

필자는 비저(鄙著)《최치원의 철학사상》에서, 철학 사상가를 연구하는 데 ① 사상적 특성, ② 역사적 기능, ③ 현대적 의의 이 세 가지 측면이 중요하게 고려되어야 한다고 주장한 바 있다.[42] 이에 비추어 볼 때 이규보 철학 사상은 탐구할 가치를 충분히 갖추었다는 것이 필자의 생각이다. 기본적으로 문제 의식의 심화와 연구 방법론에 대한 고민이 요청되며, 이규보의 사유 체계에 대한 정밀한 분석이 있어야 하겠다. 이것이 선행되어야 과연 이규보 철학 사상의 실체가 무엇이냐, 그의 철학 사상이 지닌 체계성과 정합성은 어떠한가에 대해 여러 각도에서 활발한 논의가 이루어질 수 있을 것이다.

다음으로는 총론 격의 연구보다도 각론 격의 연구가 지속적으로 나와야 하고, 연구 주제를 세분화하여 이규보 철학 사상의 실체가 여러 각도에서 조명되어야 한다고 본다.[43] 각론 차원의 논의가 제대로 이루어지지 못한 상태

42) 최영성, 《최치원의 철학사상》, 9쪽.

43) 이 대목에서 우리는 이규보와 학문적 사상적 경향이 비슷한 최치원의 경우를 참고할 필요가 있다. 최치원의 철학 사상에 대한 연구는 1980년대에 들어 본격적으로 시작되었는데, 지금까지의 연구 성과를 종합해 보면, 철학 사상 연구의 중요 기반인 '삼교관'에 대한 연구가 주를 이루며, 그 밖의 주요 주제로 사회 현실에 대한 참여 의식과 개혁 정신, 心學的 특성, 인도주의에 근거한 삼교회통 내지 삼교합일 사상, 동인의식과 민족 주체성 등을 들 수 있다. 특히 삼교관에 대한 연구는 일정한 수준에 이른 것으로 인정할 수 있다. 요컨대 몇몇 연구를 보면 하나의 주제를 놓고 상당히 정밀한 분석까지도 내놓고 있어, 최치원

에서 종합적인 연구를 기대하기는 어렵다. 무엇보다도 이규보의 삼교관에 대한 연구가 심화되어야 할 것이다. 물론 삼교관 자체를 이규보 철학 사상의 본령이라 할 수는 없지만, 중요한 기반을 이루고 있음은 다시 말할 필요가 없다. 이규보가 삼교 사상 전반에 대해, 또 그 각각에 대해 어떻게 이해하였는지를 살피는 일은 그의 철학 사상을 탐구함에 선행되지 않으면 안 된다. 이것은 삼교 사상에 대한 종합적인 이해가 풍류 사상을 해석하는 토대가 되었던 최치원의 경우에서 비슷한 예를 찾을 수 있다.

삼교 사상의 공통 기반이 무엇인가를 캐내는 문제는 빠뜨릴 수 없다. 이것은 곧 삼교가 어떻게 극점(極點)에서 하나로 회통할 수 있는지 그 가능 근거를 탐구하는 것이기도 하다. 이에 대해서도 최치원의 경우가 좋은 참고가 될 것이다. 최치원 철학 사상에서 중핵 구실을 하는 것은 '도불원인(道不遠人) 인무이국(人無異國)' 여덟 글자로 대표되는 '인간주체'의 문제이다. 이 점은 이규보의 경우에도 다름이 없다. 삼교의 교섭과 민족의식을 하나로 아우르는 공통 기반이 '인간 본질에 기초한 주체 의식'임을 이규보의 문집에 나오는 언설(言說)을 통해 논증하고 분석한다면, 이규보의 철학 사상뿐 아니라 한국 사상의 기본 성격을 규명하는 데 큰 공헌을 하게 될 것이다.

한편 체용론(體用論)의 관점에서 '체'가 있으면 '용'이 없을 수 없듯이, 철학 이론이 현실에 어떻게 투영되었는지를 고찰하는 것도 중요한 문제이다. 이규보 철학 사상에서 '눈동자' 구실을 한다고 할 수 있는, 삼교의 조화 내지 융화의 문제 그리고 고유 사상과의 관계 등을 탐구하되, 체계적인 맥락과 내면적 인과 관계가 선명하게 드러나야 할 것이다. 또 이규보의 철학 사상이

연구의 미래적 전망을 어둡지 않게 한다. 이러한 연구 성과로 말미암아 최치원이 한국 사상사에서 차지하는 위치 역시 전에 비해 훨씬 확고해진 감이 적지 않다. 이제는 최치원에 대해 그저 '유·불·선 삼교에 회통했던 학자요, 우리 고유 사상에 대한 뜨거운 관심으로 풍류도의 존재를 확인해 준 학자'라고 인식하는 데서 그치는 것이 아니다. 여기서 더 나아가 '동인의식'이라 일컬어지는 민족 주체 의식과 뚜렷한 문명 의식을 지녔던 사상가로 평가되기도 한다(최영성, 《최치원의 철학사상》, 15~16쪽 참조).

후세에 어떻게 전승되었고, 어떠한 영향을 끼쳤으며, 이규보의 사상사적 위상은 어떠한지 등에 대해서도 폭넓게 검토해야 할 것이다.

2. 연구 방향에 대한 전망

이규보의 철학 사상은 그 개인에 대한 연구 차원에서 검토가 우선적으로 이루어져야 하겠지만, 이와 함께 '사상적 연원과 맥락'이라든지 '역사적 전승(傳承)'에 중점을 둔 연구, 특정 철학 사상가와의 비교 연구 등을 시도할 필요성이 있다. 이것은 곧 이규보의 철학 사상이 위로부터의 연원과 후대에 전승된 역사적 맥락이 뚜렷하다는 점에 근거를 둔다. 다시 말해서 이규보의 철학 사상은 '삼교회통'과 민족 주체적 정신 등에서 한국 철학 사상사에서 뚜렷한 사상적 계통과 맥락을 이루었다는 것이다.

먼저, 삼교 교섭사 측면에서 연구가 필요하다. 필자는 한국 철학 사상사를 전공하면서 우리나라 사상사에 지대한 영향을 끼쳤던 유·불·도 삼교 교섭사에 특별히 주목하여 왔다. 그리고 그 선구가 되는 인물로 고운 최치원을 선정, 중점적으로 탐구하여 그 결과를 학계에 계속 보고한 바 있다. 우리나라 철학 사상사를 보면, '삼교회통'을 기치로 하여 삼교 교섭사에서 굵직한 발자취를 남긴 학자·사상가들이 적지 않다. 또 이들이 후세에 끼친 영향 역시 간과할 수 없다. 신라 때의 원효(元曉)·최치원에서 시작하여 고려 때의 이규보·지눌(知訥)을 거쳐 조선조의 김시습(金時習 : 梅月堂), 기화(己和 : 涵虛堂), 휴정(休靜 : 淸虛堂), 유일(有一 : 蓮潭), 이서구(李書九 : 薑山), 근세의 최제우(崔濟愚 : 水雲)·김항(金恒 : 一夫)·강일순(姜一淳 : 甑山) 등에 이르기까지 일군(一群)의 학자·사상가·종교가들이 독특한 사상적 맥락을 연면히 이어 왔다.[44] 이들에 대한 연구는 시대에 따라 불교나 유교에 편향된 우

44) 최영성, 《최치원의 철학사상》, 497~523쪽 참조.

리나라 사상사를 보다 다양하고 풍요롭게 구성할 수 있을 뿐 아니라, 다문화(多文化)·이질화 시대를 사는 현대인들에게 각 영역 간의 대화를 통한 교섭과 융화 그리고 공동체 의식을 고취하며, 특히 한민족(韓民族)의 화합과 동질성 회복을 위한 방향을 제시한다는 점에서 중요한 의의를 지닌다고 하겠다.

이와 관련하여 필자는, 위에서 제시한 인물 개개인에 대한 탐구와 이를 토대로 한 종합적인 연구를 학계에 주문한다. 이규보 철학 사상에 대한 연구는 이 과정에서 중요한 위치를 차지한다. 이러한 연구는 한국 사상사 연구에서 미개척지나 다름없는 '삼교 교섭의 역사'를 새롭게 조명하는 계기가 될 것이며, 이들 사상가를 서로 비교 연구하는 것은 내실을 더욱 단단하게 다지는 원동력 구실을 하리라 믿어 의심치 않는다.

비교 연구에서는 특히 최치원과의 비교가 선행되면 좋을 듯하다. 잘 알려진 바와 같이 최치원과 이규보는 한국 철학 사상사에서 신라와 고려를 각각 대표하는 우뚝한 사상가요 지성인이라 할 수 있다. 비록 서로 다른 시대를 살다 갔지만, 그들의 사상 체계나 정신세계를 보면 기맥상통(氣脈相通)하는 바가 많고 어떤 면에서는 흡사하기까지 하다. '고운'과 '백운'이라는 호는 이들의 사상적 연관성을 넌지시 보여 주기도 한다. 이런 까닭에 이들의 '사상적 고향'이 다르지 않다는 주장이 없지도 않았다. 이처럼 두 사람 사이에 사상적으로 매우 긴밀하고 유기적인 연관 관계가 있기 때문에, 일찍부터 그에 대한 연구의 필요성이 제기되기도 하였다.

최치원·이규보의 삼교관과 인간주체 의식이 현실적으로 어떻게 응용되고 구현되었는지를 비교 고찰하는 문제는 중요한 주제라 할 수 있다. 최치원의 동인의식(東人意識)과 이규보의 〈동명왕편〉에 보이는 민족의식을 여러 각도로 비교 분석하면서, 이규보의 '최치원관(崔致遠觀)'은 어떠한지 또 최치원의 삼교관과 풍류 사상이 이규보가 말하는 민족 고유 사상에 어떠한 양상으로 연결되는지 또 그로부터 파생된 문제가 어떤 것인지 심도 있는 논의를 펼친다면 의미 있는 결과가 도출되리라고 생각한다.

사실 최치원과 이규보 사상의 비교 연구는 그저 특정 사상가 개인에 대한 비교 연구에 그치는 것이 아니다. 신라 시대와 고려 시대의 사상사·문화사 등 연구 전반에 연결되는 것이라 해도 과언이 아니다. 특히 이들이 우리나라 삼교 교섭사의 주된 인물이자 앞선 시기의 인물이고 보면, 이들에 대한 연구는 사실상 우리나라 삼교 교섭사의 시단(始端)을 여는 것이요, 또 그 전개 양상을 살피는 데 크게 기여할 것이다. 이들의 철학 사상은 '삼교 교섭'과 '민족의식'의 두 측면에서 최대 공약수를 추출할 수 있다. 이는 곧 '각 종교 간의 대화'와 '뿌리 있는 국제화(세계화)'를 중요한 화두(話頭)로 하는 오늘날의 당면 과제와 다름이 없다. 더욱이 이 두 가지가 궁극적으로 '인간 본질에 기초한 주체 의식'의 문제로 귀속된다는 점에서 시의성(時宜性)이 높을 뿐 아니라 철학성 역시 풍부하다고 생각한다.

비교 연구에서는 엄정한 기준 아래 비교 항목을 설정하고, 과연 이들의 철학 사상의 특성과 지향점은 무엇인지, 어떤 점이 같고 다른지 그 '이동(異同)'을 구체적으로 논증하는 것이 중요하다. 게다가 용어와 개념에서도 종래 학자들이 사용했던 '삼교회통'과 같은 막연한 것을 지양할 수 있다면 금상첨화라 할 것이다.

Ⅴ. 맺음말

1960년대부터 시작된 이규보 연구는 문학적 역사학적 측면에서 많은 연구 성과를 축적하였다. 호한(浩汗)한 그의 문집이 온전히 전하고, 게다가 국역까지 이루어진 것이 큰 원동력으로 작용하였다. 그러나 철학 사상 측면의 연구는 '이제부터 시작이다'고 해도 지나친 말이 아닐 정도로 진척이 더디다. 연구 수준 또한 높게 평가하기는 어렵다. 그 이유는 어디에 있을까? 그것은 곧 이규보의 위상이 아직까지 '문장가'에 머물고 있다는 점을 먼저 꼽을 수 있고, 이와 함께 연구자들의 문제의식이 심화되지 못한 것을 들 수 있다. 이규보라는 인물에 대한 새로운 인식이 없이는 철학 사상가로서 이규보의 면모는 제대로 드러나지 않을 것이다. 영역별로 균형 있고 심도 있는 연구를 위해 철학 전공자들의 관심과 분발, 반성이 필요하다. 이와 같은 문제점을 별 것 아닌 것으로 치부하기 십상이지만, 사실 어떠한 계기가 주어지지 않거나 문제의식을 가지고 접근하지 않으면 쉽게 드러나지 않는다고 본다.

이규보 연구에서 가장 취약한 '철학 사상' 부분에 대한 학계의 관심이 무엇보다도 필요하며, 학제 간의 연구도 활발하게 병행되어야 한다. 이규보 철학 사상은 삼교관과 민족 주체 의식 그리고 이를 관통하는 '인간주체'의 문제, 이 세 축을 중심으로 이루어질 때 그 본령에 접근할 수 있다고 생각한다. 이와 함께 우리나라에서 '삼교회통'을 기치로 하여 삼교 교섭사에 굵직한 발자취를 남긴 학자·사상가들과의 비교 연구 또한 이루어져야 할 것이다. 삼교 교섭사에 대한 연구가 일천(日淺)한 것이 오늘의 실정이다. 따라서 서로 사상적 공통점이 많고 또 전승(傳承) 관계가 뚜렷한 사상가를 우선적으로 선정하여, 이들 철학 사상의 동이(同異)와 특성 등을 비교 연구하고, 나아가 후세에 사상적으로 어떠한 영향을 끼쳤는지를 고찰하여, 삼교 교섭사의 기반을 닦으려는 시도가 바람직하면서 또 필요하다.

특히 최치원과 이규보에 대한 비교 연구는 일차적으로 그들 개인의 철학 사상 연구에서 선도적 구실을 할 것은 더 말할 나위 없고, 나아가 이들 사이의 학문적 사상적 연결 고리를 밝힘으로써 한국 사상사의 맥락을 역동적이고 유기적으로 구성할 수 있다고 본다. 특히 최치원은 한국 고유 사상에 대해 역사상 처음으로 관심을 가지고 최초의 정의를 내렸던 인물인 만큼, 우리의 고유 사상이 최치원을 거쳐 어떠한 양상으로 후대에 전승되었는지도 아울러 고찰할 수 있다. 이뿐만 아니라 '삼교 교섭사' 측면에서는 사실상 그 단초를 찾는 작업이기도 하다.

제2장
'최치원묘재홍산설(崔致遠墓在鴻山說)'의 사상사적 의미
최치원 · 김시습의 사상적 맥락과 관련하여

Ⅰ. 머리말

일찍이 민족주의 사학자 단재 신채호는 김춘추(金春秋) · 최치원 · 김부식(金富軾)을 사대모화(事大慕華)의 화신으로 단죄한 바 있다. 특히 최치원에 대해서는

> 최치원의 그 사상은 한(漢)이나 당(唐)에만 있는 줄 알고 신라에 있는 줄을 모르며, 학식은 유서(儒書)나 불전(佛典)을 관통하였으나 본국의 고기(古記) 한 편도 보지 못하였으니, 그 주의(主義)는 조선을 가져다가 순지나화(純支那化)하려는 것뿐이고, 그 예술은 청천(靑天)으로 백일(白日)을 대하며 황화(黃花)로 녹죽(綠竹)을 대하는 사륙문에 능할 뿐이었다.[1]

고 했다. 그리고 최치원의 문장이 당나라 말기의 부화(浮華)한 것을 모방했을 뿐 인격적 자성(自性)의 표현이 없음을 지적하여, 최치원을 '소도세공(小刀細工)의 하품재자류(下品才子類)'에 비유하기도 하였다.[2] 이러한 인식은 1980년대까지 대체로 학계의 통념이었다. 이런 까닭에 최치원의 철학 사상

---

1) 신채호, 《조선상고사》(《단재 신채호 전집》 개정판 상권, 형설출판사, 1995), 72쪽.
2) 신채호, 같은 책, 73쪽 참조.

을 논한다는 것은 거의 불가능했다. 고운 사상에 대한 연구가 상당한 경지까지 진척된 오늘에 비하면 금석지감을 느끼게 한다.

필자는 한국 유학사를 주 전공으로 하면서 한국 사상사에서 우뚝한 위치를 차지하는 고운 최치원의 철학 사상에 대해서 약 20년 전부터 계속 연구를 진행해 왔다. 최치원에 대한 연구는 1980년대 초부터 본격적으로 시작되어, 이제는 박사 학위 논문이 여러 편 나올 정도로 비약적인 발전을 해 왔다. 그리고 문학 · 역사학 방면에서 매거하기 어려울 정도로 많은 논문들이 쏟아져 나왔다. 그러나 과문(寡聞)한 탓인지는 모르겠으나, 고운 철학 사상 전공자는 아직까지 극히 적어 연구가 부진한 편이라 할 수 있다.

필자는 그동안 최치원의 철학 사상을 연구해 오면서 《사산비명》과 《고운문집》의 국역, 주해와 함께 약 20여 편의 논문을 발표하였고, 이 논문들을 일단 정리하여 2001년에 《최치원의 철학사상》(아세아문화사, 609쪽)을 출간하였다. 이는 그간의 연구 성과를 중간 결산하기 위함이었다.

그 뒤로도 참신한 주제를 가지고 새로운 경지를 개척하고자 노력하였다. 그러나 연구자 한 사람의 역량에는 한계가 있기 마련이요, 특히 종래 발표한 논문의 기본 틀이나 시각에서 벗어나기 어려웠다. 새로운 자료의 발굴도 어려웠고 자료의 재해석도 마음과 같이 되지 않았다. 발표를 의뢰받을 때마다 진부한 것을 떨쳐 버리고 새로운 주제로 써야 한다는 심리적 압박감이 적지 않았다. 그러나 이런 점을 해결하지 못했다는 점에서 본 장의 한계는 자명하다.

현재 필자는 최치원 사상이 후세에 어떻게 영향을 끼쳤으며 그 맥락이 어떻게 계승되었는지를 밝히는 작업에 관심을 쏟고 있다. 제2장은 이 기획의 일환으로 작성된 것이다. 최치원 철학 사상의 본질에 대해서는 일단 어느 정도 정리가 되었다고 판단했기 때문이다. 다만 우리나라 유 · 불 · 도 교섭사에서 우뚝한 자리를 차지하는 최치원 · 김시습의 사상적 발자취와 양현의 사상적 전승 관계를 논하였으나, 자료가 부족하여 철저하게 고증하지 못한 점을 아쉽게 생각한다. 독자의 해량을 바란다.

Ⅱ. 최치원과 김시습의 사상적 맥락

1. 삼교회통(三敎會通)의 역사적 맥락과 최치원·김시습의 위치

고운 최치원은 유·불·도 삼교가 극점에서 하나로 회통된다는 '삼교회통론'의 선구자로 자리매김된다. 그는 '삼교'라는 주형(鑄型)을 가지고 우리 고유 사상의 실체를 해석하였고, 그 자신이 풍류도(風流道)의 구현자로서 생애를 보냄으로써, 각 종교 간의 대립과 갈등을 해소하는 데 큰 구실을 하였다.

고려 시대까지만 하더라도 최치원을 사숙(私淑)하거나 그의 사상적 영향을 많이 받은 사람들이 상당하였을 것으로 짐작한다. 이것은 고려 시대에 삼교가 큰 갈등이나 대립 없이 공존하였기 때문이다. 다만 문헌이 민몰(泯沒)됨이 심하여 제대로 살피기 어려운 점은 있다. 조선 시대는 유교, 특히 성리학의 전성기였으므로, 최치원이 불교와 도교를 섭렵했던 사실 자체가 공격과 비난의 대상이었고, 최치원의 유학 사상 역시 도학(道學)이 아니라 하여 보잘 것 없는 것으로 폄하되었다. 따라서 조선 시대에 들어서는 그의 사상에서 영향을 받은 사람들이 별로 많지 않은 듯하다.

이와 같이 최치원을 정점으로 하여 이어지는 일군의 학자·사상가들이 독특한 사상적 맥락을 연면히 이루어 왔는데, 이 가운데 매월당 김시습이 두드러진다. 김시습은 최치원과 마찬가지로 유교를 체(體)로 하여 삼교에 두루 통달했으며, 유교의 관점에서 불교의 화엄과 선(禪), 도선 사상을 이해하였다. 김시습은 《대화엄일승법계도주병서(大華嚴一乘法界圖註幷序)》·《십현담요해(十玄談要解)》·《조동오위요해(曹洞五位要解)》·《묘법연화경별찬(妙法蓮花經別讚)》·《화엄경석제(華嚴經釋題)》 등 불교 관계 저술을 남겼다. 이처럼 화엄과 선, 법화 사상에 정통하여 이에 대한 저술을 남겼는데 통일적으로 회통(會通)한 점이 특징이다.

《매월당집》에 도교를 비판하는 논설이 있어 그를 도교 비판론자로 생각하기 쉽지만 기실 그렇지 않다. 그의 전 사상 체계를 보면 기(氣) 중심의 세계관・수양론을 피력하였다. 여기에 도교 사상에 대한 이해가 크게 작용하였음을 부인하기 어렵다. 그의 도교 사상은 우주와 인간에 편만(遍滿)한 기를 기축으로 형성되었다. 형이상적인 도가를 비판하고 수련적 도교를 긍정하며, 음사적(淫祀的)인 민간 도교를 배척하고 연단(練丹)의 성립 도교(成立道敎)를 선호한다. 내단(內丹)과 외단(外丹)을 두루 수용하였지만, 특히 수진(修眞)・복기(服氣)・용호(龍虎)의 내단에 대한 이해를 통해 정(精)・기(氣)・신(神) 등의 사상 체계를 유추할 수 있다.[3] 김시습은 최치원과 함께 우리나라 도맥(道脈)의 중추적 인물로 받들어져 왔다. 《해동전도록(海東傳道錄)》・《해동이적(海東異蹟)》 등에 의하면, 역사적 사실 여부와 관계없이 김시습은 최치원으로부터 이어지는 도맥을 전수한 해동단학파(海東丹學派) 또는 해동선파(海東仙派)의 핵심 인물로 기술되어 있다.

최치원과 김시습의 삶의 발자취 또한 매우 비슷하다. 실제 역대로 많은 사람들이 최치원과 김시습의 사상적 맥락에 관계없이 두 사람이 전호후응(前呼後應)하는 관계에 있는 것으로 인식해 왔다. 이 점은 사상사적으로 중요하다. 김시습의 사상과 발자취는 언뜻 보면 유・불이 뒤섞여 종잡을 수 없는 듯하지만, 율곡 이이가 '심유적불(心儒跡佛)'이라 지적한 것처럼 그의 학문적 본령은 어디까지나 유학 사상이었다. 이이는 김시습의 학문 경향과 그 경지에 대해 다음과 같이 말하였다.

> 도리(道理)에 대해 비록 완미하고 탐색하며 존양(存養)하는 공부는 적었지만, 탁월한 재능과 지혜로써 이해하였으며, 횡담수론(橫談竪論)하는 것이 대부분 유가(儒家)의 종지(宗旨)를 잃지 않았다. 선가(禪家)와 도가(道家)에 대해서도 역시 대의를 알았으나, 그 병통의 근원을 깊이 탐구하였다. 선어(禪語) 짓기를 좋아하여 현묘하

3) 金洛必, 〈淸寒子 김시습의 丹學修練과 도교사상〉, 《매월당학술논총 : 그 문학과 사상》, 춘천문화방송주식회사, 1988, 120~121쪽.

고 은미한 뜻을 발휘 천명하되, 날카롭고 훤해서 막히는 것이 없었으므로, 비록 노석명승(老釋名僧)으로 선학(禪學)에 조예가 깊은 사람이라도 감히 그 칼날을 당해내지 못하였다.[4]

이는 최치원의 행장(行狀)을 방불케 하는데 양현(兩賢)의 학문적 경지와 발자취가 흡사함을 보여 준다고 하겠다.

한마디로 여러 가지 면에서 김시습이 최치원의 사상적 맥락을 계승하였을 것이라는 추정이 가능하다. 그가 학문적 종교적으로 그리던 이상적인 경지는 저 유명한 '호계삼소도(虎溪三笑圖)'를 가지고 대변할 수 있거니와, 《남염부주지(南炎浮州志)》에 나오는 다음의 대목도 이를 상징적으로 보여 준다.

박생(朴生)은 성질이 순박하고 후(厚)했으므로 불승(佛僧)들과 사귀었는데, 한유(韓愈)와 태전(太顚) 사이, 유종원(柳宗元)과 손상인(巽上人) 사이 같은 분노 두세 분 있었다. 불승들 역시 그를 문사(文士)로써 사귀게 되니, 혜원(慧遠)과 종병(宗炳)・뇌차종(雷次宗) 사이, 지둔(支遁)과 왕탄지(王坦之)・사안(謝安) 사이처럼 막역지우(莫逆之友)로 지냈다.[5]

2. 김시습의 최치원 추적(追跡)

앞서 말한 바와 같이 김시습은 '삼교회통'이라는 측면에서 최치원의 학맥

4) 《율곡전서》 권14, 24b, 〈金時習傳〉, "於道理雖少玩索存養之功, 以才智之卓, 有所領解, 橫談竪論, 多不失儒家宗旨. 至如禪道二家, 亦見大義, 深究病源. 而喜作禪語, 發闡玄微, 穎脫無滯礙, 雖老釋名髡, 深於其學者, 莫敢抗其鋒. 其天資拔萃, 以此可驗."

5) 《金鰲神話》 卷下, 〈南炎浮州志〉, "成化初, 慶州有朴生者, 以儒業自勉, 常補大學館. …… 而以淳厚, 故與浮屠交, 如韓之顚, 柳之巽者, 不過二三人. 浮屠亦以文士交, 如遠之宗雷, 遁之王謝, 爲莫逆友"(東京 楳月堂板, 明治 17년, 1면).
《梅月堂詩集》 권9, 〈感懷〉에서도 "我愛惠遠公, 結社東林寺. 時有宗雷輩, 從遊常奉侍" 운운하였다.

에 속하는 인물이다. 그는 일생토록 최치원을 사모하였으며 비슷한 삶을 살다 갔다. 한마디로 김시습은 '원추고운적(遠追孤雲跡)'[6] 바로 그것이었다. 일찍이 최치원은 타의에 의해 은거한 뒤, 자신의 은둔을 정치적인 이유로 말미암은 소극적인 도피가 아니라 그 반대로 자신의 행위나 주관에 대하여 흑백을 가리려는 적극적인 의미로 강조하였다. 《논어》, 〈계씨(季氏)〉편에 보이는 '은거이구지(隱居以求志)'와 다름이 없다는 것이었다.

> 《주역》, 〈고괘(蠱卦)〉에 이른바, "(벼슬에서 물러나 다시) 왕후(王侯)를 섬기지 않고 자기의 일을 고상(高尙)히 여긴다" 했고, 또 "유정(幽靜)한 데 사는 사람은 마음을 정고(貞固)하게 가질 수 있어서 길하다"고 하였으니, 이는 도를 실천하는 방법이리라. 유정한 데 사는 사람은 누구를 이르는가. 스님[梵子]이 아주 이에 가까울 것이다. 이것은 유교의 말을 인용하여 불교에 비유한 것이니, 오늘의 관점에서 옛날을 보고 옛날의 관점에서 오늘을 보는 것이다.[7]

즉, 자신의 이상은 궁극적으로 '겸선천하(兼善天下)'하는 것이나 세상에서 이를 용납하지 않으므로 '독선기신(獨善其身)'하는 것이지만, '독선기신' 역시 선비가 행할 도라는 것이다.[8] 그러므로 여기서 은거하는 사람이란 유도(儒道)를 행하는 유일지사(遺逸之士)로 승려에 비유될 수도 있다는 말이다. 최치원의 이와 같은 생각은 김시습의 경우와 몹시 닮은 데가 있다.

최치원이 세상에 대해 실의(失意)한 뒤 '청산에 한번 들면 다시는 세상에

6) 이것은 김시습이 경주에 있을 때 安生員이라는 사람의 자제에게 勉勵하는 의미로 준 시 "…… 孜孜復勤鍊, 掛名金桂籍, 他日衣錦還, 遠追孤雲跡"(《매월당시집》 권6, 4a, 〈贈安生員〉)에서 따왔다.

7) 〈新羅海印寺善安住院壁記〉(《역주 최치원전집(2)》, 278쪽).

8) 程子는 《周易》, 〈蠱卦〉의 '高尙其事'에 대해 해설하면서, 선비가 제 자신을 高尙하게 하는 것도 그 방법이 한결같지 않다고 하여 ① 有抱懷道德, 不偶於時, 而高潔自守者 ② 有知止足之道, 退而自保者 ③ 有量能度分, 安於不求知者 ④ 有淸介自守, 不屑天下之事, 獨潔其身者의 네 유형을 들었다. 최치원은 아마도 ①의 유형이 아닐까 한다.

나오지 않겠노라(一入靑山更不還)'는 시를 읊고 전국을 유랑한 것과 같이, 김시습은 관서·관동·호남·관동 등 전국 각지의 명승지를 탐방하고 기행시들을 묶어《사유록(四遊錄)》을 엮었다. 단종의 손위(遜位) 이후 전국을 방랑하다가 31세 되던 해 최치원이 태어나서 활동하였던 경주의 금오산(金鰲山)에 금오서실을 짓고 일생을 마치고자 하였으며,[9] 이어 금오산 남쪽에 있는 용장사(茸長寺)에 수년 동안 기거하면서《금오신화(金鰲新話)》를 집필하기도 하였다. 그에게 '금오산'은 남다른 의미를 지닌 곳이었다.

일찍이 최치원은〈지증대사비명〉에서,

鷄林地在鰲山側　계림의 땅은 오산 곁에 있는데
仙儒自古多奇特　예로부터 선(仙)과 유(儒)에 기특한 이가 많았네.[10]

라고 한 바 있고, 또 그가 당나라에서 귀국하려 할 때 동방(同榜)의 문인이었던 중국인 고운(顧雲 : ?~894)이 지어준 송별시에서도,

我聞海上三金鰲　내 들으니 바다 위에 금자라 셋이 있어
金鰲頭戴山高高　그 머리로 높고 높은 산을 이고 있다네.
山之上兮珠宮貝闕黃金殿　그 산 위에는 주궁·패궐·황금전이 있고
山之下兮千里萬里之洪濤　그 산 아래에는 천리만리의 드넓은 물결이라네.
傍邊一點雞林碧　그 옆에 찍은 듯한 한 점 계림이 푸른데
鰲山孕秀生奇特　오산의 빼어난 기운 기특한 이 낳았도다.[11]

9) 김시습과 경주와의 관계에 대해서는 설중환,〈매월당 김시습과 경주〉(《慶州史學》제16집, 경주사학회, 1997) 참조.
10)《역주 최치원전집(1)》, 286쪽.
11)《삼국사기》권46,〈崔致遠傳〉.

고 한 바 있다. 여기에 나오는 '오산(鰲山)'은《열자(列子)》,〈탕문(湯問)〉편에 나오는 큰 자라 다섯 마리가 떠받치고 있다는 전설상의 산으로 발해(渤海)의 동쪽에 있다고 하는데,[12] 도선적 색채가 농후하다. 이와 같이 금오산은 신라 또는 신라 정신을 대표하는 성스러운 곳이다. 위의 시에서 '오산생기특(鰲山生奇特)'이라 함은 신라와 최치원을 결부하여 '인걸지령(人傑地靈)'을 말한 것으로, 김시습이 금오산에 머물면서《금오신화》를 집필하게 된 배경을 짐작케 한다.

김시습은 은둔한 뒤 유・불・도 삼교의 경계를 넘나들면서 세속사의 모든 기속(羈束)에서 벗어나 자유롭게 생활하였는데 이는 최치원의 말년 행적과 흡사하다. 더욱이 김시습은 최치원의 무덤이 있다고 전해지는 홍산 무량사를 찾아 그곳에서 세상을 떠났다. 김시습은 전국을 돌면서 최치원의 발자취를 찾았고, 최치원의 유적지에 들러서는 시를 남겼다. 아래 소개하는 첫 번째 시는 최치원이 가족을 데리고 입산 은거했다고 하는 해인사에 들러 그가 글을 읽던 바위와 바둑 두던 건물을 보고 감회에 젖어 읊은 것이다. 두 번째 시는 신라 멸망을 지켜보았던 포석정(鮑石亭)에서 풍류진진(風流津津)하였던 옛 광경을 그려 보며, 그런 풍류는 가야산 골짜기에서 선려(仙侶)를 모아 술 마시며 망형(忘形)의 경지에 들었던 최치원과 비교할 수 없다고 강조한 것이다.

書巖碁閣何人住　독서하던 바위와 바둑 두던 전각에 누가 살았나
(원주 : 即孤雲所遊之處)
風伯桐孫偶共談　바람과 오동나무 가지가 우연히 함께 말한다.
客裏計程仍不寐　나그네 심사, 갈 길 헤아리느라 잠 못 이루는데
夜深蘿月照松龕　밤이 깊자 나월(蘿月)이 소나무 곁 감실(龕室 : 탑)을 비추네.[13]

---

12)《列子》,〈湯問〉, "渤海之東, 有大壑焉. 其中有五山, 而五山之根, 無所連著, 常隨波上下往還. 帝恐流于西極, 使巨鰲十五首戴之, 五山始峙."
13)《매월당시집》 제11권, 20a,〈海印寺〉.

會稽修禊飮蘭亭　회계산에서 계제사 지내고 난정에서 술을 마신
千古風流事已冥　천고의 풍류는 이미 아득한 일이라.
何似孤雲聚仙侶　고운이 신선 모아 그들과 짝하여서
伽倻洞裏飮忘形　가야산에서 술 마시며 무아의 경지에 드는 것과 어찌 같으랴.[14)]

다음의 시는 최치원의 무너진 옛집(上書莊인 듯)에 들러 쭉쭉 뻗은 무성한 대나무를 보며 세월의 무상함을 슬퍼한 것이다.

圖書只在故山房　도서는 모두 옛 산방에 있어서
千里遼程意渺茫　천리 머나먼 길 마음이 아득하고 망연할 뿐
朴氏舊城多野草　박씨의 옛 성에는 들풀만이 무성한데
崔公廢宅有脩篁　최공(孤雲)의 무너진 집에는 대숲이 무성하구나.[15)]

이처럼 최치원을 향모했던 김시습이었기에, 그가 전국의 명승 유적을 돌면서 홍산에 최치원의 묘소가 있다는 말을 듣지 못했을 리 없다고 본다. 그에게 최치원의 묘소가 실재하느냐의 여부는 그렇게 중요하지 않았을 것이다. 실재가 아닌 전설이라 하더라도 이러한 전설이 전해 온다는 사실 자체가 중요했다. 따라서 그는 만년에 이르러 최치원의 발자취가 남은 무량사에 머물면서 그곳에서 삶을 마감하였을 것이다. 무량사에 김시습의 부도와 영정이 있는 것도 최치원과 관련이 있다고 하겠다.

고운과 매월! '구름에 달이 가듯', 전호후응(前呼後應)하는 한 쌍의 좋은 짝이라고 생각한다.[16)] 비록 최치원과 김시습 사이의 사상적 맥락을 밝혀 줄 시

---

14) 《매월당시집》 제11권, 20b, 〈流觴曲水舊址〉.
15) 《매월당시집》 제2권, 13a, 〈偶題〉.
16) 김시습이 남긴 시 가운데 '외로운 구름', 즉 孤雲이란 말이 유달리 빈번하게 등장하고, 자신을 자주 '孤雲獨鳥'(獨鳥孤雲)에 비유한 것을 심상하게 보기 어렵다.

원한 단서가 《매월당집》에 명백히 보이지는 않지만, 기록이 없다고 해서 사실이 없다고 단정할 수는 없다. 문집 이외의 다른 자료에서 증언하는 바를 무시해서는 안 된다. 김시습과 율곡 이이와의 관계를 논할 때에도 마찬가지다. 이이와 김시습의 관계는 《율곡전서》에 실린 내용으로만 보면, 명증할 만한 것이 거의 없다. 이이가 선조(宣祖)의 명을 받아 〈김시습전(金時習傳)〉을 찬하였다는 사실을 중시할 수도 있지만, 보는 이에 따라 특별한 의미 부여를 하지 않을 수도 있다. 그런데 이이가 지은 시구 가운데 "나의 전신은 정녕 김시습일 것이요, 금세에 도로 가낭선(賈浪仙 : 賈島)이 되었구나"[17]라고 읊은 대목이 있다. 이 시가 비록 문집에는 실려 있지 않고 또 짧은 일척구(一隻句)에 불과하지만, 이 시를 통해 양자의 사상적 맥락이 확실히 증명된다고 하겠다.

Ⅲ. 무량사와 최치원 그리고 김시습

1. 최치원의 묘소는 홍산 극락사 뒤편에 있었다

충청남도 부여군 외산면 만수리(萬壽里) 만수산에 있는 무량사는 신라 말에 범일국사(梵日國師)가 창건하였다고 한다. 그 뒤 고려 시대에 크게 중창한 것을 비롯하여 여러 차례 중건과 중수를 거쳤다. 신라 말의 성주산문(聖

17) 허균, 《國朝詩刪》 권6, 〈初出山贈沈景混〉 참조(《靑丘風雅 · 國朝詩刪》, 아세아문화사 영인, 1983, 526쪽). 《율곡전서》에는 실려 있지 않은데, 이 시를 처음 말한 사람은 西厓 柳成龍이다. 유성룡의 제자인 허균이 《국조시산》에 실었다. 후일 숙종조에 이르러 노론 측이 이 시에 대해 위작 시비를 제기하였다(《숙종실록》, 26년 2월 26일 辛卯條 참조). 유성룡과 허균이 율곡 이이를 욕보일 생각에서 이 위작된 시를 실러 傳布하였다는 것이다. 그러나 필자는 허균의 大手公眼을 의심하지 않는다. 그리고 진위 여부를 떠나 이 시를 통해 이이가 〈김시습전〉을 찬하게 된 이유와 사정을 짐작할 만하다. 賈島는 처음에 佛門에 들어 법호를 無本이라 하였다가 환속하여 進士가 되고 長江主簿를 역임했다. 유성룡, 《雲巖雜錄》, 〈李叔獻〉, "李珥字叔獻, …… 有前身定是金時習, 今世還爲賈浪仙之句"(《대동야승》 제55권, 조선광문회본, 113쪽).

住山門)의 개산조(開山祖)인 대낭혜화상(大朗慧和尙) 무염국사(無染國師 : 800~888)가 이곳에 머물렀고,[18] 조선 시대에 매월당 김시습이 이곳에서 말년을 보내다가 입적한 것은 잘 알려진 사실이다. 율곡(栗谷) 이이(李珥 : 1536~1584)의 〈김시습전〉에는 다음과 같이 되어 있다.

> 홍치(弘治) 6년(1493)에 홍산 무량사에서 병들어 누웠다가 삶을 마치니 나이 59세였다. 유언으로 화장하지 말라 하여 임시로 절 곁에 묻었다. 3년 뒤에 장사 지내려고 그 빈소(殯所)를 여니 얼굴빛이 산 것 같아서 중들이 놀라 감탄하며 모두들 부처라 하고, 끝내 그 교(敎)의 다비(茶毘)의 예식대로 하여, 그 뼈를 모아 부도(浮圖)를 만들었다.[19]

김시습이 무량사에 있을 때 지은 시문이 적지 않을 것으로 생각하지만, 현재 분명한 것은 그리 많지 않다. 이 가운데 시 한 수를 소개한다.

> 春雨浪浪三二月 봄비가 낭랑하게 2, 3월에 내리는데
> 扶持暴病起禪房 모진 병에도 몸을 부지하여 선방에서 일어났네.
> 向生欲問西來意 삶의 의지를 가지고 서래의(西來意)를 물으려 하는데
> 却恐他僧作擧揚 도리어 다른 중들이 칭찬하여 높일까 두렵네.[20]

이 시는 904년 무렵, 산중에서 거사 생활(居士生活)을 하던 최치원이 수년 동안 종창(腫脹)과 관절염 등으로 짐작되는 병마와 힘겹게 싸워오면서도, 동복형 현준(賢俊) 스님의 부탁을 받아 법장화상(法藏和尙) 현수(賢首)의 전기를 기초하였던 것[21]을 연상하게 한다.

---

18) 權相老,《한국사찰전서》 상권, 동국대학교 출판부, 1979 참조.
19)《율곡전서》 권14, 27a,〈金時習傳〉.
20)《梅月堂詩集》 제7권, 2b,〈無量寺臥病〉.

때는 천복(天復) 4년 갑자(904)에 시라국(尸羅國) 해인사 화엄원(華嚴院)에서 난리도 피하고 병도 요양하여 두 가지 편리를 도모했다. 비록 하계(下界)에 태어났지만, 다행히 높은 재실(齋室)에 의지하여 뭇 봉우리와 평읍(平揖)하면서 세상일을 멀리 던져 버렸다. …… 게다가 또한 몸마저 병이 들어 눈은 뜸질하는 데 피로했는데, 이로써 보금자리에는 꽃물[華水]이 가득하고, 창구(窓口)로는 쑥뜸을 뜨는 연기가 뭉게뭉게 피어오르도록 했다. 삶이 귀찮아 더러 몸을 태워 버리려는[焚軀] 생각까지 있었다. 문병하는 이가 많았지만 모두들 (악취에) 코를 가릴 뿐 뉘라서 냄새나는 사람을 따라 다니겠는가. 부질없이 바닷가에 악취나 풍기는 한 풀이 된 것[海畔一蕕]을 부끄러워 하지만, (좋은) 향기를 훔침이 없는지라 산중에서 거처할 곳을 택할 수[山中三嗅]도 없었다. 이 전(傳)을 수찬(修撰)함에 미쳐 자임(自任)하는 생각을 더욱 품게 되자, 수족(手足)이 상할까 하는 걱정이 있어 글을 쓰는 데 기분이 좋지 못하였다.[22]

최치원은 한때 삶이 싫어져 분신(焚身 : 燒身)하려는 생각까지 가졌던 것 같다. 그러나 그는 곧 삶을 버리려는 생각을 거두고 다시 학자 본연의 자세로 되돌아와, 법장화상 현수의 전기를 완성하는 것으로써 자기의 마지막 임무를 삼았다. 그가 지극히 불편한 몸으로 집필을 시작하여 완성을 고했던 것은 김시습이 시에서 '서래의를 묻고자 했다'는 그 심정이 아니었을까?

위의 시에서 '서래의'란 일반적으로 '조사서래의(祖師西來意)'[23]의 준말로

---

21) 〈法藏和尙傳〉, "恭以師兄大德, 玄準爲名, 仍以大乘遠爲別號. 體葉偈之旅, 首華嚴之座 …… 以致遠嘗宦玉京, 濫名金牓, 聊翻鴃語, 或類象胥. 遂命直書, 難從曲讓"(《역주 최치원전집(2)》, 356쪽).

22) 〈法藏和尙傳 後序〉, "于時天復四春, 枝幹俱首, 於尸羅國迦耶山海印寺華嚴院, 避寇養痾, 兩偸其便. 雖生下界, 幸據高齋, 平揖群峯, 敻拋世路. 而所居丈室, 密邇蒙泉, 韶光煦然, 潤氣蒸兵, 衣如遊霧露, 座若近陂池. 加復病躬目勞燒炙, 是使棲闃華水, 窓菲艾煙, 厭生而或欲焚軀志. 問疾者多皆掩鼻, 有誰逐臭, 空慚海畔一蕕, 無所竊香, 莫遂山中三嗅. 及修斯傳, 自責增懷, 傷手足虞, 含毫不快"(《역주 최치원전집(2)》, 358~360쪽).

23) 達磨가 西土(인도)에서 중국으로 온 뜻이란 말. 불교의 根本義 또는 禪의 진면목을 뜻하

사용되지만, 이를 중의적(重意的) 표현으로 볼 수 있다면 김시습 자신이 동도(東都 : 경주)에서 '서쪽에 있는 무량사로 오게 된 뜻'이라고도 해석할 수 있다.[24] 그렇다면 김시습이 말한 '서래의'의 의미에 더욱 주목할 수밖에 없다.

그런데 여기서 주목을 끄는 것 가운데 하나가 신라 말기의 대석학 최치원이 호서(湖西) 지방을 유력(遊歷)하다가 세상을 떠난 뒤 홍산 극락사(極樂寺) 뒤편 산기슭에 묻혔다는 사실이다. 역대 문헌을 상고할 때 홍산에는 극락사란 절이 없지만, 무량사가 예로부터 호서의 명찰 가운데 하나였고 또 그 주된 건물이 극락전(極樂殿)인 점을 감안할 때 극락사는 곧 무량사일 것이다. 그동안 최치원의 생애 말년에 대해서는 사료마다 기록이 달라서 설왕설래가 많았다. 먼저 《삼국사기》의 기록을 보면 다음과 같다.

> 치원이 서쪽으로 가서 당나라에서 벼슬하다가 동쪽 고국으로 돌아오니, 모두 어지러운 세상을 만나 운수가 막혀 움직이면 문득 허물을 얻게 되었으므로 스스로 때를 만나지 못함을 슬퍼하며, 다시 벼슬할 뜻을 가지지 않았다. 그는 유유히 마음대로 생활하며, 산림 아래와 강과 바닷가에 누각과 정자를 짓고 송죽(松竹)을 심고, 책 속에 파묻혀 풍월을 읊었으니, 경주 남산(南山), 강주(剛州)의 빙산(氷山), 합주(陜州 : 합천)의 청량사(淸涼寺), 지리산 쌍계사(雙溪寺), 합포현(合浦縣 : 마산)의 별서(別墅)가 모두 그가 놀던 곳이다. 최후에는 가족을 데리고 가야산 해인사에 숨어 살았는데, 동복 형인 중 현준 및 정현(定玄) 스님과 도우(道友)를 맺어 휴식하고 한가히 지내면서 여생을 마쳤다.[25]

즉, 최치원이 말년에 은둔하여 종언을 고한 장소가 가야산 해인사라는 것

기도 한다.

24) 箕子東來라 할 때 이는 기자가 '동쪽에서 왔다'는 뜻이 아니고 '동쪽으로 왔다'는 뜻이다. '西來' 역시 '서쪽으로 왔다'는 뜻으로 사용할 수 있음 직하다.

25) 《삼국사기》 권46, 〈최치원전〉.

이다. 그러나 고려 중기의 문인 이인로(李仁老)의 《파한집(破閑集)》을 보면, 최치원이 신선이 되어 승천한 것 같다고 하였다.

> …… 벼슬에 뜻이 없어 가야산에 은거하다가 어느 날 아침 일찍 문을 나간 뒤, 그가 간 데를 알 수 없었다. 관(冠)과 신발을 숲 속에 남겨 놓았으므로, 아마 신선이 되어 올라간 것 같다. 절의 스님들이 그날로써 명복을 빌었다. 공의 구름 같은 수염과 옥 같은 뺨에는 항상 백운(白雲)이 그 위를 덮고 있었으므로, 진상(眞像)을 그려 독서당(讀書堂)에 두었는데, 아직까지도 그대로 보존되어 있다.[26]

최치원이 신선이 되었다는 설은 이후에 많은 문헌을 통해 상당히 넓게 펴져 있다. 그러나 이것은 아무래도 최치원의 말년을 안타깝게 여긴 후인들이 꾸며 낸, 일종의 설화라 하겠다.

그런데 조선 말기에 이르면 최치원의 묘소에 대하여 언급하는 이들이 등장한다. 그 대표적인 인물이 바로 풍석 서유구와 오주(五洲) 이규경(李圭景 : 1788~1856)이다. 서유구는 〈교인계원필경집서(校印桂苑筆耕集序)〉에서,

> 공은 국신사(國信使)에 충원되어 고국에 돌아와 헌강왕과 정강왕을 섬겼으며, 한림학사 병부시랑이 되었다가 외직으로 나가 무성태수(武城太守 : 太山郡太守)가 되었다. 진성왕 때 가족을 이끌고 강양군(江陽郡 : 합천) 가야산에 들어가 생애를 마쳤다. 호서의 홍산(鴻山)에 장사 지냈다. 어떤 사람들은 공이 우화등선(羽化登仙)했다고들 하는데 이는 잘못이다.[27]

---

26) 《파한집》 卷中, 제23칙(《고려명현집》 제2권, 성균관대학교 대동문화연구원 영인, 1986, 95쪽).

27) 《계원필경집》, 〈서문〉, "…… 充國信使東歸, 事憲康王定康王, 爲翰林學士兵部侍郎, 出爲武城太守. 眞聖時, 挈家入江陽郡伽倻山, 以終焉. 葬在湖西之鴻山, 或謂公羽化者妄也."

고 하였으며, 또 《임원십육지(林園十六志)》, 〈동국금석(東國金石)〉, '최치원 묘비'[28]조에서도 '묘재홍산설(墓在鴻山說)'을 부연하였다.

> 崔致遠墓碑【三韓金石錄】額孤雲自筆, 陰記崔興孝, 書在鴻山極樂寺後【評】陰記鍾體拙

그는 《삼한금석록》을 인용하여 '최치원 묘비의 제액(題額)은 최치원의 자필이며 음기는 조선 초기의 명필 최흥효가 쓴 것이다'고 하면서 '글씨는 종요(鍾繇)의 서체로 고졸(古拙)하다'는 평까지 구체적으로 덧붙였다. 서유구가 인용한 《삼한금석록》은 오경석(吳慶錫 : 1831~1879)이 철종 9년(1858)에 펴낸 것과 동명이서(同名異書)로 보인다. 그런데 이 책을 인용한 데 이어 비문 글씨에 대한 평까지 곁들인 것을 보면, 단순히 전해 들은 것은 아니고 실제로 비문의 글씨를 보았을 가능성이 있다.[29] 비문 글씨를 직접 보았다면 최치원의 묘소가 있다는 설에 신빙성이 적지 않다고 생각한다.

오주 이규경도 〈최문창후사적변증설(崔文昌侯事蹟辨證說)〉(《오주연문장전산고》, 권49)에서 서유구와 똑같은 주장을 하였다. 다만 최치원이 신선이 되어 승천했다는 설을 의식한 듯, 홍산현에 있는 최치원의 무덤은 진짜 무덤이 아니고, 그의 학덕을 기리는 후학들이 만든 무덤일 수도 있다는 의문을 던졌다.

> …… 무성태수(武城太守)로 나갔다가 스스로 불우(不遇)를 개탄하여 가족과 함께 강양군 가야산에 들어가 일생을 마쳤다. 묘는 호서의 홍산현(鴻山縣) 극락사(極樂寺) 뒤에 있다(夾註 : 비가 있는데 碑額은 공의 자필이고 陰記는 崔興孝가 썼다).

---

28) 《林園十六志》 怡雲志 권5, 〈藝翫鑑賞〉, 附東國金石(민속원 영인본 제5권, 2005, 364쪽).

29) 비의 음기를 조선 초기의 서예가 月谷 崔興孝가 썼다고 하는 것에 대해 의문을 표하는 사람도 있는 듯하다. 최홍효가 강릉의 '崔參判致雲碑'를 쓴 적이 있는데, 이 최치운의 비를 최치원의 비로 혼동하였을 가능성이 있다는 점에서이다. 그러나 이것은 서유구의 학자적 자질을 과소평가한 것이라고 본다.

> 세상에서는 공을 선학(仙學)의 원조라 하여 선학을 수련하여 신선이 되어 갔다고 하는데, 홍산현에 있다는 묘는 마치 교산(喬山)에 황제(黃帝)의 묘가, 주질(盩厔)에 노자(老子)의 묘가 있다는 이야기와 같은 것이다.[30]

그렇다면 서유구와 이규경은 어떤 연유로 이처럼 한 입에서 나온 것과 같은 주장을 하였는가. 그 이유는 두 사람이 최치원의 《계원필경집》을 간행하는 일에 동참한 데서 찾을 수 있다. 이규경은 실학자 청장관(青莊館) 이덕무(李德懋 : 1741~1793)의 손자로 '박학군자'라고 일컬어졌는데, 《계원필경집》 간행에 교열과 감동(監董)의 책임을 맡아 동참하였다. 그는 서유구의 집안과 서로 세교(世交)가 있었던 듯하다.

잘 알려진 바와 같이 《계원필경집》은 현재 우리나라 최고(最古)의 문집이다. 헌강왕 11년(885) 29세의 나이로 당나라에서 신라로 귀국한 최치원이 그 이듬해인 정강왕 1년(886)에 손수 편집하여 임금에게 올린 것이니, 지금으로부터 1천 1백여 년 전의 일이다. 그런데 이 《계원필경집》은 오랜 세월을 전해 내려오면서 온갖 간난신고를 겪어 전승이 끊어지다시피 하였으며, 간본(刊本)과 필사본 일부가 어렵게 명문가에 수장되어 왔던 것 같다. 《계원필경집》은 19세기 초까지도 일반에는 이미 없어진 책으로 알려져 있었다. 이것은 연암(燕巖) 박지원(朴趾源 : 1737~1805) 같은 박학자도 예외가 아니었으니, 이는 다음의 기록으로 알 수 있다.

> 《당서》, 〈예문지〉 가운데 "신라 최치원의 《계원필경》 4권"이란 글이 적혀 있다. 뒷날의 저서가들이 이 서목(書目)을 인용하였지만 그 내용은 보이지 않는다. 책이 없어진 지 오래된 모양이다.[31]

---

30) 李圭景, 《五洲衍文長箋散稿》 권49, 〈崔文昌侯事蹟辨證說〉.

31) 《燕巖集》 권14, 89b, 《열하일기》, 〈口外異聞〉, "唐書藝文志, 有新羅崔致遠桂苑筆耕四卷, 而後來著書家引用書目, 無見焉. 書亡當久"(문집총간 제252권, 302쪽).

그러다가 조선 순조 34년(1834)에 당시 전라도 관찰사로 있던 풍석 서유구가 연천(淵泉) 홍석주(洪奭周 : 1774～1842)에게서 홍씨 가문에 세전(世傳)되어 오던 《계원필경집》 원본을 얻어 1백 부를 간행하기에 이르렀다. 서유구의 〈교인계원필경집서〉에 의하면, 그는 순조 33년(1833) 가을에 전라도 관찰사로 있을 적에 지방을 순시하다가 태인(泰仁)에 이르러 무성서원(武城書院)을 봉심(奉審)하고 석구(石龜) 유상대(流觴臺)를 돌아보면서 감개에 젖은 적이 있었다. 그때 홍석주가 이 책을 부치며 "이것은 천년토록 끊어지지 않고 실낱같이 내려온 문헌이다. 그대가 고서를 유통시킬 생각이 없는가"라고 권고하였다. 이에 공벽(拱璧)을 얻은 듯하여 오래되면 유실될까 염려하여 급히 교정을 하고 주자(鑄字)를 모아 인쇄하였고, 이를 무성서원과 합천 가야산에 나누어 간직하였다고 한다.

서유구는 홍석주에게서 비전(秘傳)의 《계원필경집》을 얻어 간행한 뒤 홍석주에게 서한을 보내, 9백 년 전의 문헌이 실낱같이 전해지다가 다시 세상에 빛을 보게 된 기쁨을 술회하면서, 최치원의 유문(遺文)이 방간에 적지 않게 남아 있을 터인데 이를 모아서 엮을 겨를이 없음을 한탄하기도 하였다.[32) 홍석주 역시 서유구에게 《교인계원필경집》의 서문을 부탁받고, 최치원이 동방 문학에 끼친 공과 《계원필경집》의 역사적 의의에 대해 논한 바 있다.[33)]

이상 살펴본 것과 같이 서유구·이규경의 학자적 자질이나 최치원에 대한 향모심, 관심도 등에 비추어 볼 때, 최치원의 묘가 홍산 극락사 뒤편에 있다는 설은 단순히 소문을 듣고 이를 문적(文籍)에 올린 것으로 보기는 어렵다

32) 《楓石全集》 金華知非集 권3, 〈與淵泉洪尙書論桂苑筆耕書〉, "據唐志是集之外, 又有文集三十卷, 此皆東還後作, 而今已散佚無傳. 惟嶺湖之間, 久遠石刻, 大抵多孤雲撰. 若今廣蒐博訪於梵宮祠墓之間, 尙可得數十篇, 彙附原集, 庶可存什一於千百, 而卒卒未暇, 可恨也"(문집총간 제288권, 377쪽). 〈校印桂苑筆耕集序〉에서도 "東還後著作, 散逸無傳, 惟有梵宮祠廟之間, 披林藪, 剔苔蘚, 尙可得十數篇, 彙附原集, 剞劂壽傳, 余竊有志而未遑云."이라 하였다.

33) 《淵泉集》 권17, 〈答徐觀察準平書〉(문집총간 제293권, 383～384쪽) 참조.

고 생각한다.

2. 홍산 극락사는 오늘의 무량사이다

앞에서 말한 홍산현 극락사는 《신증 동국여지승람》 권19, 홍산현, 〈불우(佛宇)〉조에 보이지 않는다. 다만 홍산[34]의 명찰인 만수산 무량사가 아미타불(阿彌陀佛)을 주존(主尊)으로 모시고 또 법당 이름이 '극락전'인 점에 비추어 볼 때, 서유구나 이규경이 말하는 홍산 극락사는 바로 무량사를 가리킨다고 보아도 틀림이 없을 것이다.

최치원의 묘가 홍산에 있다는 설에 주목하고, 묘소를 찾기 위해 노력한 인사로는 국립부여박물관장을 지낸 고 연재(然齋) 홍사준(洪思俊 : 1905~1980)을 먼저 꼽아야 할 듯하다. 그는 '최치원의 묘소가 홍산 모처에 있다'는 말을 전 교육장을 지낸 이만승(李萬承) 등 부여군 홍산면에 사는 사람들에게 직접 들은 바 있다고 하면서 묘소를 찾기 위해 상당히 노력했음을 밝힌 바 있다. 그가 남긴 논고 한 대목을 인용하기로 한다.

> 서기 1971년도 무량사 석탑을 보수할 때 필자가 공사 책임을 맡고 동사(同寺)에 이순(二旬)을 체재(滯在)한 일이 있었다. 그 때 지방 인부에게 극락전 서편 영산전(靈山殿) 후측(後側)에 고총(古冢) 유무를 알아본 일이 있었는데, 부락 인부의 말이 고분 1기가 있는데, 지금도 그 위를 굴러보면 '쿵쿵' 소리가 난다는 말에서 가보았으나, 그 때는 여름이라 초목이 무성한 잡초로 도(되?)여서 확인을 못하였고, 다만 이후 비석편(碑石片)이 있을 것을 당부하여 주의를 기울리란 말만 부탁을 하였으나, 그 후 비편을 찾았다는 전신(傳信)을 듣지 못하였다. 영산전 후록(後麓)은 만수산으로, 표고(標高) 575미터, 동방을 면(面)해서 산록이 완만한 5~6000평의 산전

34) 지금은 행정구역상 부여군 외산면에 속한다.

(山田)이 되나 무량사의 주맥을 이루고 있다. 조선조 영·정조 시대까지도 최치원 자필(自筆)의 비문을 중히 알고서 비석 위치를 《금석총목(金石總目)》에 기록하였으나, 어느 때인가 이 비석이 유실(流失)한 것인지 알 수 없고, 묘소마저 그 위치를 알(잃?)게 되며, 그 묘소의 유무조차 후세에 전하지 않게 됨은 유감이 아닐 수 없는 것이다. 그래서 묘소와 묘비는 고고학적인 발굴조사에 맡길 수밖에 없는 오늘의 형상이라 하겠다.[35)]

한편 홍사준은 최치원의 묘소가 홍산에 있다는 말과 관련하여, 최치원이 고종명(考終命)한 곳이 합천 가야산이라는 《삼국사기》의 기록에 대해서도 다음과 같이 해석하였다.

종신(終身)은 합천에서, 묘는 홍산에 있다는 말에는 합천과 홍산의 거리로 보나 당시 교통수단을 생각할 적에 불가능한 점이 있어서, 강양군(江陽郡 : 합천)의 가야산이 아니고, 혹은 예산군 고덕(古德)의 가야산이 아닐까도 추측되며, 서산(瑞山)과 예산군 고덕과를 연(連)한 가야산의 북맥(北脈) 상왕산(象王山)의 보현사(普賢寺)[36)]에서 종신한 것을, 가야산은 예산 가야산보다도 합천의 가야산이 유명하고, 고운 선생이 입산하였다는 데서 합천으로 오기(誤記)하였던 것이 아닐까 생각되는 것이다.[37)]

홍사준의 말대로 충청도 가야산 부근에는 최치원의 유적지로 알려진 곳이 적지 않게 있다. 먼저 서산은 신라 시대 부성군(富城郡)으로 진성여왕 7년(893) 무렵, 최치원이 부성군 태수로 있었음은 《삼국사기》 열전이 증명한다. 현재 서산시 운산면 용현리 상왕산(象王山)[38)]에 있는 보원사는 최치원 당시

35) 홍사준, 〈최치원 선생의 일생〉, 《향토연구》 제7집, 충남향토연구회, 1985, 39쪽.
36) 普願寺의 잘못인 듯.
37) 홍사준, 앞의 글, 39쪽.

에 강당사(講堂寺)라고도 불렀다고 하는데, 전해오는 바에 의하면 이곳에서 최치원이 세상을 떠났다고도 하며 최치원이 짓고 김생(金生)이 쓴 강당사비가 있었다고 한다.[39] 김생은 최치원보다 앞선 시기의 인물이므로 집자(集字)한 글씨일 수 있다. 위 인용문에서 홍사준이 '상왕산 보원사'를 언급한 것은 이러한 사정을 염두에 두고 한 말이다. 그리고 보령 남포(藍浦)의 성주사(聖住寺)는 구산선문(九山禪門)의 하나이며 최치원이 비문을 찬한 대낭혜화상 무염국사의 주석지(駐錫地)로 유명한데, 이곳에도 최치원의 말년 행적과 관련한 전설들이 전해 온다. 보령 성주사와 홍산 무량사는 산봉우리 하나를 사이에 두고 동서로 15리 미만의 거리에 있다. 이뿐만 아니라 무량사와 가까운 홍성군 장곡면(長谷面) 일대에도 최치원의 유적지로 전해지는 곳이 있어 세인들의 주목을 끈다.

이와 같은 점으로 미루어 볼 때, 최치원이 호서 지방에서 세상을 떠났고 또 그의 묘소가 홍산 무량사에 있다는 것을 꼭 전설상의 일로 치부할 일만은 아닐 듯하다. 앞으로 이에 대해 더 연구할 가치가 있다고 생각한다.

Ⅳ. 맺음말

이상에서 우리나라 유・불・도 교섭사에서 우뚝한 자리를 차지하는 최치원・김시습의 사상적 발자취를 논하였으나, 관련 자료가 풍부하지 못해 충분한 고증이 이루어지지 못한 점은 독자들의 이해를 바란다. 미진한 대목은 좀 더 시간을 두고 보완할 것을 다짐하며, 고운 사상의 전승을 추적하는 필자의 작업은 앞으로 계속 이루어지리라는 점을 밝혀 둔다.

만수산 무량사는 단순히 김시습이 만년에 한때 머물다가 세상을 떠난 사

38) 가야산이라고도 불렀다 한다(《湖山錄》, 〈山川〉조 참조).

39) 《林園十六志》 怡雲志 권5, 〈藝翫鑑賞〉, 附東國金石 "講堂寺碑 【又】 崔致遠撰, 金生書. 書在海美伽倻山講堂洞"(민속원 영인본 제5권, 2005, 364쪽).

찰이 아니다. 김시습이 사상적으로, 인격적으로 가장 흠모했던 최치원이 그곳에 묻혀 있으며, 사상적 고향인 최치원의 발자취를 찾아 전국을 떠돌던 김시습이 머물러 수도하다가 그 자신 역시 그곳에 묻혔다. 이로써 우리는 최치원에 대한 김시습의 사상적 교감과 추숭(追崇)의 정도가 어떠한지를 짐작할 만하다.

최치원의 묘소가 무량사 뒤편 산기슭에 있다고 한 것은, 조선 말기의 실학자인 풍석 서유구와 오주 이규경이 마치 한 입에서 나온 것처럼 일치되게 증언하였다. 이들의 학문 성향이나 학자적 위치에 비추어 볼 때, 이것은 예로부터 방간에 전해 오던 풍설(風說)을 무책임하게 그대로 기록한 것은 아니라고 본다. '최치원의 묘가 홍산에 있다'는 설은 고운 사상이 후세에 전승되는 과정에서 생긴 그 역사적 맥락을 도외시하고는 제대로 이해하기 어렵다.

설령 백 보를 양보하여 최치원의 묘소가 이곳에 있지 않고 전설상의 이야기라고 하더라도, 왜 이곳에 묘소가 있다는 전설이 생기게 되었는지를 파헤치는 작업도 중요하다고 본다. 김시습이 무량사에 온 것은, 최치원과 김시습의 사상적 맥락에 비추어 볼 때, 자신의 사상적 고향을 찾아온 것이다. 그러므로 양자 간의 사상적 맥락은 최치원의 묘소가 무량사 뒤편에 있건 없건 관계없이 변함이 없다고 할 것이다.

전국적으로 최치원의 유적지가 많이 있지만, 최치원의 묘소와 김시습의 부도가 함께 있는 무량사는 역사적으로 의미가 깊은 곳이다. 이 무량사를 정신사적 도량(道場)으로 만들어 후인들을 교육하는 장소로 이용하는 문제를 다각도로 검토할 필요가 있다.

제3장
최치원 연구의 사적(史的) 계통
호남 지방의 불교 학맥과 관련하여

Ⅰ. 머리말

고운 최치원은 유・불・도 삼교가 극점에서 하나로 회통한다는 '삼교회통론'의 선구자로 자리매김된다. 그는 '삼교'라는 당시의 보편적 가치 기준을 주형(鑄型)으로 우리 고유 사상의 실제를 해석하였고, 그 자신이 풍류도의 구현자로서 생애를 보냄으로써 각 종교 간의 대립과 갈등을 해소하는 데 큰 구실을 하였다. 민족 주체 의식과 문명 지향 의식의 측면에서도 후대에 적지 않은 영향을 끼쳤다.[1)]

고려 시대만 하더라도 최치원을 사숙(私淑)하거나 사상적 영향을 받은 사람들이 상당하였을 것으로 짐작한다. 이것은 고려 시대에 삼교가 큰 갈등이나 대립 없이 공존하였기 때문이다. 다만 문헌이 많이 사라져 제대로 살피기 어려운 점은 있다. 조선 시대는 유교, 특히 성리학의 전성기였으므로, 최치원이 불교와 도교를 섭렵했던 사실 자체가 공격과 비난의 대상이었고, 최치원의 유학 사상 역시 도학(道學)이 아니라 하여 보잘 것 없는 것으로 폄하되었다. 따라서 조선 시대에는 최치원의 사상에서 영향을 받은 사람들이 별로 많지 않은 듯하다.

1) 최영성, 《최치원의 철학사상》, 497쪽 참조.

최치원의 사상은 위로는 삼교에 통효(通曉)했던 원효(元曉)와 같은 선학(先學)으로부터 많은 영향을 받았고,[2] 그 자신은 후대에 백운거사 이규보, 졸옹(拙翁) 최해(崔瀣), 매월당 김시습, 청허당(淸虛堂) 휴정(休靜), 연담(蓮潭) 유일(有一), 수운(水雲) 최제우(崔濟愚), 일부(一夫) 김항(金恒) 등 삼교 회통 내지 조화를 주장하는 학자·종교인들에게 직·간접적으로 영향을 끼쳤다. 또한 북학 사상에도 선구적 구실을 함으로써 독특한 사상적 맥락을 이루었다. 이뿐만 아니라 최치원은 한국 도교사에서 우리나라 도맥(道脈)의 중추적인 인물로 받들어지고 있는데, 이는 사실 여부를 떠나 사상사적으로 적지 않은 의의를 지닌다.

그런데 위에 소개한 청허당 휴정의 경우, 그 자신이 사상적 종교적으로 최치원과 전호후응(前呼後應)하는 관계임을 밝혔고, 후대에 최치원 사상을 학문적으로 접근하고 연구하는 기풍을 정립한 선구자로 자리매김된다. 근자에 유영봉(劉永奉)이 발표한 〈서산대사가 조선 중기 불교계에 불러일으킨 '최치원 바람'〉[3]이란 논고에서는, 서산대사의 사상사적 맥락을 최치원과 관련지어 논하고, 그가 《사산비명》의 가치를 새롭게 인식하여 불교계에 널리 보급함으로써, 최치원 사상에 대한 학문적 연구의 터전을 마련했다고 평가한 바 있다.

이처럼 조선 중기부터 최치원의 《사산비명》이 불교계의 주목을 받는 등, 최치원에 대한 연구의 기틀이 마련되기 시작했다. 주로 호남 지방을 중심으로 이러한 분위기가 형성되었으며, 이것이 역사적으로 하나의 맥락을 이루어 오늘에 이르기까지 호남 지방이 최치원의 학문과 사상에 대한 연구 기반을 이루었음은 주목할 만한 사실이 아닐 수 없다. 최치원이 경주 출신으로 경주를 중심으로 정치·학문 활동을 전개해 왔던 것에 비하면, 호남 지방에서 최

---

2) 원효의 삼교관에 대해서는 류승국, 〈신라시대에 있어서 儒·佛·道 삼교의 교섭에 관한 연구〉(《학술원논문집》, 인문·사회과학편 제35집, 1996) 참조.

3) 《한문학보》 제12집, 우리한문학회, 2005.

치원 연구의 기풍이 형성되었던 것은 의외의 일로 비칠 수도 있다. 제3장에서는 최치원 연구의 역사적 계통에 대해 살펴보고, 특히 호남 지방에서 연구의 기풍이 일어나 그 전승이 연면히 이어져 온 것에 대하여 밝히고자 한다. 본 장은 최치원에 대한 연구사적 차원에서 고찰한 것임을 밝혀 둔다.

Ⅱ. 《사산비명》의 주석사(註釋史)와 호남 지방

최치원의 《사산비명》에 대한 제가(諸家)의 주석이 몇 종이나 되는지 정확히 파악하기는 어렵다. 많은 주해본[4]이 방간에 전하고 있는데 그 중 다수가 호남 지방에 전한다. 그 가운데 기본이 되는 것으로 평가받는 철면노인(鐵面老人)의 주(註), 몽암(蒙庵)의 《해운비명주(海雲碑銘註)》, 거사(居士) 홍경모(洪景謨)의 주, 범해(梵海) 각안(覺岸)의 《사산비명주》, 석전(石顚) 정호(鼎鎬：朴漢永)의 《정주사산비명(精註四山碑銘)》 등이 모두 호남 지방과 관련이 있다. 그리고 중관(中觀) 해안(海眼)이 《화엄사지(華嚴寺誌)》, 《죽미기(竹迷記)》[5] 등에 최치원의 불교 관계 자료를 실어 오늘에 전하게 한 것이라든지, 다산(茶山) 정약용(丁若鏞：1762～1836)이 《대동선교고(大東禪敎考)》를 편찬할 수 있었던 것도 호남 지방 불교 교단의 분위기에 기인했던 측면이 크다.

《사산비명》은 최치원이 '삼승일사(三僧一寺)'를 위해 찬한 네 편의 비문이다. 신라 하대의 불교사를 비롯하여 여러 면으로 자료적 가치가 높다. 이 네

---

4) 거의 필사본이다. 주해본에 대한 소개는 金知見의 《사산비명 集註를 위한 연구》(한국정신문화연구원, 1994, 15～16쪽), 최영성의 《역주 최치원 전집(1)—四山碑銘》(아세아문화사, 1998, 17～22쪽) 참조. 영남 지역에서 나온 주해본으로 祇林寺 소장본(서명은 《孤雲集》)이 있는데, 이것은 기존의 주해본을 1933년 조선총독부 박물관 慶州分館에서 謄寫한 것이다(李泳鎬, 〈금석학 연구법〉, 《상주문화연구》 제14집, 상주대학교, 2004, 134쪽).

5) 중관 해안이 엮은 '대둔사 사적기'의 하나. 인조 17년(1639)에 완성되었다. 현존하는 대둔사 사적기 가운데 가장 오래된 것이다.

비문을 한 권의 책으로 독립시켜 보급한 사람이 누구인지 정확히 알 수는 없지만, 여러 정황상 서산대사 아니면 그의 제자인 중관 해안임에 틀림없을 것이다. 육당(六堂) 최남선(崔南善)은 《조선상식문답》에서 다음과 같이 말하였다.

> 《사산비명》은 우리 광해주(光海主) 전후에 철면노인(鐵面老人)이라는 이가 《고운집》 중에서 뽑아내어 '사산비명'이라고 이름하여 불교 학인에게 송습(誦習)하게 함으로부터 드디어 불교 학인의 과외독본(課外讀本)을 이루고, 순조·헌종의 간(間)에 거사(居士) 홍경모(洪景謨)가 여기 주해(註解)를 더하여 유행이 더 넓어졌더니, 근래 석전노사(石顚老師)가 다시 정주본(精註本)을 만들어서 문의(文義)를 알기가 아주 편해졌습니다.[6]

여기서 '철면노인'이 누구인가. 종래 이에 대해서 정확히 알려지지 않았다.[7] 그런데 필자가 1987년에 《사산비명》을 역주하면서 철면노인('鐵面老子'라고도 함)이 조선 선조에서 인조 연간의 고승인 중관자(中觀子) 해안(海眼 : 1567~?)임을 밝힌 바 있다. 해안의 《중관대사유고》를 보면 〈속리산대법주사대웅대광명전불상기(大雄大光明殿佛相記)〉 말미에서 '철면중관자기(鐵面中觀子記)'라 하였고, 또 〈관음다라니후발(觀音陀羅尼後跋)〉의 말미에서 '철면옥정발(銕面玉井跋)'이라 하였으며, 〈대은암설(大隱庵說)〉에서도 자신을 일러 '운거철면중관선자(雲居鐵面中觀禪子)'라 하였다.[8] 또 중관 해안이 인조 14년(1636) 70세 때 엮은 《지리산화엄사사적(智異山華嚴寺事蹟)》의 발문을

6) 최남선, 《朝鮮常識問答》 속편(《육당 최남선 전집》 제3권, 현암사, 1974, 135쪽). 《사산비명》의 유래에 대해 최남선이 소상히 알 수 있었던 것은 근세 불교계의 大講伯으로 '華嚴宗主'라 불렸던 석전 박한영의 교시 덕분이라고 믿는다. 최남선은 석전 박한영의 문하에서 배웠으며 친분이 두터웠다. 박한영은 《사산비명》 精註本을 낸 인물이다.

7) 石顚上人(박한영)도 철면노인이 중관 해안인지를 미처 몰랐던 것 같다. 그는 〈精校四山碑銘注解緣起〉에서, "按此四碑銘, 在明萬曆間, 號鐵面老人者, 於孤雲集中, 選出編寫." 운운하고는 철면노인이 누구인지는 언급하지 않았다.

8) 《中觀大師遺稿》(《한국불교전서》, 제8책, 동국대학교 출판부, 1993), 217~219쪽 참조.

보면 스스로 다음과 같이 적었다.

> 숭정(崇禎) 9년 병자 11월 동짓날[南至]이라. 고묘봉(高妙峯) 아래 오유향(烏有鄕)의 향중(鄕中)인 중관철면(中觀鐵面)은 세도(世道)에 기인(畸人)이요 나이 칠십이 되도록 철면피[强顔]로 살아왔다. 불교[西學]에 대해 조금 엿보았을 뿐이나 동리(東里 : 子産)를 본받아 손으로써 입을 삼았다.[9)]

위의 '강안(强顔)'이란 표현을 통해 중관이 자신을 낮추어 '낯가죽이 두꺼운 철면피'라는 뜻으로 '철면'이라 자호(自號)하였음을 알 수 있고, 또 그가 동리자산(東里子産)을 본받아[10)] 불승(佛僧)이면서도 문장에 힘쓰고 불교와 관련된 사적(事蹟)을 엮는 데 유념하였음을 짐작할 수 있다.

철면 중관은 속성이 오씨(吳氏)이며 전라도 무안(務安) 사람이다. 일찍이 서산대사의 법석에 참여하여 임제종(臨濟宗)의 정맥을 계승한 고승이다. 그는 평생을 대부분 지리산에 주석(駐錫)하면서 강석을 열고 제자를 길러 냈다. 그가 최치원의 《사산비명》을 한 권의 책으로 묶고 주해를 단 것은 스승인 청허당 휴정(1520~1604)으로부터 가르침과 영향을 받은 결과다.

휴정은 승려이면서도 삼교에 두루 통달하여 《선가귀감(禪家龜鑑)》 등 삼교의 '귀감'을 펴낸 인물이다. 그는 〈지리산쌍계사중창기(智異山雙溪寺重創記)〉에서,

> 옛날에 유교와 불교를 밝게 알고 안팎을 널리 통달한 사람은 공명(功名)을 헌신짝처럼 벗어던지고, 한 개의 표주박으로 가난을 잊었으니, 천지와 더불어 나란히

9) 《華嚴寺誌》, "有明崇禎紀元之九年柔兆困敦暢月日南至. 高妙峯下, 烏有鄕中, 中觀鐵面, 畸於世道, 强顔七十, 窺豹西學, 效顰東里, 以手爲口"(아세아문화사 영인본, 1997, 81쪽).

10) 《논어》, 〈憲問〉, "東里子産潤飾之."

서고 신명(神明)과 더불어 같이 가며, 혹 무위진인(無位眞人)과 놀고, 혹 시종(始終)이 없는 자와 벗을 하였다. 부득이 (세상일에) 응할 때에는 만물을 기르고 천하를 화평(和平)하게 해서, 한 손으로 그 임금을 능히 요순(堯舜) 위에 이르게 함을 마치 손바닥을 뒤집는 것 같이 보고, 그 근심을 스스로 걱정하며, 그 즐거움을 스스로 즐기니, 어느 겨를에 유교가 그르다 불교가 그르다 하고 불교가 그르다, 유교가 그르다 하여, 서로 원수처럼 지내며 서로 비난만 하겠는가. 우리나라의 최고운과 진감선사(眞鑒禪師)가 그러한 분이다.

고운은 유자(儒者)요 진감은 불승(佛僧)이다. 진감이 절을 세워 처음으로 인천(人天)의 안목(眼目)을 열었고, 고운이 비를 세워 널리 유・불의 골수(骨髓)를 뽑아내었으니, 아아! 두 사람의 마음은 일종의 줄 없는 거문고이다. 그 가락은 봄바람에 제비가 춤추는 것 같고, 푸른 버들에 꾀꼬리가 노래하는 것 같아서, 한 사람이 날[經]이면 한 사람은 씨[緯]요, 한 사람이 겉이면 한 사람은 속으로서 서로 의지하였다. 한・당・송으로부터 이래로 유・불의 허명(虛名)을 부수고 천지의 대전(大全)을 즐겨 황홀하며, 초연히 홀로 허명을 돌아보지 않는 이는 오직 이 두 대인인가 한다.[11)]

라고 하여, 최치원 사상이 높은 경지에 있음을 기렸다. 이 글은 최치원의 〈진감선사비〉 첫머리를 보는 듯한 기미(氣味)가 있는데, 휴정은 이기성명(理氣性命)을 말함이 없으면 유학자로 여기지도 않았던 당시의 학문적 풍토 속에서, '부처에게 아첨하는 사람[佞佛之人]'이라는 혹평과 함께 거센 비판을 받

---

11) 《淸虛集》 권5, 〈智異山雙磎寺重創記〉, "古之洞精儒釋, 博達內外者, 脫履功名, 一瓢忘貧 ; 與天地竝立, 與神明同往, 或與無位眞人爲之遊, 或與無始終者爲之友. 不得已而後應之, 則育萬物和天下, 以隻手能致君於堯舜之上, 視之猶如反掌焉 ; 自憂其憂, 自樂其樂, 奚暇非儒非佛, 非佛非儒, 相讐而相非乎? 我國崔孤雲與眞鑑, 是其人也. 孤雲儒也, 眞鑑釋也. 眞鑑建刹, 始鑿人天之眼目 ; 孤雲立碑, 廣出儒釋之骨髓. 吁! 二人之心, 一種沒絃琴也. 其曲也, 若春風之燕舞, 其調也, 若綠柳之鶯歌, 一經一緯, 一表一裏而相資耳. 自漢唐宋以來, 碎儒釋之虛名, 樂天地之大全, 芒乎芴乎, 超然獨不顧者, 其唯此二大人歟"(《한국불교전서》 제7책, 705쪽).

았던 최치원에 대해 지극한 존모(尊慕)의 정을 표함과 아울러 변호하는 태도를 취하였다. 이것은 조선 시대의 폐쇄적인 학풍에 대한 비판의 소회(所懷)를 완곡하게 나타낸 것이다. 사실 삼교에 두루 밝았던 휴정이었기에 그 누구보다도 최치원의 학문 및 사상의 골수와 진가를 제대로 알 수 있었을 것으로 믿는다. 그가 비록 상문(桑門)에 들어 최치원과는 다른 길을 걸었지만, 최치원의 사유 세계나 의식의 저변을 적확하게 꿰뚫었다고 본다. 그러한 점에서 다음의 글을 음미할 필요가 있다.

> 유교를 배우는 이들에게는 진감(眞鑒)과 같은 이를 얻은 뒤에 유교가 유교된 까닭을 알게 하고, 불교를 배우는 이들에게는 고운과 같은 이를 얻은 뒤에 불교가 불교된 까닭을 알게 하니, 그러므로 진감을 아는 이로는 고운만한 이가 없고, 고운을 아는 이로는 진감만한 이가 없다. …… 명(名)은 실(實)의 빈(賓)이니 고운과 진감이 취한 바 아니다. 유교만 잘 말하는 것도 그르고, 불교만 잘 말하는 것도 그르며, 유교와 불교를 잘 말하는 것이 그르다고 하는 것 역시 그르다. 왜냐하면 그 실(實)을 구할 뿐이기 때문이다.[12]

일체의 기심(機心)을 끊고 모든 대상에 대한 선입견과 집착에서 벗어나면, 이러한 상태에서는 누구와 만나더라도 진솔한 대화가 가능하다. 최치원이 〈진감선사비명〉에서 "촉경무애(觸境無碍), 식기시증(息機是證). 무사무려(無思無慮), 비착비조(匪斲匪雕)"[13]라고 한 것은, 진감선사의 '진감(眞鑑)'된 까닭을 말한 것이니, 휴정의 위와 같은 평은 바로 이를 두고 이른 것이다.

---

12) 《淸虛集》 권5, 〈智異山雙磎寺重創記〉, "使學佛者, 得如眞鑑然後, 知儒之所以爲儒, 使學儒者, 得如孤雲然後, 知佛之所以爲佛. 故曰知眞鑑者, 莫如孤雲, 知孤雲者, 莫如眞鑑也. …… 雖然名者實之賓, 非孤雲眞鑑之所取也. 善言儒者非也, 善言釋者非也, 善言儒與釋非也者, 亦非也. 何也? 求其實而已夫"(《한국불교전서》 제7책, 706쪽).

13) "부딪치는 대상들이 막힘이 없으니 機心을 끊음이 이것으로 증험되었네. 아무런 생각이나 걱정이 없었고 깎거나 새김도 없었다네"(《역주 최치원전집(1)》, 168쪽).

최치원에 대한 휴정의 깊은 관심과 존모의 정은 그의 문인들에게 계승되었으며, 마침내 최치원의 저술이 불가(佛家)에서 중시되고 경여(經餘)의 과외 독본으로 읽히기에 이르렀다. 휴정의 제자로서 호남 지방에 주석하였던 철면 중관은《사산비명》의 가치를 높이 평가하고 이를 한 권의 책으로 독립시켰으며, 주석을 달아 불교 학인에게 습송(習誦)토록 하였다. 이로부터 3백년이 넘는《사산비명》 주석사가 시작되었다. 이는 불가에 국한된 것이기는 하지만,《사산비명》에 대한 주석과 연구의 기풍을 일으켜 최치원 사상에 대한 관심을 고조시키는 최촉제(催促劑) 구실을 하였다는 데 적지 않은 의의가 있다.

주로 호남 지방에서 최치원에 대한 연구와 재평가가 이루어졌던 것은 실로 철면 중관의 영향이 지대했다고 할 수 있다. 이러한 분위기 속에서 최치원에 대해 남다른 관심을 가졌던 또 한 사람의 명승(名僧)이 배출되었다. 그가 바로 해남 대흥사의 13대 종사 가운데 한 사람인 연담(蓮潭) 유일(有一 : 1720~1799)이다. 유일은〈사산비명서(四山碑銘序)〉에서, 서산대사 못지않게 최치원의 학문 경향을 칭송하고 유자(儒者)들의 비판으로부터 그를 변호하여 마지않았다.

> 옛적에 세 성인께서 희씨(姬氏)의 주(周)나라 때 같이 일어나셨는데, 비록 가르침을 설(設)한 것은 각기 달랐으나, 대도(大道)에 돌아가는 것은 한 가지였다. 그런데 삼교의 후학들은 대개 모두가 각자의 익힌 것만을 편안히 여기고, 자기가 좋아하는 것에만 의지하여, 지록(指鹿 : 眞僞)의 다툼과 현황(玄黃 : 勢力)의 싸움이 세상 다하도록 그치지 않을 지경이다. 내 일찍이 탄식하지 않은 적이 없었는데, 고운선생께서 지은 글을 읽음에 미쳐서는 머리를 조아리고 소리 높여 말하기를, "하늘이 우리 선생을 내시어 삼교를 통관(統貫)하게 하셨으니, 위대하여 더 말할 것이 없도다. 아마도 선생께서는 삼교의 목탁(木鐸)이시리라"고 하였다.
>
> 그러나 선생께서 이미 유관(儒冠)을 쓰셨고 유복(儒服)을 입으셨으니, 반드시 유

> 교로 전모(前茅)를 삼고, 글을 통해 공맹을 본받아 밝혔을 것이다. 고려 때부터 문묘에 종사(從祀)된 것이 진실로 이런 까닭이거늘, 아조(我朝)의 퇴도(退陶 : 李滉) 선생은 말씀하시되, "요사이 《동문선》을 보니, 최고운은 온몸으로 부처에게 아첨하던 사람이던데, 외람되게도 사전(祀典)에 섞여 들었다"고 했으니, 대개 하나를 지키는 데 국한되었기 때문이다. …… 《동문선》은 나도 일찍이 보았거니와, 거기에 실린 선생의 글이 불사(佛事)와 부도(浮屠)를 찬양한 것에 지나지 않은데, 퇴도부자(退陶夫子)께서 이 한 대목을 가지고 공격한 것이다.
>
> 선생께서는 명민(明敏)한 재주와 뛰어난 식견으로, 한번 봄에 문득 천하에 두 진리가 없고, 성인에게 두 마음이 없음을 알아, 한 모퉁이에 구애됨이 없이 좌우 어느 쪽에도 어깨를 드러내지 않았다. 각각 그 가르침에 따라 크게 찬양했던 것이니 …….[14]

또 그 말미에서, "퇴도공(退陶公)이 탄박(彈駁)한 뒤로 한 사람도 붙들어 일으키는 이가 없기에, 내가 짐짓 특별히 부연(敷演)하고 거듭 밝히는 바, 천 년 뒤의 사람들에게 선생의 뜻이 어디에 있는가를 알도록 했다면, 그것은 이른바 '아침저녁으로 만나는 것[朝暮遇之]'에 가까우리라"[15]고 강조하였다. 연담 유일이 말한 '선생의 진정한 뜻'이 어떠한 것일까 자못 되새겨 보게 한다. 유일은 최치원보다 천재(千載) 뒤에 태어나 그의 유훈(遺訓)을 잘 체득하였

---

14) 《蓮潭大師林下錄》 권3, 〈四山碑銘序〉, "昔者, 三聖人竝作於姬周之世, 雖設教各異, 而同歸乎大道則一也. 三教後學類, 皆各安所習, 阿其所好, 指馬之爭, 玄黃之戰, 窮塵不已. 余未嘗不仰屋而嘆, 洎乎讀孤雲先生所爲文, 稽首颺言曰, 「天生我先生, 統貫三教, 大哉! 蔑以加矣. 已傳有之, '金鐸振武, 木鐸振文' 先生其三教之木鐸與」 …… 東文選余亦曾見, 其所載先生之文, 不過贊佛事與浮屠也. 退陶夫子, 執此一段而刺之也. …… 以明敏之才, 超詣之見, 一覽便知天下無二道, 聖人無兩心, 不滯方隅, 不袒左右, 故各隨其教而弘贊也. 昔王子安撰益州夫子廟碑, 盡聖人之十條, 述如來成道記, 窮釋迦之八相. 先生之文, 亦類是矣"(《韓國佛教全書》 제10책, 260쪽).

15) 앞의 글, "但退陶公彈駁之後, 無一人扶起者, 余故特敷演而申明之. 使千載之下, 知先生之志之所在也, 其庶幾乎所謂朝暮遇之者歟!"

으니, 《장자》에서 "만세 뒤라 할지라도 대성인으로 나의 말뜻을 요해(了解)하는 자를 한번 만난다면, 이는 아침저녁으로 만나는 것 같은 행복이리라"[16] 고 한 말이 과연 그의 경우에 적당한 것이 아닐까 한다.

한편 연담 유일과 거의 동시대인 정조 연간의 고승으로 지리산에 주로 주석하였던 몽암(蒙庵) 기영(箕穎)이 있다. 석전 박한영이 "남악(南岳 : 지리산)의 영공(穎公)이 제가의 풀이를 수집하여 (주해가) 훨씬 풍부하고 확실하게 되었다"[17]고 한 데서 이른바 '남악 영공'은 몽암 기영을 가리킨다.[18] 기영의 생몰년과 활동상을 자세히 알 수 없지만, 그가 자신의 문집에서 연담 유일에 대해 '연담법로(蓮潭法老)' 또는 '연로(蓮老)'라 일컫고 있는 것으로 보아 연담과 연배 차이가 적지 않은 후배였던 것 같다.

몽암 기영은 철면 중관이 최초로 주석을 냈던 최치원의 《사산비명》을 다시 주해하여 《해운비명주》를 남겼다. 이 《해운비명주》는 오늘날 가장 널리 알려진 주석본이기도 하다. 기영은 이 책의 서문에서 다음과 같이 말했다.

> 철면노인이 만력 연간에 《고운집》 10권 가운데서 네 비문을 초출(抄出)하여, 가장 어렵다고 생각되는 부분을 중심으로 주(註)를 달아 후생들에게 습송(習誦)토록 했다. 그러나 한 비문에서 주해한 것이 열 군데 정도에 지나지 않았고, 지나온 세월이 이미 오래 되다 보니 전수(傳手)하는 과정에서 글자가 변하고 잘못됨이 많은 것이 보통이었다. 내가 임인년(1782) 겨울에 호남에 있었는데, 멀리 화엄사(華嚴寺)에 떨어져 있었던 관계로 여러 사람들의 굳은 요청을 받아 강여(講餘)에 철면노인

---

16) 《莊子》, 〈齊物論〉, "萬世之後, 而一遇大聖人, 知其解者, 是旦暮遇之也."

17) 〈精校四山碑銘注解緣起〉, "南岳之穎公, 蒐訪諸家解, 多贍確然"(《石顚文鈔》, 法寶院, 1962, 43쪽 前面).

18) 金文基는 몽암을 蓮潭 有一로 보았고 유영봉은 몽암을 《東師列傳》의 저자 梵海 覺岸이라고 하였으나, 모두 잘못된 것이다. 김문기, 〈최치원의 사산비명 연구〉, 《한국의 철학》 제15호, 경북대학교, 1987, 144쪽 ; 유영봉, 〈사산비명의 異本現況과 前時代의 평가에 대하여〉, 《고운 최치원과 한국사상》, 성균관 유교사상 연구원, 1996, 13쪽 참조.

의 주석을 수교(讎校)하고, 그 잘못된 곳을 바로잡았다. 그리고 다시금 전인(前人)의 칼날이 닿지 않은 곳에 손을 대 이끌어 풀이하고, 그 사이에 한 자라도 억해(臆解)가 없도록 하였다. 그러나 재주가 자라지 못한지라 본래 개인적으로 상자에 넣어 보관할 생각이었지 감히 세상에 공간(公刊)하려 한 것은 아니었다. 여러 납자(衲子)들께 바라나니, 신중을 기하여 다른 사람이 이를 보고 나를 당돌하다고 허물하는 일이 없도록 할지어다. 건륭 48년 계묘(1783) 가을에 몽암(蒙庵)[19]

기영은 《몽암대사문집》[20] 두 권을 남겼는데, 그 가운데 〈근차농암김상국오십팔운(謹次農巖金相國五十八韻)〉[21]이라는 시가 있어 눈길을 끈다. '김상국 오십팔운'이란 일찍이 농암 김창협(金昌協 : 1651~1708)이 수의어사(繡衣御史)로 영남 지방을 돌다가 해인사에 들러 최치원의 옛 사적을 보고 특별한 감개가 있어 즉석에서 지은 오언고시로, 전체 116구 580자에 달하는 장편이다.[22] 게다가 58운이 상성(上聲) 지운(紙韻)으로 일관되어 있어, 얼핏 보아도 범상한 시가 아님을 짐작케 한다. 농암의 이 시는 뒤에 해인사, 홍류동(紅流洞) 계곡을 찾는 시인 묵객들에게 널리 읽혔고, 많은 사람들이 차운(次韻)을 시도하였다. 기영은 위의 차운한 시에서 최치원을 '최자(崔子)'라 일컫고 '인현(仁賢)'으로 받들었으며 그의 고고(孤高)함을 운월(雲月)에 비하는 등 존숭과 향모(嚮慕)의 염(念)을 절절하게 읊었다.[23] 또 이에 앞서 그의 선

---

19) 《海雲碑銘註》, 〈序〉, "鐵面老人, 萬曆間, 孤雲集十卷中, 抄出四碑, 逐最難者而註之, 使可畏習誦. 然一碑解字, 不過十餘節, 而歷年旣久, 傳手亦多豕亥之變, 芋羊之錯常矣. 余壬寅冬, 在湖南縣華嚴, 因數輩膠請, 講餘讎校其註, 正其舛訛, 更於前刃不遊之處, 出手引釋, 小無一字臆解於其間也. 然深井短綆, 本圖私於囊篋, 不敢公於宇內, 冀諸數子, 愼勿爲他眼所窺, 以唐突罪我也. 乾隆四十八年癸卯秋蒙庵."

20) 《한국불교전서》 제10책, 358~386쪽.

21) 《한국불교전서》 제10책, 366~367쪽 참조.

22) 《農巖集》 권2, 9a~10b. 제목은 〈余聞伽倻海印之勝久矣. 今者奉命路過, 遂得略窺山門, 其巖壑棟宇, 固壯麗稱所聞. 而孤雲舊躅, 尤令人起感, 途中輒賦五言長篇五十八韻以記之, 亦未敢書以示人也. 後十數日, 復到陜川郡齋, 始取紙筆書之, 奉呈太守兄. 或有寺僧來過者, 可出示之〉라 되어 있다.

배인 연담 유일 역시 〈해인사근차농암상공시오십팔운(海印寺謹次農巖相公詩五十八韻)〉[24]이라는 시를 지었는데, 이 가운데 최치원의 고풍(高風)과 삼교회통에 대해 다음과 같이 읊은 대목이 있다.

三教融一貫 삼교를 융합하여 하나로 꿰뚫었으니
偉哉新羅子 위대하도다 신라 분이시여.
文章動中華 문장으로 중화를 흔들었으니
令名今不死 훌륭한 명예 오늘에까지 죽지 않고 살아 있다네.
青松與黃葉 청송과 황엽으로
細推興亡理 흥망의 이치를 세밀히 추리하였고
歸山弄仙琴 산으로 돌아가 선금을 벗삼아
無絃引商徵 무현금으로 상치음을 연주하였다네.
清風隔千古 맑은 풍도 천고에 격해 있으나
令人感久倚 후인에게 감격하여 오래 의지케 하네.

이와 같이 석문(釋門)에서 최치원의 영명(令名)을 기리는 것은 하나의 전통이 되어 후대에까지 내려왔던 것 같다.

한편, 《사산비명》의 주해본 가운데 중요한 위치를 차지하는 것으로 홍경모(洪景謨)[25]의 주해가 있다. 속칭 '홍거사주(洪居士註)'라고 불리는 이 주해는 별도의 책자로 전해 오지 않은 까닭에 자세히 알 수는 없지만, 이보다 뒤

23) 《蒙庵大師文集》 卷上, "側聞伽倻山, 崔子隱於是, 長伴巨仁賢, 孤高雲月比"(《한국불교전서》 제10책, 366쪽).

24) 《蓮潭大師林下錄》, 권2(《한국불교전서》 제10권, 242~243쪽).

25) 본관은 豊山이며 다른 생애나 이력을 자세히 알 수 없다. 간혹 冠巖 洪敬謨(1774~1851)로 착각하는 이가 있으나, 洪景謨와 洪敬謨는 다른 사람이다. 《순조실록》, 21년(1821) 6월 30일자에 洪景謨를 성균관 대사성으로 임명하는 기사가 보인다. 활동 시기로 미루어 보면 홍거사와 같은 사람일 수도 있다.

에 나온 주해본에 반영되었을 것임이 틀림없다.[26] 석전 박한영은 〈정교사산비명주해연기〉에서 다음과 같이 밝혔다.

> 순조・헌종조 무렵에 한양(漢陽)의 처사(處士) 홍경모가 사정이 있어 남으로 초산(楚山)[27]에 이주하여 그곳에서 여생을 마치게 되었다. 처사는 평소 널리 전적을 섭렵하는 것으로 소문이 있었고, 또 내학(內學 : 불교)에 조예가 깊었던 까닭에 일찍이 용문정사(龍門精舍 : 龍門庵)를 찾아가 백파장로(白坡長老)와 불문(佛門)의 도우 관계를 맺었다고 한다. 여가를 보낼 적에 줄곧 《사산비명》을 좋아하다가 드디어 오색 붓을 들어 출처를 석명(析明)하고 단절(段節)을 안비(按批)함으로써 읽는 사람들로 하여금 어려워서 막히는 걱정이 없게 하고, 칼로 실을 끊듯이 이치를 분별하여 작자의 진상(眞相)을 보게 하였다.[28]

재가 신자인 홍경모는 조선 후기의 고승 백파(白坡) 긍선(亘璇 : 1767～1852)과 교유가 돈독하였던 것 같다. 그가 《사산비명》 주해를 낸 것은 백파와 종유(從遊)한 것과 무관하지 않을 것이다. 잘 알려진 바와 같이, 서산대사 문하의 4대 문파(門派)의 하나인 편양문파(鞭羊門派)에 속하는 백파의 법맥은 설두(雪竇) 유형(有炯 : 1824～1889) → 설유(雪乳) 처명(處明 : 1858～

26) 이능화가 《조선불교통사》에서 《사산비명》을 자료로 제시하면서 '用洪居士註及別註'라 하여 홍경모의 주를 인용하였다고 밝히고는 있으나(상편, 112・134・147쪽 참조), 실물이 전하지 않는 오늘에서는 이것이 과연 홍경모의 주해인지, 또 주해 전체를 옮겨 실은 것인지 분명하지 않다. 홍경모의 주해가 틀림없다고 하더라도 소략하다는 느낌은 지울 길 없다. 1987년에 고 莊峯 金知見(1931～2001)이 일본 東京 泉岳寺의 소장자로부터 입수하여 학계에 소개한 《精註四山碑銘》 冒頭 등에서 '朝鮮豐山洪景謨集註'라는 名記를 인용하고 있는 것을 보면, 석전 박한영 역시 '洪居士註'를 검토했음을 짐작할 수 있다.

27) 전라도 井邑의 옛 이름이다. 평안북도 초산으로 혼동하기 쉽다.

28) 朴漢永, 〈精校四山碑銘注解緣起〉, "維近純憲朝頃, 漢上處士洪景謨, 因事南遷于楚山, 而終老焉. 處士雅稱博淹群籍, 深造內學. 故嘗訪龍門精舍, 與白坡長老, 締有空門至契矣. 消閒餘, 繹好此四碑銘, 遂下色毫, 析明出處, 按批段節, 使讀者無艱奧之憂, 而如刃迎解, 灼然覩作者之眞相, 是亦不謂爲人悉檀者乎."

1903) → 석전(石顚) 정호(鼎鎬 : 1870～1948)로 이어진다. 최근세 불교의 거장인 석전 정호(박한영)는 1931년 《정교사산비명주해》를 찬술하여, 《사산비명》 주석사의 도미(掉尾)를 장식한 인물이기도 하다. 석전 정호는 백파 긍선이 오랫동안 주석하면서 강석(講席)을 열었던 전라도 순창(淳昌)의 영구산(靈龜山) 구암사(龜巖寺)[29]를 터전으로 삼고 활동하면서 많은 문인·후학을 길러냈다. 그가 《정교사산비명주해》를 낸 데에는 구암사에 최치원의 저술, 특히 《사산비명》의 주해본이 오래도록 전해 내려온 것이 계기가 되었을 법하다.

근세 호남의 거유(鉅儒)로 구암사의 설유 처명과 교분이 있었던 간재(艮齋) 전우(田愚 : 1841～1922)가 광무 9년(1905) 가을, 우연히 구암사에 들러 이곳에 소장된 최치원의 저술을 보았는데 이것이 바로 《사산비명》 주해본이었던 것 같다. 이 주해본은 선본(善本)으로 꼽혀 1919년 조선총독부에서 《조선금석총람》을 편찬할 때 이용되었는데, 《사산비명》 가운데 비(碑)가 전하

29) 전라북도 순창군 복흥면 봉덕리 산 94번지에 위치한다. 1950년 한국전쟁 당시 국군의 소개 작전으로 불에 탔다. 1957년 일부 복원하였으나 1959년 다시 불에 탔고, 1973년 5월에 중창하였다. 절 입구에 尙彦·亘璇·正觀의 浮屠가 있다. 이 절에는 추사 김정희가 쓴 구암사 현판, 긍선과 김정희 사이의 왕복 서간문을 비롯하여 귀중한 전적이 다수 전해져 왔으나, 한국전쟁 때 대부분 불에 타고 1940년에 석전 박한영이 쓴 〈重修龜巖寺記〉와 김정희가 쓴 편액 몇 편만이 전한다.

구암사는 백제 무왕 24년(623)에 창건된 뒤 중창을 거듭하였고 1592년 임진왜란 때 전소되었다. 그 뒤 영조(1724～1776) 때 華嚴宗主인 雪坡 尙彦이 주석하면서 寺勢를 크게 일으켰다. 설파는 구암사에서 1천여 명의 대중을 모아놓고 강의를 할 정도였다고 한다. 1800년대 초에는 백파 긍선이 현재의 절터에 건물을 중창하고 禪講法會를 열어 선풍을 크게 일으켜 구암사가 조선 후기 불교의 중심지로 자리 잡게 하였다. 이후 正觀(?～1813), 유형(설두), 처명(설유), 啓宗(鶴鳴 : 1867～1929), 정호(석전), 운기(雲起 : 1898～1982) 등 많은 고승이 이 절에서 나왔는데, 이 가운데 설두는 순창군 복흥면 태생의 성리학자 蘆沙 奇正鎭(1798～1879)과, 설유는 간재 전우와 교유하였다. 조선 순조 때 전라도 관찰사였던 李晃相은 긍선의 학식과 인품에 감동하여 인근 전답 350마지기를 기부하였고, 고종 때 어사인 李冕相은 절 건물을 새로 지어 주는 등 유명한 학자나 정치인과 얽힌 일화도 많이 전한다. 한편 추사 김정희는 긍선에게 '石顚萬庵'이란 글을 주며 뒷날 법맥을 이을 제자에게 법호로 주라고 했는데 이 글은 긍선에서 처명으로 전해졌고, 처명이 박한영에게 법호로 내렸다고 한다(《네이버 백과사전》, '구암사' 항목 참조).

〈발진간지증이비(跋眞鑑智證二碑)〉

지 않고 비문만 전하는 〈대숭복사비명〉은 이 구암사 소장본을 대본으로 한 것이다.[30] 이 주해본은 현재 그 소재를 알 수 없으나, 《간재집》에 원문과 주석이 함께 곁들여진 주해본의 일부가 실려 있어 이것이 어느 계통인지 파악하기에 어렵지 않다.[31]

호남 지방에 뿌리를 내린 최치원 존숭의 기풍과 연구의 열기는 불교와 관련지어 논할 수 있는데, 이를 호남 각지의 명찰(名刹)에서 두루 찾아볼 수 있다. 앞서 말한 순창의 구암사와 승주의 선암사(仙巖寺),[32] 해남의 대흥사는

30) 구암사 소장의 《사산비명》이 《조선금석총람》에 실리게 된 데에는, 조선 총독부의 편찬 사업에 관여하였던 최남선과 이능화의 교시가 있었던 것 같다. 최남선은 당시 구암사에 주석하였던 석전 박한영과 교분이 매우 두터웠다.

31) 《艮齋集》 前編 권16, 49b~50b, 〈跋眞鑑智證二碑 乙巳〉(문집총간 제333권, 220쪽 참조).

32) 선암사와 관련이 있거나 그 계통으로 보이는 《사산비명》 주해본에 대해서는 아직 자세히 알 수 없다 다만, 근세 선암사의 고승 擎雲 元奇(1852~1936)가 석전 박한영 등과

호남 지방에서 삼각형으로 거점 구실을 하면서 조선 후기 불교의 중흥을 주도해 갔다. 또 최치원을 존숭하고 그의 저술을 중시하는 분위기 형성의 진원지이기도 했다. 서산대사의 법맥이 가장 흥륭(興隆)하였던 해남 대흥사(大興寺 : 大芚寺)는 열세 명의 대종사(大宗師)와 대강사(大講師)를 각각 배출하였으며, 최치원의 《사산비명》 주해본이 많이 나온 곳으로 유명하다. 열세 명의 대종사 가운데 앞서 말했던 연담 유일이 있는데, 그는 〈사산비명서문〉과 최치원의 학덕을 기리는 시문을 남긴 바 있다. 대흥사를 배경으로 하여 나온 《사산비명》 주해본 가운데 가장 선본(善本)이면서 주해자를 알 수 있는 것으로 범해(梵海) 각안(覺岸)의 《사비기(四碑記)》[33]가 있다. 범해 각안은 최치원의 후손으로 평생 주석했던 두륜산 대둔사의 법맥과 기풍을 고스란히 계승한 고승이다. 각안의 문집을 보면 그는 자신이 최치원의 후손인 점을 매우 자랑스럽게 생각하였다. 그의 또 다른 저술인 《동사열전(東師列傳)》은 최치원의 《사산비명》에서 적지 않은 영향을 받은 것으로 보인다.[34]

대흥사를 중심으로 한 최치원 존숭의 열기는 다산 정약용에게도 직접적인 영향을 끼쳤다. 정약용은 해남의 인접 고을인 강진(康津)에서 18년 동안 귀양살이를 하면서 제자들의 도움을 받아 《대동선교고(大東禪教考)》(1책)를 엮었다. 그가 이 책을 편찬한 것은 일차적으로 최치원 존숭의 기풍이 뿌리내린 호남 지방에서 적거(謫居) 생활하였으므로 가능하였을 것이고, 나아가 승

교유가 깊었던 점이라든지 일설에 서울대 규장각 소장의 《文昌集》(사산비명 주해본의 하나)이 원기의 주해라고 하는 점 등으로 미루어 볼 때, 최치원을 존숭하고 그의 저술을 중시하는 기풍은 구암사나 대흥사의 경우와 다르지 않았을 것으로 짐작된다.

33) 고 김지견이 大興寺 白花庵에서 발굴하여 1994년 《사산비명 集註를 위한 연구》(한국정신문화연구원)에 영인본을 실었다. 제목은 '사산비명'이라고 되어 있으며, 서두에 '頭輪沙門 覺岸註' 그리고 말미에 '光緒十八年壬辰(1892)夏書于眞佛庵拈花室中'이라는 明記가 있다.

34) 각안에 대한 논문으로는 吳京厚의 〈《東師列傳》의 史學史的 檢討〉(《史學研究》 제63호, 한국사학회, 2001), 吳京厚의 〈梵海 覺岸의 古代佛教史 認識〉(《회당학보》 제6집, 회당학회, 2001)이 있다.

보(僧譜)와 사지(寺誌)를 중시하던 조선 후기 호남 불교계, 특히 대흥사 계통의 영향을 많이 받았기 때문일 것으로 짐작된다. 그는 이 책에서 최치원의 《사산비명》을 매우 중요한 사료로 채택하였으니, "최고운의 《사산비명》은 신라의 이름난 대덕 스님들에게 최고의 실적(實蹟)이다"[35]라는 평가를 내렸던 것이다.

Ⅲ. 《계원필경집》의 간행과 호남 지방

《사산비명》과 함께 최치원 연구에서 빼놓을 수 없는 것이 《계원필경집》이다. 《사륙집》과 《계원필경집》이 최치원이 당나라에 유학했을 때 이룩한 대표적인 저술이라면 이 《사산비명》은 귀국한 이후에 남긴 저술 가운데 백미(白眉)라 하겠다. 《계원필경집》은 현재 전하는 우리나라 최고(最古)의 문집이다. 헌강왕 11년(885), 29세의 나이로 당나라에서 귀국한 최치원이 그 이듬해인 정강왕 1년(886)에 손수 편집하여 임금에게 올린 것이니, 지금으로부터 1천 1백여년 전의 일이다.

이 《계원필경집》은 오랜 세월을 전해 내려오면서 온갖 간난신고를 겪어 전승이 끊어지다시피 하였고, 간본(刊本)과 필사본 일부가 어렵게 명문가에 수장되어 왔던 것 같다. 풍석 서유구의 〈교인계원필경집서(校印桂苑筆耕集序)〉를 보면, "이 책은 누차 인쇄에 부쳐졌으나 판각이 예부터 일실되었으며 탁본 역시 몹시 드물다"(唯是集屢經鋟印, 板刻舊佚, 拓本亦絶罕)고 하였다. 《계원필경집》은 19세기 초까지도 이미 없어진 책으로 알려져 있었다. 연암 박지원 같은 박학자도 "이 책이 없어진 지 오래된 것 같다"고 추정한 바 있다.[36] 그러다가 조선 순조 34년(1834)에 당시 전라도 관찰사로 있던 서유구

35) "崔孤雲四山碑銘, 其於新羅名德, 寂爲實蹟"(《한국불교전서》 제10책, 511쪽 중단).
36) 《燕巖集》 권14, 89b, 《열하일기》, 〈口外異聞〉, "唐書藝文志, 有新羅崔致遠桂苑筆耕四卷, 而後來著書家引用書目, 無見焉. 書亡當久"(문집총간 제252권, 302쪽).

가 의정부 우의정 연천 홍석주에게 홍씨 가문에 실낱같이 세전(世傳)되어 오던 《계원필경집》 원본을 얻어 1백 부를 간행하기에 이르렀다.

이 《계원필경집》은 현재 서유구가 편찬한 조선활자본(1834), 청나라 도광(道光) 27년(1847)에 청나라 광동(廣東) 사람 반사성(潘仕城)이 펴낸 '해산선관총서본(海山仙館叢書本)', 중화민국 8년(1919)에 상무인서관(商務印書館)에서 펴낸 손육수(孫毓修) 소장본 등 세 판본이 전하고 있는데, 중국에서 나온 두 판본은 서유구가 편찬한 조선활자본을 대본으로 한 것인 만큼 조선활자본이 없었다면 세상에 빛을 보기 어려웠을 것이다.

서유구의 〈교인계원필경집서〉에 의하면, 그는 순조 33년(1833) 가을에 전라도 관찰사로 지방을 순시하다가 태인(泰仁)에 이르러 무성서원(武城書院)을 봉심(奉審)하고 석구(石龜) 유상대(流觴臺)를 돌아보면서 감개에 젖은 적이 있다고 한다. 그는 이때 최치원 설화를 비롯하여 호남 지방에 전해 내려오는 각종 전승(傳承)을 접하였을 것이고,[37] 호남 인사들의 최치원 존숭 열기를 체험하였을 것이다. 이후 홍석주가 자신의 집에 소장하던 《계원필경집》을 부치며 이를 유통시킬 것을 권하였으며, 이에 유실될 것을 염려한 서유구가 교정을 하고 주자(鑄字)를 모아 인쇄한 뒤 무성서원과 합천 가야산에 나누어 간직하였다고 한다.

오주(五洲) 이규경(李圭景 : 1788～1856)은 《오주연문장전산고(五洲衍文長箋散稿)》에서 《계원필경집》을 간행하게 된 저간의 배경에 대해서 다음과 같은 기록을 남긴 바 있다.

> 본집(本集)은 장서가가 모두 실전(失傳)되었다고 하므로 선배들이 이를 애석하게 여겨 오다가 계사년(순조 33년, 1833)에 오비(五費) 서상서(徐尙書 : 有榘)가 연천

---

37) 《삼국사기》, 〈최치원전〉에서 최치원을 경주 사람이라 한 것을 잘 알고 있을 서유구가 〈교인계원필경집서〉에서 '호남 沃溝人'이라 단언한 것도 이때 들었던 전승과 관련이 있을 것이다.

홍상공(洪相公 : 奭周)의 소장본을 빌었으니, 곧 영안도위(永安都尉 : 杜元)로부터 전수해 오던 것이다. 실전된 글이 다시 나오게 되자 서공은 다시 없어질까 염려하여 호남 관찰사로 있을 때 나에게 교정을 위촉하고 발간을 감독하여 1백 부를 인쇄한바 모두 네 책이 되었는데, 취진자(聚珍字 : 活字本)로 인쇄하였기 때문에 그 원판은 전해지지 않는다. 아무튼 이 공사가 갑오년(1834) 2월에 시작되어 그해 9월에 완공되었는데, 인쇄와 발행 과정에서 나의 조력이 없지 않았다. 공께서 가신 지 1천여 년 만에 하마터면 없어질 뻔한 이 글을 다시 몇천 년 뒤에까지 전하였으니, 전현(前賢)을 숭모하고 후학을 이롭게 한 오비공의 뜻이 어찌 아름답지 않은가.[38]

이규경은 실학자 청장관 이덕무의 손자로 '박학군자'로 일컬어졌을 뿐 아니라 이덕무의 집안과 서유구 집안 사이에는 세교(世交)가 있었기 때문에, 《계원필경집》을 간행하는 역사적인 일에 교열과 감동(監董)의 책임을 맡아 동참하였을 것이다.

홍석주로부터 비전(秘傳)의 《계원필경집》을 얻어 다시 간행한 서유구는 홍석주에게 서한을 보내, 9백 년 전의 문헌이 실낱 같이 전해지다가 다시 세상에 나오게 된 기쁨을 술회하였다. 또 최치원의 유문(遺文)이 방간에 적지 않게 남아 있을 터인데 이를 모아서 엮을 겨를이 없음을 한탄하기도 하였다.

《당서》, 〈예문지〉에 의거하면 《계원필경집》 이외에도 문집 30권이 있습니다. 이 문집은 (고운이) 신라로 돌아온 뒤에 지은 것인데, 지금은 이미 산일(散佚)되어 전하지 않습니다. 오직 영・호남 지방의 오래된 석각(石刻)에는 대개 고운이 찬한 글이 많은데, 지금 만약 사원(寺院)과 사묘(祠墓) 사이를 돌면서 널리 모우고 찾으면 아직도 십수 편을 얻을 수 있습니다. 이것을 모아서 원집(原集)에 부록으로 싣게 되면 천백(千百) 가운데서 십일(什一)이나마 보존할 수 있을 것이나, 그럴 여가

38) 이규경, 《五洲衍文長箋散稿》 권49, 〈崔文昌事蹟辨證說〉.

를 얻지 못한 것이 한스럽습니다.[39]

홍석주 역시 서유구에게 《교인계원필경집》의 서문을 부탁받고, 최치원이 동방 문학에 끼친 공과 《계원필경집》의 역사적 의의에 대해 논한 바 있다.[40] 이처럼 서유구나 홍석주처럼 최치원에 깊은 관심을 가진 학자가 없었더라면, 최치원의 저술이 오늘에 전할 수 없었을 것이요, 따라서 최치원에 대한 연구 역시 퍽 보잘 것 없었을 것이다. 그런데 서유구가 평소 최치원을 숭모하였고 또 우리나라 고전을 출판하는 일에 관심이 많았다 하더라도, 호남 관찰사로 재직 중일 때 《계원필경집》을 펴낸 것을 우연한 일이라고 보기는 어렵다. 최치원을 존모하는 호남 지방의 분위기에 적지 않은 영향을 받았을 것으로 보인다.

서유구는 일찍이 최치원의 유적에 많은 관심을 가지고 연구를 하는 과정에서, 최치원이 호서(湖西) 지방을 유력(遊歷)하다가 세상을 떠난 뒤 홍산 극락사 뒤편 산기슭에 묻혔다는 사실을 밝힌 바도 있다. 그동안 최치원의 말년 생애에 대해서는 사료마다 기록이 달라서 설왕설래로 말이 많았다. 《삼국사기》에서는 최치원의 종언지소(終焉之所)가 가야산 해인사라고 하였으며,[41] 이인로(李仁老)의 《파한집(破閑集)》에서는 최치원이 신선이 되어 승천한 것 같다고 하였다.[42] 최치원이 신선이 되었다는 설은 그 뒤로 여러 문헌에서

39) 《楓石全集》 金華知非集 권3, 〈與淵泉洪尙書論桂苑筆耕書〉, "據唐志是集之外, 又有文集三十卷, 此皆東還後作, 而今已散佚無傳. 惟嶺湖之間, 久遠石刻, 大抵多孤雲撰. 若今廣蒐博訪於梵宮祠墓之間, 尙可得數十篇, 彙附原集, 庶可存什一於千百, 而卒卒未暇, 可恨也"(문집총간 제288권, 377쪽). 〈校印桂苑筆耕集序〉에서도 "東還後著作, 散逸無傳, 惟有梵宮祠廟之間, 披林藪, 剔苔癬, 尙可得十數篇, 彙附原集, 剞劂壽傳, 余竊有志而未遑云."이라 하였다.

40) 《淵泉集》 권17, 〈答徐觀察準平書〉(문집총간 제293권, 383~384쪽) 참조.

41) 《삼국사기》 권46, 〈최치원전〉.

42) 《파한집》 卷中, 제23칙(《고려명현집》 제2권, 성균관대학교 대동문화연구원 영인, 1986, 95쪽).

거의 한결같이 서술하고 있는데, 아무래도 이것은 일종의 설화에 불과하다.

조선 말기에 이르러 최치원의 묘소에 대한 구체적인 언급이 등장하는데, 그 대표적인 것이 서유구와 이규경의 증언이다. 서유구는 〈교인계원필경집서〉에서

> 공은 국신사(國信使)에 충원되어 고국에 돌아와 헌강왕과 정강왕을 섬겼으며, 한림학사 병부시랑이 되었다가 외직으로 나가 무성태수(武城太守 : 太山郡太守)가 되었다. 진성왕 때 가족을 이끌고 강양군(江陽郡 : 합천) 가야산에 들어가 생애를 마쳤다. 호서의 홍산에 장사 지냈다. 어떤 사람들은 공이 우화등선(羽化登仙)했다고들 하는데 이는 잘못이다.[43]

고 하였으며, 《임원십육지》, 〈동국금석(東國金石)〉, '최치원 묘비'[44]조에서도 '묘가 홍산에 있다'는 사실을 부연하였다. 《삼한금석록》을 인용하여 '최치원 묘비의 제액(題額)은 최치원의 자필이며 음기는 조선 초기의 명필 최흥효가 쓴 것이다'고 하면서 '글씨는 종요(鍾繇)의 서체로 고졸(古拙)하다'고 하는 평까지 구체적으로 곁들였다.[45] 그렇다면 단순히 전해 들은 것은 아니고, 실제로 비문의 글씨를 보았을 가능성이 있다.

이규경도 〈최문창후사적변증설〉에서 서유구와 같은 주장을 하였다. 다만 홍산현에 있는 최치원의 무덤이 진짜 무덤은 아니고, 그의 학덕을 기리는 후학들이 만든 무덤일 수도 있다는 의문을 던졌다. 이는 유학자의 처지에서 최치원이 신선이 되어 승천했다는 설을 의식하지 않을 수 없었기 때문이라 생각한다.

---

43) 《계원필경집》, 〈序〉, "…… 充國信使東歸, 事憲康王定康王, 爲翰林學士兵部侍郎, 出爲武城太守. 眞聖時, 挈家入江陽郡伽倻山, 以終焉. 葬在湖西之鴻山, 或謂公羽化者妄也."

44) 《林園十六志》 怡雲志 권5, 〈藝翫鑑賞〉 附東國金石(민속원 영인본 제5권, 2005, 364쪽).

45) "崔致遠墓碑 【三韓金石錄】 額孤雲自筆, 陰記崔興孝, 書在鴻山極樂寺後 【評】 陰記鍾體拙"

> …… 무성태수(武城太守)로 나갔다가 스스로 불우(不遇)를 개탄하여 가족과 함께 강양군 가야산에 들어가 일생을 마쳤다. 묘는 호서의 홍산현 극락사 뒤에 있다(夾註 : 비가 있는데 碑額은 공의 자필이고 陰記는 崔興孝가 썼다). 세상에서는 공을 선학(仙學)의 원조라 하여 선학을 수련하여 신선이 되어 갔다고 하는데, 홍산현에 있다는 묘는 마치 교산(喬山)에 황제(黃帝)의 묘가, 주질(盩厔)에 노자(老子)의 묘가 있다는 이야기와 같은 것이다.[46]

역대 문헌을 상고해 보면 충청도 홍산에는 극락사란 절이 없다. 다만 홍산에 호서 명찰의 하나로 꼽히는 무량사(無量寺)가 있고 또 그 주된 건물이 극락전(極樂殿)인 점을 감안할 때 극락사를 곧 무량사로 보아도 무리는 아닐 것이다. 그렇다면 서유구와 이규경은 어떤 연유로 똑같은 주장을 하였는가. 그 이유는 두 사람이 최치원의 《계원필경집》을 간행하는 일에 동참한 데서 찾을 수 있다. 〈최문창후사적변증설〉을 지은 바 있는 이규경은, 그간 학자들이 별로 참고하지 않았던 《계원필경집》을 중요하게 다루어 최치원의 재당(在唐) 생애를 복원하는 데 힘썼다. 그는 최치원의 생애를 연구하는 데 《삼국사기》, 〈최치원전〉의 테두리를 벗어나고자 시도했던 선구자라 할 수 있다.

Ⅳ. 맺음말

1972년에 《국역 고운선생문집》 상하권이 출간되어 최치원 연구의 기초가 마련된 데 이어, 1980년대에 들어 본격적인 연구가 가능했다고 할 수 있다. 그 이전 최치원에 대한 연구가 거의 황무지나 다름없을 정도로 소외되고 방치되어 왔던 원인은 여러 가지를 들 수 있겠지만, 최치원의 문체가 전고(典故)·대우(對偶)·성률(聲律)을 중시하는 변려문이어서 해득하기가 어려울

---

46) 《五洲衍文長箋散稿》 권49, 〈崔文昌事蹟辨證說〉.

뿐 아니라, 거기에 사상적인 심오함이 깃들어 있어 보는 이에 따라 해석의 깊이나 방향이 다를 만큼 함축성이 있다는 점을 꼽지 않을 수 없다. 그럼에도 최치원의《사산비명》이 약 3백여 년에 걸쳐 끊임없이 전해지고 주해본으로까지 이어졌으며, 우리나라에서 가장 오래된 문집인《계원필경집》이 1천여 년의 긴 세월동안 유지자(有志者)들에 의해 전해지고 간행되었던 것은 다행한 일이 아닐 수 없다. 특히 호남 지방을 중심으로, 최치원의 2대 저술이 연면히 이어지고 연구되어 왔다는 것은 최치원 연구사에서 특기할 만한 사실이다. 게다가 3백여 년에 걸친《사산비명》주석사는 1980년대 이후 최치원 연구가 본 궤도에 진입할 수 있었던 기반이었다.

최치원의 철학 사상은 후세에 영남 지역을 중심으로 전승되어 조선 말기에 최치원의 후손인 최제우(崔濟愚)에 의해 동학(東學)으로 응결(凝結)되어 결실을 보았다.[47] 다른 한편으로는 조선 중기 이후 호남 지역을 중심으로 최치원의 저술에 대한 주석과 검토가 꾸준히 이루어져, 1980년대 이후 본격적으로 진행된 최치원 연구의 기반을 이루었다. 최치원 사상의 한 갈래가 영남 지방으로 이어져 동학이라는 종교를 탄생하게 하는 데 기여하는 한편, 다른 한 갈래가 호남 지방으로 이어져 학문적으로 탐구되어 왔다는 데서, 최치원 사상의 역사적 전승 맥락을 짚어볼 수 있다. 최치원에 대한 관심과 연구가 주로 호남 지방에서 이루어졌던 것은, 조선 중기 이후 영남에서 유학이 크게 성했던 데 비해, 호남에서는 상대적으로 불교세가 강하였기 때문이라고 할 것이다.

본고에서 논구하였던, 최치원 사상과 호남 지방의 상호 연관성은 '조선 중기 불교계에 최치원 바람을 일으킨' 서산대사 휴정에게로 거슬러 올라가며, 휴정의 고족제자(高足弟子)인 철면 중관이 호남 지방에 최치원 존숭의 씨를 뿌려 3백 년이 넘는 긴 세월 동안 그 꽃을 피우고 만개하였던 것이다. 이 때

47) 조선 시대에 영남 지방은 유학 사상이 성하였지만, 신라 시기 이래 화랑도의 유풍이 전승되어 동학의 성립에 적지 않은 영향을 끼쳤을 것이다.

철면 중관으로부터 《사산비명》의 주석이 시작되지 않았던들 오늘날 최치원의 사상에 대한 연구는 제대로 결실을 거두지 못했을 것이다.

호남 지방에서 최치원에 대한 존숭의 열기가 고조되었던 것은 조선 후기 불교의 중흥과 불가분의 관계가 있다. 조선 후기 불교사를 통관할 때 18세기 이후로 조선의 불교는 이전 시기의 침체를 딛고 재정립하여 중흥의 기회를 맞는데, 그 이면을 보면 순창의 구암사, 승주(지금은 순천)의 선암사(仙巖寺), 해남의 대흥사와 같은 호남 지방의 대사찰이 조선 후기의 불교를 주도해 나갔음을 알 수 있다. 위의 세 사찰은 호남 지역에서 삼각 형태로 중요한 거점을 이루고 있는데, 법맥과 종풍(宗風)에 차이가 있음에도 최치원을 존숭하고 그의 저술을 중시했던 점에서는 한결같다. 이것은 불가에서 최치원이 차지하는 위치가 어떠한지를 잘 보여 준다.

철면 중관이 한 권의 책으로 묶은 《사산비명》은 오늘날 그 주해본이 다수 전한다. 학계에 소개되거나 알려진 것만도 대략 20여 종에 달한다. 최치원 연구에서 빼놓을 수 없는 이 《사산비명》에 대한 연구에서는, 그 내용을 다각적으로 검토하는 것도 중요하지만, 이것이 조선 중기부터 어느 정도 중요한 역사적 자료로 취급되어 왔으며 또 이에 대한 주석 작업이 어떻게 이루어졌고 후세에 어떠한 양상으로 전승되었는지 그 맥락을 상세히 밝히는 것 역시 반드시 수반되어야 할 작업이라고 생각한다. 특히 각 주해본의 특징과 갈래를 탐구하는 작업은 여러 각도에서 그 필요성이 인정된다. 앞으로 뜻있는 이들에 의해 이러한 후속 작업이 지속적으로 이루어지기를 기대한다.

제4장
최치원의 두 화상찬(畫像讚) 검토
문명대(文明大) 교수의 소론(所論) 비판

Ⅰ. 머리말

필자는 우리나라 미술사를 전공하는 학인이 아니다. 한국 철학 전공자로서 한국 유학사를 주전공으로 하는 가운데 신라 말의 사상가 고운 최치원에 많은 관심을 가지고 연구를 진행해 온 바 있다. 본 장에서 논술하는 바는 문헌학의 범위에 국한된 것이며 미술사에 관계된 것은 필자의 역량 밖에 있다.

필자가 이 글을 초한 것은 미술사학계의 원로인 문명대(文明大 : 1940～) 교수가 1976년에 발표한 〈불국사 금동여래좌상 이구(二軀)와 그 조상찬문(造像讚文 : 碑銘)의 연구〉[1]라는 논문에서 주장한 내용을 묵과할 수 없었기 때문이다. 문 교수는 이 글에서 현재 불국사에 안치되어 있는 '금동비로자나여래좌상(金銅毘盧遮那如來坐像 : 국보 제96호)'과 '금동아미타여래좌상(金銅阿彌陀如來坐像 : 국보 제97호)'의 현상과 기법・양식 등을 문제 삼으면서, 이를 면밀히 분석할 때 9세기 말엽(875～900)에 조성되었을 것이라고 추정하였다. 그리고 최치원이 찬한 〈대화엄종불국사비로자나문수보현상찬병서(大華嚴宗佛國寺毘盧遮那文殊普賢像讚幷序)〉와 〈대화엄종불국사아미타불상찬병서(大華嚴宗佛國寺阿彌陀佛像讚幷序)〉가 위 두 불상의 조성 사실과 연대를

1) 《美術資料》 제19호, 국립중앙박물관, 1976.

뒷받침해 주는 결정적인 문헌 자료라고 주장하였다.

문 교수의 글은 발표된 지 30년이 되었지만, 그 주된 내용은 지금까지 학계의 통설처럼 내려오고 있다고 들었다. 그러나 다른 것은 차치하더라도 문 교수가 최치원이 찬한 위 두 찬문(讚文)을 근거로 이끌어 낸 주장에 대해서는, 상당 기간 최치원의 저술을 전문적으로 다루어 《역주 최치원 전집》(1·2)을 펴낸 필자로서는 동의할 수 없다. 원전 자료를 잘못 이해한 나머지 이를 토대로 전개한 논리에 문제가 많기 때문이다. 필자는 위 논문을 읽은 뒤 그동안 '내 전공 영역 밖의 일'이라는 이유로 반론 펴는 것을 주저하였다. 또한 원전 자료를 잘못 이해한 데서 비롯된 일이니 만큼, 한문에 밝은 이에 의해 사실이 바로잡히겠거니 기대하였다. 그러나 아직까지도 잘못된 주장이 학계에서 통용되는 현실을 감안하여 문외(門外)의 학도임에도 반론을 펴지 않을 수 없었다. 독자들은 필자의 '직도무은(直道無隱)'의 심정을 이해하여 줄 것으로 믿는다.

Ⅱ. 최치원의 불교 관계 저술 검토

위에서 소개한 두 찬문은 최치원의 불교 관계 저술 가운데 잘 알려진 것이다. 참고로 최치원 불교 관계 저술을 살펴보면 현재 학계에 널리 알려진 《사산비명》과 《법장화상전》 이외에도 상당한 수가 있다. 이를 분석해 보면 크게 두 가지로 나눌 수 있다. 하나는 화엄 사상과 화엄종에 관계된 글이고, 다른 하나는 삼선사(三禪師)의 비명(碑銘)으로 대표되는 선종계 글이다. 선종에 관계된 글은 최치원이 은거하기 이전에 지어진 것으로, 필자가 1998년에 펴낸 《역주 최치원 전집》 제1권(사산비명)의 〈해제(解題)〉에서 소개하였으므로[2] 여기서는 생략하겠다. 본장과 관련하여 《원종문류(圓宗文類)》·《불

2) 〈대숭복사비문〉은 본시 화엄종에 관계된 글이지만 《사산비명》이라는 책에 다른 세 禪師의 비문과 함께 묶였으므로 여기서는 이를 제외한다.

국사사적(佛國寺事蹟)》·《화엄사사적(華嚴寺事蹟)》·《불국사고금창기(佛國寺古今創記)》 등을 통해 현재까지 수집된 화엄 관계 자료를 소개하면 대략 다음과 같다.

① 大華嚴宗佛國寺毘盧遮那文殊普賢像讚幷序
② 大華嚴宗佛國寺阿彌陀佛像讚幷序
③ 華嚴佛國寺繡釋迦如來像幡讚幷序
④ 終南山至相寺智儼尊者眞讚
⑤ 華嚴經社會願文
⑥ 王妃金氏奉爲先考及亡兄追福施穀願文
⑦ 王妃金氏爲亡弟追福施穀願文
⑧ 故翻經證義大德圓測和尙諱日文
⑨ 故終南山儼和尙報恩社會願文
⑩ 海東華嚴初祖忌晨願文
⑪ 華嚴社會願文

그리고 해인사 및 호국 불교 사상과 관계된 글로는 다음과 같은 것이 있다.

① 新羅迦耶山海印寺善安住院壁記
② 新羅迦耶山海印寺結界場記
③ 海印寺妙吉祥塔記
④ 順應和尙讚
⑤ 利貞和尙讚
⑥ 新羅護國城八角燈樓記

이러한 글을 보면 당시 불가(佛家)에서도 대문장가인 최치원의 글 한 편을 얻는 것이 크나큰 소원이면서 영광으로 생각했던 듯하니, 유학자로서 위치는 더 말할 것도 없고 불교계에서 어느 정도로 비중 있는 인물이었는지 짐작할 수 있다. 이와 함께 이들 자료를 분석해 보면 그가 불교의 교종과 선종에 대하여 각각 어떠한 관점을 가졌으며, 시기적으로 그것에 어떤 차이와 변화를 보이게 되는지 대강 짐작할 수 있다.

한편, 우리는 화엄 관계 자료를 보다가 이맛살을 찌푸리게 하는 것과도 접하게 된다. 그것은 다름이 아니라, 찬자 최치원의 명성을 이용하려는 불순한 의도 아래, 불국사와 화엄사 측에서 그의 화엄종 관계 저술을 자신들의 사찰에 연계시키고자 엉뚱하게도 일부 대목을 임의로 개찬(改竄)한 점이다. 이것은 한때 찬문 자체의 모순으로 이해되기도 하였다. 또 본래 있지도 않은 연기(年紀)와 최치원의 직함(職銜) 등을 찬문의 말미에 마구 적어 넣음으로써 후세인들의 혼란을 불러일으킨 사례도 있다. 게다가 최치원의 글이 어려운 변려문이다 보니 간혹 후인들이 붙인 주석이 들어 있기도 하는데, 이들 주석은 한 사람에 의해 붙여진 것이 아니고 오랜 세월 여러 사람들에 의해 이루어져 왔기 때문에 역시 혼란이 없지 않다. 개중에는 최치원의 글을 제대로 이해하지 못하여 본문에 실린 사실과 다른 엉뚱한 주석을 붙인 경우도 있다. 이러한 일은 굳이 눈 밝은 학자[具眼之士]의 판별을 기다릴 필요도 없이 세인의 조소와 빈축을 살 일이다.

이뿐이 아니다. 《동문선》을 보면, 화엄종에 관계된 최치원의 글로 〈화엄불국사수석가여래상번찬(華嚴佛國寺繡釋迦如來像幡讚)〉이 유일하게 실려 있다. 그런데 엉뚱하게도 《불국사사적》에 나오는 〈대화엄종불국사아미타불상찬병서〉와 뒤섞음으로써 두 개의 글을 하나로 만들어 버렸다. 조선 초기 《동문선》의 편찬이라는 국가적 사업을 수행하면서도 이와 같은 잘못을 범하였으니 산사(山寺)의 책 상자 속에 사사롭게 전해 오는 문헌의 오류야 더 말할 나위 없다.

이러한 이유에서인지는 모르겠으나, 일찍이 고 우현(又玄) 고유섭(高裕

燮 : 1905~1944)은 《불국사고금창기》·《불국사사적》·《화엄사사적》 등에 실려 전하는 여러 글을 신빙성 있다고 보지 않았다. 그는 일찍이 〈김대성(金大城)〉이란 글에서 다음과 같이 말한 바 있다.

> 이 김대성의 세계(世系)에 관하여 다시 문제 삼으려면 《불국사고금창기》에 실린 〈大華嚴宗佛國寺毘盧遮那文殊普賢菩薩讚幷序〉·〈大華嚴宗佛國寺阿彌陀佛讚幷序〉·〈王妃金氏爲考繡釋迦如來像幡讚幷序〉·〈羅朝上宰國戚大臣等奉爲獻康大王結華嚴社願文〉·〈王妃金氏奉爲先考及亡兄追福施穀願文〉 등 소위 최치원의 찬문이란 제문(諸文)에서 다소 맥락을 설명할 수 있을 듯하나, 이 찬문 자체가 여러 가지 모순이 있어 신빙할 수 없는 것이므로 해서, 들어 문제 삼지 않을까 한다.[3]

물론 고유섭의 지적과 같이 이들 찬문에 문제가 전혀 없는 것은 아니다. 그러나 문체라든지 최치원 특유의 용전(用典 : 故事 사용) 등 어느 면으로 보더라도 최치원의 글이 분명함은 다시 말할 필요가 없다. 결코 위작이 아니다. 그의 문체는 당시 당나라와 신라에서 크게 유행했던 변려문이긴 하지만, 다른 사람이 쉽게 흉내 내기 어려울 정도로 개성이 강하다. 이것은 최치원의 사상과 문학을 전문적으로 연구한 학자들의 공통된 평이다.

후인들이 고의적으로 가필(加筆)하거나 뜯어고친 대목은 여러 측면에서 검토와 고증을 거치면 원문대로 복원이 가능하다. 고유섭 같은 이가 고명박흡(高明博洽)함에도 몇 가지 문제점에만 구애되어 자료 자체를 인정하지 않으려 한 것은 아쉬운 일이다. 필자는 이러한 점을 안타깝게 여긴 나머지 《역주 최치원 전집》 두 번째 권을 펴내면서 《불국사고금창기》·《불국사사적》·《화엄사사적》 등에 실린 것을 엄밀히 대조하고 교감하여 오자·탈자·연자(衍字) 등을 바로잡고, 또 사실 관계의 구명(究明)이 필요한 것은 고

3) 고유섭, 《韓國美術文化史論叢》(고유섭전집 2), 동방문화사, 1993, 199쪽.

〈불국사 금동비로자나여래좌상〉

〈불국사 금동아미타여래좌상〉

증을 가하여 원문의 복원을 시도하여 독자들이 고람(考覽)하는 데 이바지하고자 하였다.

Ⅲ. 화상찬(畵像讚)과 '주불(鑄佛)'의 관계

문명대 교수는 앞의 논문에서 현재 불국사에 모셔진 금동여래좌상 두 구의 현상(現狀)에 대해 먼저 살핀 뒤 기법과 양식을 통해 조성 연대를 추정하였다. 그 결과 현재 불국사에 전해 오는 두 금동여래좌상의 조성 연대는 종래 학계에서 통용되었던 '8세기 중엽'이 아닌, 9세기 말엽이라고 주장하였다. 그리고 이는 양식과 기법뿐 아니라 문헌 자료로도 증명된다고 하면서, 최치원이 찬한 두 불상찬(佛像讚)을 들었다. 두 불상찬의 말미에 '광계정미(光啓丁未)'라는 찬술 연대의 표기가 있는 만큼, 조성 연대는 신라 진성여왕 1년

(887)이 정확하다고 하였다.

그러나 결론을 미리 말하자면 문명대 교수의 이 주장은 학계의 공감을 얻기 어렵다고 본다. 두 불상의 조성 기법과 양식을 통해 조성 연대를 추정하는 것에 대해서는 미술사에 문외인 필자가 주제넘게 용훼(容喙)할 일이 아니고 또 그럴 의사도 없다. 다만, 조성 연대를 추정하는 과정에서 최치원의 두 찬문을 통해 문헌상으로 '조성 사실'과 '조성 연대'를 증명하려 한 것은 의욕이 앞선 나머지 사실상 역사적 사실을 왜곡하는 결과를 가져 왔다.

문 교수는 최치원의 두 찬문에 대해 제2장 '조상찬문(造像讚文 : 碑銘)' 첫머리에서,

> 여기에서 소개하고자 하는 명문(銘文)은 불국사의 '철조비로사나삼존불(鐵造毘盧舍那三尊佛)'과 '아미타불'을 조성한 기록을 비(碑)에 새긴 것이다. 원래는 《동조비문(東祖碑文)》에 새겨 있는 것이라고 하는데 《불국사사적》과 《불국사고금역대기》에 옮겨다 놓은 것을 여기에 다시 …….[4]

라 하고, 또 제5장 '조상찬문과 두 금동여래좌상과의 관계' 첫머리에서, "제2장에서 언급한 두 조상비문은 불국사의 철조 아미타·비로자나 두 불상을 만들고 그 경과를 기록한 것임은 의심할 필요가 없을 것 같다"[5]고 하였다. 그런데 기실 여기서부터 사실 관계가 틀어져 있다. 따라서 여기서부터 논의를 풀어 나가야 할 듯하다.

1. 두 찬문은 화상찬(畵像讚)이다

맨 먼저 문제 삼아야 할 것은, 두 찬문이 '화상찬'이라는 점이다.[6] 불상을

4) 문명대, 〈불국사 금동여래좌상 二軀와 그 造像讚文(碑銘)의 연구〉, 1쪽 하단.
5) 문명대, 앞의 논문, 11쪽 하단.

조성하는 것을 조상(造像)이라고 하는데, 조상에는 석상(石像)·동상(銅像)·철상(鐵像)·목상(木像)·화상(畫像) 등이 포함된다. 문 교수의 논문에서 '철조 불상'이라고 하였는데 이것은 무엇을 근거로 한 것인지 모르겠다.

이 두 찬문은 불상을 조성한 내력을 적었다는 점에서는 종래의 조상기(造像記)와 성격이 같다. 다만 부처님을 기리는 찬(讚)을 붙인 점이 다르다. 조상기의 백미로는 통일신라 때 석학 설총(薛聰)이 성덕왕 18년(719)에 찬한 〈감산사아미타여래조상기(甘山寺阿彌陀如來造像記)〉와 〈감산사미륵보살조상기(甘山寺彌勒菩薩造像記)〉[7]를 들 수 있다. 이때까지만 하더라도 운문으로 된 '찬'이 보편화되지 않았던 것 같다. 그런데 최치원의 이 두 찬문에서는 통일신라 후기부터 선사들의 비문에서 흔히 볼 수 있는 '비명병서(碑銘幷序)'의 형식과 마찬가지로, 운문으로 된 '찬'에다 그 내력을 적은 '병서'를 붙여 '찬병서(讚幷序)'의 형식을 갖추었다.

이처럼 두 찬문이 '비명병서'의 형식과 같은 까닭에 문 교수가 '비명'이라고 하였는지 모르겠다. 그러나 '찬병서'와 '비명병서'는 성격이 다르다. 《불국사고금창기》에서 이 두 글이 《동조비문》[8]이란 책에 실린 것이라고 하여서 의심 없이 비문으로 보았고 또 일찍이 비에 새겨졌을 것으로 추정하였으나, 비문과 찬문은 분명 다르다. 한문학의 장르에 대한 이해가 부족한 점이 아쉽다.

다음 두 찬문에 보이는 조성연기(造成緣起)를 살펴보기로 하자.

---

6) 義天의 《원종문류》 권22에 실린 최치원 찬 〈아미타불상찬〉은 제목이 '華嚴佛國寺阿彌陀佛畫像讚'이라 하여 '화상찬'임을 분명히 밝혔다(《한국불교전서》 제4책, 647쪽 참조).

7) 〈造像記〉의 後記에 '開元七年歲在己未二月十五日奈麻聰撰'이라고 되어 있다. 여기서 '奈麻聰'은 설총임에 분명하다. 부친 원효를 따라 俗姓을 사용하지 않은 것으로 보인다(金敏洙, 〈奈麻 薛聰의 吏讀文에 대하여〉, 《延岩 玄平孝 회갑기념논총》, 1980 ; 최영성, 《한국유학통사》 상권, 심산출판사, 2006, 177쪽 참조).

8) 《동조비문》은 현재 전하지 않는다. 따라서 어떤 성격의 책인지 정확히 알 수는 없다. 다만, 책 이름으로 보아 우리나라 불교 祖師들의 비문을 모아 엮은 책, 즉 통일신라 때부터 성행하였던 선사들의 탑비를 모은 책일 가능성이 높다. 한편으로는 최치원의 《사산비명》을 달리 일컫는 것 같기도 하다. 그렇다면 《사산비명》의 부록으로 실렸을 가능성이 없지 않다.

(A) 불국사 광학장(光學藏)[9]의 강실(講室) 왼쪽 벽에 그린 불상(毘盧遮那佛)은 태부(太傅)에 추증된 헌강대왕의 수원권씨(脩媛權氏)[10] 법호 수원(秀圓)이 존령(尊靈)의 명복을 추봉(追奉)하기 위해 모신 것이다. …… 원비(媛妃)는 …… 이에 고개지(顧愷之 : 虎頭)[11]와 같은 묘수(妙手)[12]를 불러 부처님의 모습[螺髻睟容]을 그렸는데, 보살이 이미 좌우로 단엄(端嚴)하게 늘어섰고[13] 가람(伽藍)은 동서로 빛났다(佛國寺光學藏講室, 左壁畫像者, 贈太傅獻康大王脩媛權氏, 法號秀圓, 追奉尊靈玄福之所有爲也. …… 於是求虎頭妙手, 寫螺髻睟容 ; 薩埵旣左端右嚴, 伽藍能東照西曜).

(B) 옛적에 요오상인(姚塢上人)[14] 지둔(支遁)은 "마음이 게으름에는 한이 없는지라 늘 부처님[所天]께 맹세한다"는 말을 하였으며, 광잠대사(匡岑大士)[15] 혜원(慧遠)은 "우러러 제도(濟度)하기를 생각하고 모두 서방극락(西方極樂 : 西境)에 마음을 두었다"는 말을 하였다. 이는 다 법문(法門)에 두텁게 들어가 돌아갈 길을 미리 닦음으로써 유비무환(有備無患)을 중생과 함께 하려는 것이었다. 그러므로 어러 절

---

9) 《화엄사사적》에서 '華嚴寺光學藏'이라고 改竄한 것은 망발이라 하겠다.

10) 《불국사사적》과 《佛國寺古今歷代記》에 "媛妃權氏, 落采爲尼, 法號秀圓, 亦名光學"이라는 注(後人의 注인 듯)가 있어 이해를 돕지만, 신빙성에는 의문이 있다.

11) 중국 東晉 때의 문인 화가. 자는 長康, 小字는 虎頭. 특히 인물화에 뛰어났다.

12) 《불국사고금창기》에 의하면, 경문왕 때 사람으로 그림에 뛰어났던 圓海比丘尼가 그렸다고 한다.

13) 문수보살과 보현보살은 서로 짝이 되어 석가모니 부처님을 좌우에서 모시는 脇士(脇侍菩薩)이자 補處佛로 유명하다. 문수보살은 如來를 왼쪽에서 모시면서 諸佛의 智德·慧德을 맡는데, 오른손에는 지혜의 칼을 들고 왼손에는 꽃 위에 지혜의 그림이 있는 青蓮花를 쥐고 있다. 보현보살은 오른쪽에서 여래를 모시면서 理德·定德·行德을 맡는다고 한다.

14) 餘姚(지금의 중국 浙江省 餘姚縣)의 塢山에 은거하였던 중국 東晉 때의 고승 支遁(道林 : 314~366)을 가리킨다. 지둔은 만년에 오산에 자주 머물렀다. 그는 馬鳴菩薩을 모범으로 삼고 龍樹菩薩의 뒤를 잇고자 하였다. 저술로 《卽色遊玄論》·《聖不辯知論》·《道行旨歸》·《學道誡》 등이 있다.

15) 廬山의 大士(菩薩). 곧 廬山 慧遠을 가리킨다. 匡岑은 중국 江蘇省 九江縣 남쪽에 있는 廬山을 가리키는 말로 匡山 또는 匡廬·廬阜라고도 하는데, 이것은 옛날에 匡裕라는 隱士가 이 산에 살았던 데서 비롯되었다. 慧遠의 저서 《匡山集》(30권)의 명칭도 여기서 따온 것이다.

의 사문(沙門)이 장차 위대한 인물을 계승[繼藺]하려 하되 섬산(剡山)[16]에서와 같이 하였고, (東林高會와 같은) 이름 있는 모임을 발원하되 여산(廬山)에서처럼 하였는데, (부처님의) 신성한 모습을 미묘하게 그려 모시고 세상인심[物情]을 널리 이끌었던 것이다. 이에 (불국사) 강사(譚舍 : 講室)의 서쪽 벽에 무량수불(無量壽佛 : 아미타불)의 상을 경건히 그려 모시게 되었다. 성상(聖像)을 그리는 일이 이룩되고 나서는 이 부유(腐儒)에게 전후 사실을 기록해 주기를 청하였다(昔姚嶋上人, 有「心倦無垠, 以質所天」[17]之說, 匡岑大士, 有心[18]「仰思攸濟, 僉心西境」[19]之譚. 是皆優入法門, 預脩歸路, 有備無患, 與衆共之者也. 是故諸寺桑門[20], 將繼藺[21]於剡山, 願名曾[22]於廬阜 ; 妙圖神表, 廣誘物情. 乃於譚舍西墉, 敬寫無量壽像 ; 旣成功於畫聖, 爰請紀於腐儒).

(A)의 〈비로자나불상찬〉은 신라 제49대 헌강왕의 후궁인 권 씨가 승하한 선왕을 추복(追福)하기 위하여 불국사 광학장 강당 왼쪽 벽에 비로자나불상

16) 支遁(支道林)이 은거하였던 산 이름. 지금의 浙江省 紹興府 嵊縣에 있다. 이곳에서 지둔이 入寂하였다.

17) '心倦無垠 以質所天'은 《廣弘明集》 권15, 支道林 撰, 〈阿彌陀佛像讚幷序〉에 나오는 말이다. 無垠은 '無限'과 같은 말이고, 質은 '맹세한다'는 뜻이다. 所天은 하늘로 여기는 대상을 말하니, 곧 부처님을 가리킨다. 같은 讚文에 "余有大方, 心倦無垠, 因以靜暇, 復申諸奇麗. …… 乃因匠人, 圖立神表, 仰瞻高儀, 以質所天, 詠言不足"(《大正新修大藏經》 제52권, 196쪽 중단~하단) 운운한 대목이 보인다.

18) '仰思攸濟'가 앞에 나오는 '心倦無垠'과 對偶를 이루므로 이 '心'은 衍字인 듯하다.

19) '仰思攸濟 僉心西境'은 《梁高僧傳》 권6, 〈釋慧遠傳〉에 나오는 말이다. 〈慧遠傳〉에 "摧交臂之潛淪, 悟無常之期切, 審三報之相催, 知險趣之難拔. 此其同志諸賢, 所以夕惕宵勤, 仰思攸濟者也. …… 今幸以不謀, 而僉心西境, 叩篇開信, 亮情天發"(《大正新修大藏經》 제50권, 358쪽 하단~359쪽 상단) 운운한 대목이 보인다.

20) '是故諸寺桑門'은 寫本에 따라 '故是寺諸桑門'으로 된 곳도 있으나(《佛國寺古今創記》·《華嚴寺事蹟》 참조), 이렇게 될 때 앞뒤 문맥이 너무 긴박하게 전개된다. 따라서 '是故諸寺桑門'(《佛國寺事蹟》·《佛國寺古今歷代記》)으로 보는 편이 옳을 듯하다.

21) 繼藺(계린)은 큰 인물을 계승함을 이른다. 司馬相如가 藺相如의 사람됨을 사모하여 이름을 '相如'라고 고쳤다는 '慕藺'의 故事와 같다(《史記》 권117, 〈司馬相如傳〉 참조).

22) 名曾은 名會(이름난 모임 : 慧遠·劉遺民 등의 東林高會를 가리킴)의 잘못인 듯하다.

을, 그리고 좌우로 문수・보현 보살을 그렸다는 내용을 담았다. 두 보살을 기리는 '찬'에서도 "화상이 소상(塑像)으로 조각한 것보다 훨씬 뛰어나다(畫像踰彫塑)"라 하고, 또 "화가의 붓끝이 여러 사람의 눈을 즐겁게 하고, 화려한 채색은 이 글발(찬문)보다 낫구나(筆端悅衆目, 彩雘勝詞札)"고 하여, 전문 화가를 불러 불・보살의 상을 그렸음을 밝혔다.

(B)의 〈아미타불상찬〉은 당시 불국사 주지인 종곤(宗衮)이 여러 신사(信士)들과 함께 왕생극락하기를 발원하고자 불국사 강당 서쪽 벽에 무량수불의 상을 그려서 모셨다는 내용이다. 이는 일찍이 중국 동진 때의 고승인 여산의 혜원이 그를 따르던 유유민(劉遺民)・뇌차종(雷次宗)・주속지(周續之)・종병(宗炳) 등 123명의 신사와 함께 동림사(東林寺) 무량수불 앞에서 재를 올리고 서원(誓願)을 세워 모두가 서방정토에 왕생(往生)하기를 발원했다는 고사[23]를 본뜬 것이기도 하다. 이 글의 '찬'에서도 "동국에 살면서 서방을 생각하며 부처님의 모습을 그렸네(東居西想寫形儀)"라고 하였다.

위의 두 자료를 보면, 문 교수가 '철조 불상' 또는 '금동 불상' 운운한 것은 도무지 이해할 수 없다. 이 자료가 아무리 어려운 변려문이라 하더라도 한문을 어느 정도의 이해할 수만 있었다면 사실과 동떨어진 주장을 펴지는 않았을 것이다. 문 교수는 두 찬문을 역주하면서 1976년에 나온 최준옥(崔濬玉) 편, 《국역 고운선생문집》의 번역을 참고하였다고 밝혔다.[24] 실제 문 교수의 번역과 국역본 문집의 번역은 크게 다르지 않다. 물론 전고(典故)를 제대로 이해하지 못한 부분이 적지는 않다. 한 예로 자료 (A)에서 "고개지와 같은 묘수를 불러 부처님의 모습을 그렸는데 ……(求虎頭妙手, 寫螺髻睟容)" 운운한 대목을 주목해야만 했는데도 "이에 승려가 되어 묘수로 하여금 거룩한 소라 상투의 부처님 상을 그리고 ……"[25]라고 하여 '호두(虎頭)'가 문인 화가인

23) 《梁高僧傳》 권6, 〈釋慧遠傳〉 참조. 이때 발원문은 유유민이 지었다. 발원문은 《大正新修大藏經》 제50권(358쪽 하단~359쪽 상단) 참조.
24) 문명대, 앞의 논문, 14쪽 註2 참조.

고개지의 소싯적 자(字)임을 이해하지 못하였다.

그러나 전반적으로 번역상의 결정적인 오류는 없다. 적어도 '부처님 상을 그렸다'고 하는 대목에서 다른 번역이 나올 수 없기 때문이다. 그런데 중요한 대목 곳곳에서 '부처님 상을 그렸다'고 번역을 하면서도 이를 유념하지 않고 데면데면 보아 넘긴 이유는 무엇일까? 그것은 아무래도 〈비로자나불상찬〉과 〈아미타불상찬〉의 제목에 보이는 '진흥왕소주불(眞興王所鑄佛)'이라는 후인의 주(注)를 지나치게 신빙한 탓일 것이다.

2. '진흥왕소주불(眞興王所鑄佛)'이라는 주기(注記)는 잘못된 것이다

문 교수가 문제 삼은 최치원의 두 찬문의 정식 제목은 〈대화엄종불국사비로자나문수보현상찬병서(大華嚴宗佛國寺毘盧遮那文殊普賢像讚幷序)〉와 〈대화엄종 불국사아미타불상찬병서(大華嚴宗佛國寺阿彌陀佛像讚幷序)〉이다. 그런데 《불국사사적》을 보면 위의 제목에 나오는 '불국사 비로자나', '불국사 아미타불' 뒤에 '진흥왕이 주조한 불상'(眞興王所鑄佛)이라는 두 줄로 된 협주(夾註)가 있다. 본문의 내용을 보지 않고 언뜻 제목만 보았을 때 마치 이들 불상이 주조되었던 것처럼 알기 십상이다. 그러나 이 주기는 아무런 근거가 없을 뿐 아니라, 앞서 살펴보았던 본문의 내용에 전혀 합치되지 않는다. 본문의 내용과 배치되는 주는 명백히 잘못된 것으로 그 가치를 인정할 수 없다. 물론 불상을 조성할 때 벽화와 주불(鑄佛)을 동시에 행한 경우가 있기는 하지만, 주불한 사실을 찬자 최치원이 애써 숨길 필요가 있었을까. 대개 주불은 벽화를 그려 부처를 모시는 것에 비할 수 없는 큰 불사(佛事)이다. 주불한 사실이 있었다면 이것은 대서특필할 일이지 숨길 일이 아니다. 그런데 두 찬문을 보면 주조했음을 밝히거나, 이에 관련된 내용은 단 한 글자도 없다.

---

25) 문명대, 앞의 논문, 2쪽 중단.

최치원의 글은 본시 어렵기로 정평이 있다. 그러다 보니 그의 글에는 많은 주석이 달려 있다. 《사산비명》이 그 대표적인 예요, 《법장화상전》에도 여러 군데 주석이 있다. 주석 가운데 찬자 자신이 붙인 자주(自注)는 몇 개 되지 않고 거의 다 후인들이 붙인 것이다. 《사산비명》은 대숭복사비(大崇福寺碑)를 제외한 3기의 세 원비(原碑)가 현재 전하고 있어 주석으로 말미암은 시비가 없지만, 26개의 주가 있는 《법장화상전》만 하더라도 사정이 다르다. 먼저 이것이 찬자 자신이 붙인 주인지 아니면 후인이 붙인 주인지가 분명하지 않다. 용화도충(龍華道忠)의 〈간오(刊誤)〉에서도 이 주를 인용한 것으로 보아 일단 찬자의 자주(自注)로 짐작할 수도 있다.

그러나 《법장화상전》과 글의 형식이 다르기는 하지만 《사산비명》에 보이는 찬자의 자주와 비교해 보면 여러 가지로 차이가 드러난다. 최치원 자신이 달았던 자주 양식과 거리가 먼 것이 대다수이다. 이에 대해서는 선행 논고[26)]가 있으므로 서툽해서 말할 필요는 없겠으나, 극히 일부를 제외하고는 대부분이 뒷날 후학들, 특히 송나라 때 화엄종 계통의 승려들이 이 전기를 새로 간행하면서 가필한 주임에 틀림없다. 한 예로 12번째 주에 보이는 이른바 '용경(龍經)'(화엄경의 별칭)에 대한 장황한 설명과, 13번째의 '신경음의(新經音義)'에 대한 설명은 누가 보더라도 후세 사람이 붙인 주임에 틀림이 없을 듯하다. 다만, 후인이 주를 달았다고 하더라도 명백히 오류라고 인정되는 것은 없다. 이것이 최치원의 화엄 관계 저술에 보이는 잘못된 주석들과 차이를 보이는 점이다.

잘못된 자료를 토대로 논리를 전개하다 보면 전혀 엉뚱한 방향으로 흘러, 크게 비약된 논리를 이끌어 내기도 한다. 이것은 그럴 수밖에 없는 일이다. 장황함을 무릅쓰고 문 교수의 글 가운데 눈동자(?)라 할 만한 대목을 인용한다.

---

26) 김복순, 〈최치원의 불교 관계 저술에 대한 검토〉, 《한국사연구》 제43집, 1983, 5~10쪽 참조.

> 최치원이 쓴 〈비로자나 문수・보현보살상찬〉에 의하면 진성여왕 1년(887)에 헌강왕의 후비였다고 생각되는 수원비구니(秀圓比丘尼)가 헌강대왕의 명복을 빌고 자신의 수행을 위하여 조성하였다고 말하고 있다. 여기서 보면 금동노사나삼존불(金銅盧舍那三尊佛)과 아미타불이 887년에 불국사에서 조성되었던 것은 확실하게 된다. 그것도 주조불(鑄造佛)인 것이다. 이렇게 되면 첫째로 조상비문(造像碑文)이 언급하고 있는 불상의 조성연대와 두 불상의 양식상의 조성연대가 일치하게 되며, 두째로 다같이 금동주조불로 같은 재료를 쓴 불상에서도 일치하게 되며, 세째로 불국사의 《사적기》나 《고금역대기》 같은 문헌에서 보아도 '금속상(金屬像)'을 조성한 주목할 만한 기록은 단지 최치원찬의 비로・미타상 밖에 없으며, 네째로 따라서 임진란 때 불타지 않았다는 '금상(金像)'이 아마도 최치원찬이 있는 금동주조불로 간주할 수밖에 없었으므로 두 상이 역시 불타지 않은 금상에서 일치하게 되며, 다섯째로 이들 불국사 상들은 9세기 말의 불상으로서는 그 양식이나 기법이 최고의 수준에 다달은 것이어서 …….[27]

위에서 결론 격으로 제시한 다섯 가지 사실은 논리상으로만 보면 순서에 따라 일정하게 인과 관계가 있어 보인다. 그러나 문헌 자료 이용에서 근본적인 문제점이 있고 가장 기초가 되는 전제부터가 잘못되었다. 즉, '주조불'이라는 잘못된 자료에 근거하고 있어 이 인과 관계는 사상누각이요 허구에 불과하다고 하겠다.

3. '光啓丁未 …… 崔致遠撰' 운운의 연기(年紀)는 후인의 가필이다

문 교수는 위에서 말한 '진흥왕소주불'이라는 주석을 절대적으로 신빙하고 이를 근거로 논지를 전개하였으나, '소주불'이라는 점에만 주목하였을 뿐 '진

27) 문명대, 앞의 논문, 12쪽.

흥왕'이 주조하였다는 것은 애써 무시하였다. 그리고 〈비로자나화상찬〉 말미에 나오는 '광계정미 정월인일 계원행인 최치원찬(光啓丁未正月人日桂苑行人崔致遠撰)'이라는 연기(年紀)와 '소주불'이라는 말을 연결하여 신라 제51대 진성여왕 1년(887)에 불국사의 금동불이 조성되었다고 하였다. 어찌 보면, 이 두 찬문 말미에 나온 연대와 명기(名記)에 맞추어 두 불상의 조성 연대를 9세기 말이라고 주장하지 않았나 하는 의문이 들 정도이다. 잘못된 주석을 인용하여 결정적 오류를 범하였고, 9세기 말에 조성되었을 것이라는 자신의 논리에 꿰어 맞추려다 보니 '진흥왕이 만들었다'는 사실을 애써 무시함으로써, 잘못된 자료일망정 그 인용에서 일관성마저 결여하였다. 이 점에서도 비판을 면하기 어렵다.

조선 후기 18세기에 나온《불국사고금창기》에는, 〈비로자나불상찬〉 말미에 '광계정미 …… 최치원찬'이라 하고 〈아미타불상찬〉 말미에 '동년월일(同年月日) 자금어대(紫金魚袋) 최치원찬'이라 하는 연대 표기가 있어, 두 찬문이 동시에 찬술된 것인 양 밝히고 있다. 그러나 이것은《불국사고금창기》에만 보이는 기록이다. 역시 조선 후기에 나온《불국사사적》에는 〈비로자나불상찬〉 말미에 '도통순관치원찬(都統巡官致遠撰)'이라 되어 있고, 〈아미타불상찬〉 말미에 '계원행인 최치원찬'이라 되어 있을 뿐이다. 고려 때 대각국사 의천이 엮은《원종문류》 권22에는 최치원의 〈아미타불상찬〉(幷序는 생략)이 전하는데 그 말미에는 연대와 명기가 없다.《화엄사사적》에도 두 찬문이 실렸는데 역시 말미에 연대와 명기가 없다. 자료집에 따라 이처럼 찬술 연대와 명기가 일치하지 않다 보니, 이에 대한 신빙성에 의문이 있는 게 사실이다. 그럼에도 여러 자료집 가운데《불국사고금창기》에 실린 내용만을 그대로 믿어야 하는지 지적하지 않을 수 없다.

그러나 다행히도 이에 대한 해답이 두 찬문의 본문 속에 있다. 위에서 말한 광계 3년 정미년(887)은 정강왕 2년이자 진성여왕 1년에 해당된다. 그런데 〈비로자나불상찬〉 병서(幷序) 말미에 '중국에서 신라로 올 때는 계원(桂

苑)의 행인(行人 : 使臣)이었고 중국에 다시 갈 때는 상구(桑丘)의 사자(使者)였던' 운운하는 대목이 있다. '계원'이란 계향(桂香)이 넘치는 중국을 가리키고, '상구'는 해뜨는 부상(扶桑)의 나라 신라를 가리킨다. '계원의 행인'이란 최치원이 28세(884) 때 당나라 황제의 조서를 받들고 사신 자격으로 신라에 들어온 것을 말하며, '상구의 사자'란 최치원이 하정사(賀正使)로 임명되어 다시 당나라에 들어갔던 것을 말한다. 이를 보면 이 찬문은 적어도 최치원이 하정사로 다시 입당했던 진성여왕 7년(893) 이후에 지어졌음에 분명하다.

《삼국사기》, 〈열전〉에 의하면, 최치원은 시무책을 올리기 한 해 전인 진성여왕 7년에 부성군(富城郡 : 지금의 충청남도 서산시) 태수로 재직 중이었다. 이 해에 그는 하정사로 임명되었으나 연년(連年)의 흉년으로 도적이 횡행하여 길이 막힘으로써 당나라에 들어가지 못했고, 그 뒤 사신으로 당나라에 갔는데 그 시기를 알 수 없다고 하였다.[28] 그러나 이것은 《삼국사기》를 편찬할 때 사료를 제대로 살피지 못한 탓이다. 필자의 관견(管見)으로는 최치원이 당나라에 하정사로 다녀온 것은 분명한 사실이며 그 시기는 진성여왕 7년(893)이다. 이를 뒷받침하는 근거는 다음과 같다. 첫째, 최치원이 하정사로 입당하였을 때 당나라 주현(州縣)에서 공급(供給)이 제대로 되지 않자 그가 태사시중(太師侍中)에게 장(狀)을 올려 시정을 청했던 사실이 《삼국사기》, 〈최치원전〉에 전문과 함께 실려 있다. 둘째, 〈지증대사비문〉에서 최치원이 비문을 지을 당시의 직함을 '입조하정 겸 영봉황화등사(入朝賀正兼迎奉皇花等使) 전 조청대부 수병부시랑(前朝請大夫守兵部侍郞)' 운운하여, '입조하정'이라는 직함을 분명히 밝히고 있다. 최치원은 분명히 하정사로 두 번째 입당을 하였던 것이다.

그렇다면 《삼국사기》에서 '알 수 없다'고 했던 그 시기는 언제쯤일까? 그 열쇠가 될 만한 것이 바로 〈지증대사비문〉 첫머리에 나오는 직함이다. 이

28) 《삼국사기》 권46, 〈최치원전〉 참조.

〈지증대사비문〉은 최치원이 29세 때 당나라에서 귀국한 직후 헌강왕의 명을 받아 짓기 시작한 지 8년 만에 이룩되었다. 그는 이를 '영반팔동(影伴八冬)'이란 말로 표현하였다.[29] 그림자처럼 8년 동안 이 비문과 함께 했다는 말이다. 《삼국사기》에 나오는 하정사 임명 기사를 기준으로 볼 때, 최치원이 '하정사'란 직함을 사용할 수 있는 기점은 적어도 진성여왕 7년(893) 이후가 된다. 그런데 일단 이 해를 기점으로 하여 8년 전으로 거슬러 올라가면, 헌강왕 12년(886, 정강왕 1), 즉 최치원이 귀국한 그 이듬해에 비문 제술(製述)의 명을 받았다는 답이 나온다. 이것은 같은 비문에서 최치원이 "헌강왕의 명을 받아 바야흐로 마음껏 재주를 부리려고[運斧] 생각하던 차에 갑자기 주상전하(主上殿下)께서 승하(昇遐)하셨다"고 술회한 것과 꼭 들어맞는다. 따라서 그가 하정사로 당나라에 들어갔던 때가 진성여왕 7년(893) 바로 그 해였으며, 또 이 해에 〈지증대사비문〉을 완성하였다는 사실을 알 수 있다. 이로써 《삼국사기》에서 알 수 없다고 했넌 봉사(奉使) 시기가 새롭게 드리나는데, 이는 그가 시무책을 올리게 된 저간의 배경까지 엿볼 수 있게 한다.[30]

결국, 두 찬문의 말미에 보이는 연대는 사실과 맞지 않고, 잘못된 것이다. 이는 단순히 887년과 893년 이후라는 연대 차이에 국한된 문제가 아니고, 자료에 대한 신빙성 차원의 문제이다. 필시 후인이 자료의 신빙성을 높이기 위해 고의로 가필한 것이라 생각한다. 필자는 이 두 찬문에 연대와 명기가 본래부터 있었으리라고 믿지 않는다. 따라서 삭제되어야 마땅하다. 《불국사고금창기》와 《불국사사적》 등에 실린 기록이 단순한 오·탈자부터 중대한 결함까지 적지 않은 문제점을 지니고 있기에 더욱 그렇다.

이처럼 문제가 있는데도 이를 무비판적으로 믿고 따른 것은 역사를 연구

---

29) 〈지증대사비문〉, "有門人英爽, 來趣受辛 ; 金口是資, 石心彌固. 忍踰刮骨, 求甚刻身 ; 影伴八冬, 言資三復"(《역주 최치원 전집(1)》, 294쪽).

30) 최치원의 제2차 入唐 시기에 대한 고증 그리고 진성여왕에게 시무책을 올린 것과의 연관성은 최영성, 《최치원의 철학사상》(358~359쪽) 참조.

하는 학자로서 고증에 철저를 기하지 못한 탓이다. "불상들의 확실한 제작 연대를 알 수 있게 되어서 우리나라 조각사에 하나의 기념비적 불상 조각이 될 것으로 믿는다"[31]고 한 문 교수의 주장에 흠이 생긴 것이 아쉽다. 더욱이 같은 해에 함께 불상이 조성되었다고 한 것은 더욱 믿기 어렵다. 이를 사실로 받아들일 때는 다른 차원의 문젯거리가 발생할 수밖에 없다. 이것은 당장 문 교수가 "9세기 말의 신라에서 어떻게 비로자나 불상과 아미타 불상이 동시에 만들어질 수 있었느냐"[32]라고 의문을 표하면서, 그 이면에 깔린 사상적 배경과 나아가 불국사의 성격 등을 논한 데서도 엿볼 수 있다. 필자는 이에 대해 다시 논급하고 싶은 생각이 없다. 잘못된 연대와 명기로 말미암은 것이기 때문에, 이를 근거로 전개한 주장에 대해서까지 논하기는 어렵다고 생각한다. 단지 필자의 생각을 접고 눈 밝은 이들의 지적을 기다릴 뿐이다.

Ⅳ. 맺음말

문명대 교수는 현재 불국사에 전하는 비로자나불·아미타불의 현상과 기법, 양식 등을 검토, 분석하고 이들 불상이 9세기 4/4분기에 조성된 것으로 추정하였다. 그의 명성과 감식(鑑識)을 믿는 우리로서는 이 추정이 설득력 있다고 생각해 왔던 것이 사실이다. 그러나 감식 차원에서 다루어야 할 문제임에도 설득력, 신빙성을 더 높이기 위해 문헌 자료와 결부하여 논의를 이끌어 내는 과정에서 큰 오류를 범하였다. 이것은 그의 성명(盛名)에 일루(一累)가 되고도 남을 것이다.

문 교수는 위의 두 불상이 불국사가 아닌 다른 사찰에서 옮겨 왔을 것이라는 민영규(閔泳珪 : 1914~2005) 교수의 이안설(移安說)[33]을 비판하면서,

31) 문명대, 앞의 논문, 14쪽 중단.

32) 문명대, 앞의 논문, 13쪽 중단.

33) 민영규, 〈불국사와 석굴암〉, 《유네스코 한국총람》, 동 간행위원회, 493쪽 참조.

최치원의 두 찬문을 근거로 신라 말 불국사에서 제작한 것이라는 주장을 전개하였다. 그러나 '확실한 조성연대'를 밝히는 데 집착한 나머지 문헌 자료를 임의로, 그것도 잘못 이용하였다. 문 교수가 문헌 자료로 이용한 두 불상찬(佛像讚)은 모두 '화상찬(畫像讚)'이다. 내용을 아무리 뜯어보아도 '불상을 주조하였다'는 말은 없다. '주불'한 사실을 찬문에서 숨길 이유가 있을까.

'진흥왕이 주조(鑄造)한 불상'이라고 한 후인의 잘못된 주기(注記)를 무비판적으로 받아들이면서도, 자기 주장을 관철시키려고 '진흥왕이 만들었다'는 것은 애써 무시하거나 외면함으로써, 일관성 없고 편의적인 태도를 보였다. 그는 또 두 찬문의 말미에 나오는 연대와 명기를 가지고 신라 진성여왕 1년(887)에 조성된 것이라고 하였다. 그러나 이 연대와 명기가 찬문의 신빙성을 높이기 위해 후인이 가필한 잘못된 것이므로 삭제되어야 한다는 점을 앞서 고증하였다. 한마디로 전혀 관계가 없는 최치원의 두 찬문을 불국사 두 금동불상과 연결하고, 찬문에 나오는 불상과 불국사의 불상이 동일한 것이라 추정하는 등 무리하게 문헌적 뒷받침을 이끌어 낸 것은 명백한 잘못이요 과욕이라 하지 않을 수 없다.

문 교수가 불국사에 현재 전하는 두 금동불의 현상·기법·양식 등을 분석한 뒤 9세기 말에 조성되었다고 추정한 것에 대해서는 필자에게 논급할 역량도 없고 여유도 없다. '아는 만큼 말하는 것'이 학문하는 사람이 취할 자세이기 때문이다. 다만 한 가지, 혹여 최치원의 두 찬문에 나오는 '진흥왕소주불'이라는 후인의 주석과 후인이 가필한 찬술 연대를 토대로 위의 추정을 이끌어 냈다면 문제는 적지 않다. '문헌 자료의 뒷받침' 부분에서 그 논리적 근거를 상실했기 때문에 문 교수 주장의 전반적인 재검토가 불가피하다고 본다. 노자(老子)가 말한 '허실생백(虛室生白)'의 의미를 되새기며, 민영규 교수의 이안설 등 관련 학설이나 주장을 재검토해야 할 것이고, 또 양식·기법 등을 통한 조성 연대의 추정도 다시 할 필요가 있다고 생각한다.

한국 미술사를 전공하는 학자들의 후속 연구를 기대하여 마지않는다.

부록 — 餘論

1. '포함삼교(包含三敎), 접화군생(接化群生)'과 백제금동대향로

한국 사상의 원형을 탐구하는 것이 연래 필자의 관심사 가운데 하나다. 그런데 근자에 국보 제287호인 백제금동대향로(百濟金銅大香爐)를 찬찬히 뜯어보다가 〈난랑비서〉에 나오는 '포함삼교, 접화군생'이라는 여덟 글자를 연상하였다. 또한 최치원이 〈난랑비서〉에서 말하는 '국유현묘지도(國有玄妙之道)'로서의 풍류 사상이 그야말로 우리나라 고내부터 전승되어 온, 실체가 있는 오랜 전통 사상임을 다시 확인하였다. 최치원이 〈난랑비서〉를 통해 '포함삼교 접화군생'하는 풍류의 실체를 문자를 통해 밝혔다면, 이보다 훨씬 앞선 시기에 백제대향로라는 조형물에서 이것이 형상화되었다는 것은 주목할 만한 사실이라고 본다.

이 향로는 조형미라든지 회화적 구도, 예술성 등에서 백제 최고의 걸작이라는 찬사를 받는다. 더욱이 이에 담긴 우주관·자연관·삼교 사상 등 조형적 배경은 실로 백제 인문 정신의 총화(叢花)라 할 수 있다. 64센티미터에 이르는 이 금동 향로는 크게 뚜껑과 몸통 두 부분으로 나누어진다. 뚜껑 위에는 힘차게 날갯짓하는 천계(天雞)[1]를, 몸통 아래 받침대 부분에는 역동적

---

1) 종래에는 뚜껑 위의 새를 봉황 또는 朱雀이라 하였고, 深山을 蓬萊山이라 하여 '金銅龍鳳蓬萊山香爐'라 이름 붙였다. 그러나 봉황이 아니라 天雞(수탉)이고, 봉래산이 아니라 博山(곤륜산)이라는 설이 제기되면서 논란을 피해 이름을 '백제금동대향로'로 바꾸었다. 봉황이냐 천계냐에 대해서는 더 논의가 있어야 한다. 다만, 백제가 닭과의 인연이 많았고 닭을 신성시하였던 점으로 미루어 볼 때 역시 천계로 보는 것이 더 설득력이 있다. 백제

〈백제금동대향로〉

인 모습의 용틀임을 조각하여 양과 음의 세계를 상징하였다. 뚜껑에는 수십 개의 산봉우리가 열 지어 있고 심산유곡(深山幽谷)이 펼쳐져 있다. 이는 중국 한대(漢代) 박산향로(博山香爐)의 영향인 듯하지만 기실 백제 산수문전(山水文塼)의 평면적인 산을 입체화해 놓은 듯하다. 산과 폭포와 시냇물 사이에서 유유자적하는 신선들은 악기를 연주하거나 명상에 잠기기도 하고 낚시 또는 수렵을 하거나 머리를 감기도 한다. 뚜껑에는 이 밖에도 봉황과 용을 비롯한 상상 속의 길짐승과 날짐승, 현실 세계에 존재하는 호랑이·사슴·코끼리·원숭이·멧돼지 등 160여 마리의 동물을 표현하였다. 한마디로 백제의 도선 사상을 엿보는 데 중요한 시사를 던져 준다.

몸통 부분에는 활짝 핀 연꽃이 장식되어 있는데, 연꽃의 몸체에는 두 신선과 날개 달린 물고기를 비롯한 수중 생물, 물가에서 많이 볼 수 있는 사슴과 학 등을 새겨 놓았다. 연꽃을 통해 화생만물(化生萬物)의 이치를 형상화한 것이다. 여기서 '연화화생(蓮花化生)'이라고 하는 불교의 생성관(生成觀)을 엿볼 수 있다. 연꽃은 예로부터 신비의 광명과 생명 탄생을 담은 것으로 여겨져 왔으며, 불교에서 매우 중시한다. 이것이 상징하는 '광명'과 '생명'은 실

의 주산 격인 雞龍山은 닭을 중시하는 백제인의 정서가 담긴 것으로 닭과 용이 각각 음과 양으로서 백제를 상징하고 있다 하겠다. 닭을 신성시하였던 것은 백제뿐 아니라 고구려에서도 마찬가지였던 것 같다. 慧琳의 《一切經音義》를 보면, "중국말로 鷄貴는 곧 고려국(고구려)이다. 다 함께 鷄神을 섬겨 머리에 닭의 깃을 꽂았다. 그러므로 '계귀'라고 하는 것이다"(《大正新修大藏經》, 제54권)고 하였다.

로 우리 고유 사상과 불가분의 관계가 있는 것이다. 그러기에 이 부분은 더욱 주의가 요구된다고 하겠다.

이 향로는 유학 사상과 관련해서도 중요하다. 봉황 바로 아래에서 다섯 명의 악사가 음악을 연주하고 범·사슴·멧돼지 등 수많은 짐승이 즐겁게 춤을 추며 물속에서도 물고기가 재미있게 노는 모습은, 곧 《서경》에서 "팔음의 악기가 잘 어울려 서로 차례를 빼앗음이 없어야 신과 사람이 화합할 것이다"[2]고 한 것이라든지, 또 "석경(石磬)을 치고 어루만지자 온갖 짐승이 따라서 춤을 추었다"[3]고 한 것을 형상화한 것이다. 〈익직(益稷)〉편에는 다음과 같은 말이 있다.

> 기(夔)가 말하였다. 명구(鳴球 : 玉磬)를 치고 거문고와 비파를 어루만지며 노래를 읊으니, 조고(祖考)가 와 이르시며, 우빈(虞賓 : 丹朱)이 자리에 있으면서 여러 제후들과 덕으로써 사양을 합니다. 당하(堂下)에는 관악기와 도고(鼗鼓)를 진열하고, 축(柷)과 어(敔)를 가지고 음악을 합하고 멈추게 하며, 생황과 큰북[鏞]을 번갈아 울리니, 날짐승과 길짐승이 너울너울 춤을 추며, 소소(簫韶 : 요순의 음악)를 아홉 번 연주하니 봉황이 와서 춤을 춥니다. 아! 제가 석경을 치고 어루만지자 온갖 짐승이 따라서 춤을 추었습니다.

《서경》에서 유교의 정치 이념으로 '신인상화(神人相和)'를 말하지만, 궁극적으로는 '신인상화'의 경지에서 더 나아가 신과 인간 그리고 미물까지 하나로 어울려 화합하는 것을 가장 이상적인 경지로 여긴다. 향로에 새겨진 악무(樂舞) 관련 내용은 〈익직〉편에 담긴 이상적 경지를 형상화한 것이라고 볼 수 있다.

이로써 본다면 이 향로는 실로 유·불·선 삼교의 종합적인 모형도인 셈

---

2) 《서경》, 〈舜典〉, "八音克諧, 無相奪倫, 神人相和."
3) 《서경》, 〈益稷〉, "夔曰, 於! 予擊石拊石, 百獸率舞."

이다. 이를 통해 백제의 '삼교합일' 경지와, 삼교 각각의 사상적 종교적 수준을 엿볼 수 있다.[4] 최치원이 말한 '포함삼교, 접화군생'의 의미를 조형물을 통해 느낄 수 있는 것이다. 특히 백수솔무(百獸率舞)하고 동락동열(同樂同悅)하는 형상은 궁극적으로는 《주역》, 〈중부괘〉의 '믿음이 돼지와 물고기에까지 미친다'는 신급돈어(信及豚魚)의 경지를 지향한 것이라 하겠다. 상하의 믿음이 지극하면 무지한 사물과도 감통할 수 있다는 이상적인 정치 이념을 제시한다. 여기서 우리는 초목군생이나 동물에까지도 덕화와 감화를 베풀어 자혜(慈惠)로운 삶을 살도록 하는 '접화군생'의 의미를 다시금 되새기게 된다.

4) 權寧遠, 〈백제의 崇文精神으로 본 扶餘世家와 儒·佛·仙 三敎思想〉, 《백제의 종교와 사상》, 충청남도, 1994, 63~67쪽 참조.

2. 최치원의 《계원필경집》

I

우리나라 한문학사의 서장을 장식하는 고운 최치원의 명성은 예로부터 대단하여, 우리나라만이 아니라 중국의 예원(藝苑)에까지 널리 알려졌다. 특히 최치원의 《계원필경집》과 《사륙집(四六集)》은 《신당서(新唐書)》에 그 서명(書名)이 소개될 정도였다. 이는 자존심 강한 중국인의 안목으로 외국 사람을 최대한 인정을 한 것이라 하겠다. 최치원의 문장은 청나라 때 육심원(陸心源)이 편찬한 《당문습유(唐文拾遺)》에 무려 열 권 분량이 실려 있다. 특히 《계원필경집》의 경우 청나라 도광(道光) 27년(1847)에 반사성(潘仕成)이 편찬한 '해산선관총서(海山仙館叢書)'에 29번째로 수록되기도 하였다. 이쯤 되면 고려 중기의 문호 이규보가 〈당서불립최치원열전의(唐書不立崔致遠列傳議)〉를 지어, 최치원의 문학적 성취를 높이 평가하고 이를 민족적 자부심과 연결하려 했던 것도 이해할 수 있다.

최치원의 저작은 1천여 년이라는 오랜 세월을 거치면서 많은 분량이 인멸되었기 때문에, 정확히 몇 종이며 분량이 얼마나 되는지 파악할 수 없다. 다만 최치원이 29세 때 당나라에서 돌아와 헌강왕에게 《계원필경집》 20권을 올리면서 재당시(在唐時)에 이룩한 저서 목록을 열기(列記)한 바 있어 주목된다.

《계원필경집》 20권

《중산복궤집(中山覆簣集)》 5권

《사시금체부(私試今體賦)》 5수 1권

《오언칠언금체시(五言七言今體詩)》 1백 수 1권

《잡시부(雜詩賦)》 30수 1권

이 밖에도 여러 사서(史書)를 보면 《사륙집》 1권, 《고운문집》 30권, 《제왕연대력》 등이 있었음이 확인된다. 앞에서 든 것만 치더라도 적어도 60권을 웃도는 거질(巨帙)이다. 그런데 지금은 《계원필경집》 20권만 온전하게 전하고, 문집 약간 권과 금석문 몇 편이 전하고 있을 뿐 대부분 인멸되고 말았다. 오늘날 《고운문집》이라 하여 전하는 것은 《계원필경집》·《동문선》에 실린 것과, 불교 관계 자료집, 금석문 등에 산재한 것을 한데 모아 엮은 것으로 사실상 '습유(拾遺)' 형태를 면치 못한다. 《고운문집》의 불행은 여기서 그치지 않는다. 고려 때부터 여러 차례 간행되었던 《고운문집》이 중간에 전승이 단절되다 보니, 수습하여 묶은 글에도 적지 않은 임의개찬(任意改竄)과 오류가 뒤따랐다. 변려문에 익숙하지 못한 후인들이 얕은 식견을 가지고 최치원의 글을 가리켜 문불성(文不成)이니 문불통(文不通)이니 하면서 제멋대로 고친 것이 적지 않고, 또 전사(轉寫)하는 과정에서 비슷한 글자를 혼동하여 잘못 옮긴 경우도 상당하였다.

현존하는 《고운문집》의 오류는 이뿐이 아니다. 최치원을 '부처에게 아첨하는 사람[佞佛之人]'이라고 비판하면서 문묘(文廟)에서 출향(黜享)해야 한다고까지 혹독하게 몰아붙였던 조선 시대의 도학적 분위기 속에서, 후손들이 조상을 위한답시고 불교 관계 문자를 뜯어 고쳐 그의 불교적 이미지를 가급적 누그러뜨리려 했던 사례가 없지 않았다. 이러한 것은 최치원의 학자적 사상적 진면목을 크게 훼손하는 망동(妄動)으로 비판받아 마땅하다.

한편, 최치원이 학자로서 명성이 높다 보니 그에 의빙(依憑)하여 일부 저술을 그의 소작(所作)이라 하여 이름을 모용(冒用)하는 사례도 적지 않았다.

그 대표적인 예를 들면,《유설경학대장(類說經學隊仗)》의 찬자(撰者)가 바로 최치원이라는 것인데, 이는 한마디로 최치원의 후손들이 선조의 명성에 가탁하여 지어낸 억설에 불과하다. 이 밖에도《신라수이전(新羅殊異傳)》이 최치원의 작품이라고 주장하는 학자들이 있으나, 이 역시 그의 작품이라고 하기에는 어려운 점이 많다. 특히 문체상으로 더욱 그렇다.

II

《계원필경집》은 우리나라 최고(最古)의 문집이자 한국 한문학사에서 '개산초조(開山初祖)'의 위치를 차지한다. 재당시의 대표적 저술이《계원필경집》이라면, 우리나라 금석문의 신기원을 여는 것이자 백미(白眉)라 할 수 있는《사산비명》은 귀국한 뒤의 득의작(得意作)이라 하겠다.《계원필경집》은 최치원이 당나라에서 귀국한 이듬해인 헌강왕 11년(886)에 스스로 엮어《사시금체부》·《오언칠언금체시》·《잡시부》·《중산복궤집》과 함께 임금에게 진헌(進獻)한 것이다. 최치원은 귀국한 뒤, 헌강왕으로부터 한림학사(翰林學士) 겸 수병부시랑(守兵部侍郎) 지서서감(知瑞書監)에 임명되었다. 귀국한 뒤로 2년 사이에 헌강왕·정강왕이 잇달아 세상을 떠났으며 주로 진성여왕 때 활동하였다. 이 시기에 그는 임금으로부터 상당한 예우를 받으면서 문한직(文翰職)에 종사하였으며, 당나라에서 온축한 바를 고국 신라에서 마음껏 펼쳐 보고자 했다. 신라 조정에서 자신의 학문과 경륜을 높이 평가해 주기를 기대했던 것은《계원필경집》권20에 나오는 시〈두견(杜鵑)〉을 통해 엿볼 수 있다.

石罅根危葉已乾　바위 틈에 내린 뿌리 아슬하고 잎도 쉬 마르겠네.
風霜偏覺見摧殘　바람 서리에 유난히도 꺾이고 상하네.
已饒野菊誇秋艶　가을 자태 자랑하는 들국화 꼴 실컷 본 뒤엔

應羨巖松保歲寒 선달 추위에도 끄떡 않는 바위 노송이 부럽겠지.
可惜含芳臨碧海 아깝구나, 고운 빛깔로 바닷가에 남았으니
誰能移植到朱欄 뉘라서 옮겨 심어 붉은 난간 보게 하랴.
與凡草木還殊品 여느 초목과는 아주 다른 품격인데
只恐樵夫一倒看 나무꾼이 똑같다고 볼까 두렵네.

꽃다움을 머금은 두견화를 훌륭한 가문의 뜰에 옮겨다 심어 주기를 바라는 심정은 그가 '가진 재목이 쓰이기만을 기다린다[懷材待用]'고 말한 바로 그것이었으리라. 최치원이 《계원필경집》을 진헌한 의도 역시 이러한 맥락에서 보아야 하지 않을까 한다.

《계원필경집》에 실린 글은 최치원이 당나라에 있을 때 지은 것이 대부분이다. 특히 제도행영병마도통(諸道行營兵馬都統)인 고병(高駢)의 막하(幕下)에서 종사관(從事官)으로 있으면서 그의 필연(筆硯)을 맡아 대찬(代撰)한 것이 많다. 대찬한 글과 공용문(公用文)이 대부분이기 때문에 자신의 사상과 정감을 오롯하게 담은 글이 적다는 한계가 있기는 하다.

이 《계원필경집》은 19세기 초까지만 해도 이미 없어졌다고 학계에 알려져 있었던 것 같다. 연암 박지원 같은 박학자도 《열하일기》에서 "《당서》, 〈예문지〉 가운데 '신라 최치원의 《계원필경》 4권'이란 대목이 있다. 뒷날의 저서가들이 이 서목을 인용하였지만 그 내용은 보이지 않는다. 책이 없어진 지 오래된 모양이다"고 기록할 정도였다. 그러다가 순조 때 《계원필경집》이 중간(重刊)되었는데, 이에 대해 오주 이규경은 《오주연문장전산고》에서 다음과 같이 증언한 바 있다.

본집(本集)은 장서가가 모두 실전(失傳)되었다고 하므로 선배들이 이를 애석하게 여겨 오다가 계사년(순조 33, 1833)에 오비(五費) 서상서(徐尙書 : 有榘)가 연천(淵泉) 홍상공(洪相公 : 奭周)의 소장본을 빌렸으니, 곧 영안위(永安尉) 홍주원(洪柱元)

으로부터 집안 대대로 전수해 오던 것이다. 실전된 글이 다시 나오자 서공은 다시 없어질까 염려하여 호남 관찰사로 있을 때 나에게 교정을 위촉하고 발간을 감독하여 1백 부를 인쇄하였는데, 취진자(聚珍字 : 活字本)이기 때문에 그 원판은 전해지지 않는다. 아무튼 이 공사가 갑오년(1834) 2월에 시작되어 그해 9월에 완공되었는데, 인쇄와 발행 과정에서 나의 조력이 없지 않았다. 공께서 가신 지 1천여 년 만에 하마터면 없어질 뻔한 이 글을 다시 몇천 년 뒤까지 전하게 되었다. 전현(前賢)을 숭모하고 후학을 이롭게 한 오비공의 뜻이 어찌 아름답지 않은가.

서유구의 〈교인계원필경집서〉에 의하면, 그는 전라도 관찰사로 재직 중이던 순조 33년(1833) 가을에 지방을 순시하다가 태인(泰仁) 무성서원(武城書院)을 봉심(奉審)하고 석구(石龜) 유상대(流觴臺)를 돌아본 적이 있었다. 그때, 연천 홍석주가 자신의 집에 소장하고 있던 《계원필경집》을 부치며 "이것은 천년도록 끊어지지 않고 실낱같이 내려온 문헌이다. 그대가 이 책을 유통시킬 생각은 없는가"라고 권고하였다. 이에 서유구는 공벽(拱璧)을 얻은 듯한 기분으로 급히 교정을 하고 주자(鑄字)를 모아 인쇄하였고, 이를 무성서원과 합천 가야산에 나누어 간직하였다고 한다.

서유구는 홍석주와 나눈 서한에서 다음과 같이 말하기도 하였다.

《당서》, 〈예문지〉에 의거하면 《계원필경집》 이외에도 문집 30권이 있습니다. 이 문집은 (고운이) 동환(東還)한 뒤에 지은 것인데, 지금은 이미 산일(散佚)되어 전하지 않습니다. 오직 영·호남 지방의 오래된 석각(石刻)에는 대개 고운이 찬한 글이 많은데, 지금 만약 사원(寺院)과 사묘(祠廟) 사이를 돌면서 널리 모우고 찾으면 아직도 십수 편을 얻을 수 있습니다. 이것을 모아서 원집(原集)에 부록으로 실으면 천백(千百) 가운데 십일(什一)이나마 보존할 수 있을 것이다. 그럴 여가를 얻지 못한 것이 한스럽습니다.

《계원필경집》이 1천여 년이나 실전되지 않고 오늘까지 온전하게 전하는 것은 서유구와 홍석주 같은 독지지사(篤志之士)의 숨은 노력과 정성이 있었기 때문이다. 최치원 연구를 위하여, 아니 우리의 역사를 위하여 참으로 다행하고 소중한 일이 아닐 수 없다. 《계원필경집》의 중간이 없었다면, 이 책이 다시 중국에 들어갈 수 있었겠는가?

Ⅲ

《계원필경집》에는 305편의 글과 60수의 시가 실려 있다. 최치원 스스로 '모래를 파헤쳐 금을 찾는[披沙見寶]' 태도로 선집(選輯)에 임했던 만큼 어느 것 하나 득의(得意)하지 않은 글이 없겠지만, 이 가운데 권11에 실린 〈토황소격(討黃巢檄)〉은 반적(叛賊) 황소의 간담을 서늘케 했다는 명문으로 그 이름이 높다. 또 권15에 실린 여러 편의 재사(齋詞)는 당대(唐代)의 도교뿐 아니라 최치원의 도교관을 연구하는 데 크게 도움이 되며, 권20에 실린 시와 글은 귀국할 무렵에 지은 것으로 귀국을 앞둔 그의 정회가 어떻게 문학으로 피어났는지 엿볼 수 있다. 또한 이 《계원필경집》에 실린 글은 황소의 난을 전후한 시기 당나라의 정세는 물론, 신라의 대당교섭사(對唐交涉史)를 연구하는 데 빼놓을 수 없는 자료기도 하다.

《계원필경집》은 당시 일세를 풍미하던 사륙변려체 일색이다. 글마다 풍부한 전고(典故), 적절한 대우(對偶), 해화(諧和)된 압운(押韻)으로 이루어져 있어 변려문의 절정이면서 실용문을 예술적으로 승화시켰다는 평가를 받는다.[5] 고문(古文)이 성행하던 후세에도 과문(科文) 또는 공용문의 전범(典範)

---

5) 최치원은 사륙문으로 海內外에 유명하여 '唐代第一'이라고 일컬어졌다. 북송 말기에 王應麟이 편찬한 《玉海》 권54, 類書, 〈唐七十五家摠集〉에서는 당나라 때의 저명한 문장가를 문체별로 소개하면서 '四六若崔致遠'이라 하였다. 이는 최치원의 문장에 대한 중국인 최대의 찬사라 할 만하다.

으로 받들어져 사자(士子)들이 널리 익혀 온 데는 까닭이 있는 것이다. 우리나라 한문학의 문학 양식은《계원필경집》에 이르러 확립되었다고 할 수 있으니, 이 1부(部) 20권에 보이는 수많은 문체를 통해 종합화된 양식이 나오게 되었다.《계원필경집》은 당시의 문체를 연구하는 데 더없이 중요한 자료라 하겠다.

최치원의 문장은 변려문 일색이라는 점 때문에 제대로 평가받지 못한 경우가 적지 않았다. 본시 변려문은 자구가 미려(美麗), 교묘(巧妙)하고 대우가 잘 맞으며 성률(聲律)이 잘 어울린다. 전고를 사용하기 때문에 문장이 화미(華美)하고 율동감이 있으며 함축성이 강하다. 한마디로 '감각'에 호소하는 예술성이 강한 문체라 할 수 있다. 그러나 말류(末流)에 가서는 형식에 치우쳐 아름답게만 꾸미는 '장식적'인 것을 추구하게 되어 많은 폐단을 가져왔다.

최치원이 당나라에 들어간 때는 만당기(晩唐期)로 의종・희종(僖宗) 연간에 해당한다. 당시 당나라에서는 한때 고문운동(古文運動)으로 위축되었던 변려문이 다시금 성행하였는데 신라에서도 매한가지였다. 변려문을 잘 지어야 행세를 하고 대우를 받던 당시의 문단 풍조에서 이를 초탈하기란 지극히 어려운 일이었을 것이다. 여한십대가(麗韓十大家)의 한 사람으로 꼽히는 연천 홍석주는 최치원의 문장에 대해 '화려하면서도 가볍지 아니하다(多華而不浮)'는 감식(鑑識) 있는 평을 내린 바 있다. 그런데 후대에 와서는 이러한 변려문의 특성을 간과한 채, 최치원이 박학함을 과시하기 위해 현학적으로 내외의 군서(群書)에서 많은 문구를 인용하여 교묘히 배열했다고 생각한 나머지, 그의 글을 아름답게만 꾸민 '장식적인 글'에 불과하다고 비판하는 경우가 많았다.

특히 고려 중기 이후로 점차 이 땅에서 고문(古文)이 성행함에 따라, 그의 글이 중국에서 오래도록 성행하던 문체를 그대로 답습한 몰개성적인 것으로 비판받고 폄하되기에 이른다. 무엇보다도 그의 글이 회삽난해(晦澁難解)하다는 것이 주된 이유였다. 사가정(四佳亭) 서거정(徐居正 : 1420~1488)은 "지금《계원필경집》에 해득하지 못할 곳이 많이 있는데, 아마도 당시의 기습(氣習)이 이와 같았거나 그렇지 않으면 동방의 문체가 미처 고아(古雅)하지 못해서일 것이다"라고 비판하였고, 용재(慵齋) 성현(成俔 : 1439~1504)은 "이제 최치원의 저술을 가지고 보건대, 비록 시구(詩句)에는 능하였으나 의미가 정밀하지 못하고 비록 사륙문을 잘하였지만 말이 정제되지 못하였다"고 비판했다. 서거정 같은 문장의 대가까지도 이해하기 어려운 곳이 많다고 한 것을 보면, 최치원의 문장이 난삽함을 지적한 것이 분명하다. 후대로 내려오면서 변려문이 어려운 전고와 기교적인 대우를 피해 평이한 쪽으로 변화하였던 저간의 사정으로 미루어 볼 때, 서거정의 비판이 어느 정도 이해가 되기는 한다. 이처럼 일부 후학들의 좋지 않은 평판 때문인지 우리나라 비갈문자(碑碣文字)의 효시이면서 신라 한문학의 중요 유산인《사산비명》마저도《동문선》에서 실리지 못하였다.

그러나 최치원의 문장은 말류의 기교로만 흘러 버린 변려문과는 그 차원이 다르다고 본다. 즉, 문장을 곱고 아름답게 그리고 무게 있게 꾸미는 것에 치중한 나머지 생각하는 바를 제대로 나타내지 못한 경우는 없다는 것이다. 전고의 사용과 경사(經史)에 나오는 문구의 인용이 호번(浩繁)할지언정 말하고자 하는 것은 어려움 없이 표달(表達)하였다. 오히려 각종 실용문을 예술적으로 승화하였다는 표현이 더 적절할 것이다. 더욱이 그가 문장이란 도(道)를 드러내기 위한 수단이라는 문장관에 입각하여 도를 추구하는 의식을 가지고 있었음에야 더 말할 나위가 없다.

한문학에 대한 현대인의 안목이나 견식에서 최치원의 글이 난삽(難澁)하고 어렵게만 느껴지는 것을 어찌할 수 없다고 하더라도, 억지로 꾸민 듯한 느낌은 많지 않다고 생각한다. 특히 말하고자 하는 바를 표현하기 위해 내외의 군적(群籍)에 보이는 문구를 인용하고, 유교·불교·도교 등 어떤 사상이나 종교에도 얽매임이 없이 종횡으로 넘나들고 있음을 볼 때, 우리는 그의 수사(修辭) 기법과 폭넓은 독서 편력에 놀라지 않을 수 없다.

최치원의 문장은 간결하고 함축성이 있다. 이것은 대부분 변려문이 가지는 특성에서 비롯된다. 그런데 대다수 사람들은 최치원의 문장이 간결하다는 점은 쉽게 알아차리지만, 함축성과 심오함이 있다는 점은 아울러 보지 못하는 듯하다. 대우와 전고의 사용으로 말미암아 글 뜻이 어려워, 읽는 이가 고심에 고심을 거듭하여 오랫동안 의미를 되새겨야 하는데도, 함축성과 심오함은 제쳐 두고 난삽함만을 지적한다. 또 간략하다는 점만을 애써 의식한 나머지 〈난랑비서〉와 같은 함축성이 강한 글도 한 문장가의 붓끝에서 깊은 생각 없이 나온 것이라고 보아 넘기는 경우가 적지 않다. 이것은 어찌 보면 고운문(孤雲文)이 갖는 광박(廣博)함과 심오함에 질린 중인(衆人)의 자기변명적 태도일지도 모른다.

이뿐만 아니라 최치원의 글에서 철학적이거나 사색하는 태도가 보이지 않는다는 지적도 있는데, 사실 언뜻 보면 그렇게 생각할 수도 있다. 그렇지만 이는 문장이 간결한 대신 함축성이 있음을 간과한 탓이나. 사실, 최치원의 문장은 보는 사람에 따라 해석의 깊이나 방향이 다를 만큼 사의(詞意)가 은미하며 함축성을 지닌다. 이러한 '문간의풍(文簡義豊)'한 성격에 조금이라도 유의한다면 그의 글에 철학적 성향이나 사색하는 태도가 전혀 보이지 않는다고 단언하지는 않을 것이다. 한마디로 말해서, 겉으로 드러난 양식만 가지고 내용적 측면까지 단정하려고 들어서는 안 될 것이다. 최치원의 문장이 지닌 특성을 제대로 인식하는 것이 최치원 연구에서 반드시 선행되어야 할 문제라 하겠다.

3. 〈심원사수철화상비문(深源寺秀澈和尙碑文)〉 찬자고(撰者攷)

I

최치원의 생애와 학문 역정을 다루는 과정에서 변증(辨證)을 해야 할 것이 많다고 본다. 그 가운데 하나가 바로 〈심원사수철화상비문(深源寺秀澈和尙碑文)〉의 찬자(撰者)에 대한 문제다. 1992년에 역사학자 추만호(秋萬鎬)는 〈심원사 수철화상 능가보월탑비(楞伽寶月塔碑)의 금석학적 분석〉[1]이라는 논문을 발표하였는데, 이 논문에서 특유의 혜안(慧眼)과 해박한 역사학적 소양을 동원하고, 수차에 걸친 답사를 통해 결락(缺落)된 부분을 많이 보충하고 잘못된 부분을 심정(審定)하였다. 이뿐만 아니라 비문에 대한 역주를 바탕으로 여러 가지 중요한 사실을 논증함으로써 금석학자로서의 면모까지도 유감없이 보여 주었다. 이 논문은 종래의 금석학 수준을 크게 이끌어 올린 수작(秀作)으로, 이 분야에 종사하는 학인들에게 연구의 전범(典範)을 보여 준다고 해도 지나친 말은 아닐 것이다.

다만 이러한 위치 때문인지는 모르겠으나, 논의가 충분히 이루어져야 할 몇 가지 점에 대해서 아직 학계에서 재검토나 논쟁은 없고, 논문에서 제시한 사실을 그대로 받아들이는 데 머물고 있다. 한 예로 어느 역사학자는 추 씨

1) 《역사민속학》 창간호, 한국역사민속학회, 1991.

의 설을 무비판적으로 받아들여 최치원이 말년에 아찬에서 상위 관등(官等)인 장군직(將軍職)에 오른 것으로 보고, 비록 산직(散職)이긴 하지만 진골만이 받을 수 있는 '장군직'에 육두품인 최치원이 올랐다면 이것은 어느 면에서 당시 골품 제도의 붕괴를 보여 주는 것이라 할 수 있다고 하였다.[2] 이것은 우리 학계의 금석학 수준이 어떠한가를 보여 준다고 해도 잘못된 말이 아닐 성싶다. 이와 같은 무비판적인 수용을 방지하고 역사적 사실을 바르게 연구하기 위해서라도 이에 대한 변증은 필요하리라고 믿는다.

II

추만호의 논문에서 주목을 끄는 것이 적지 않지만 그 가운데 가장 중요한 문제는 역시 동 비문의 찬자를 최치원으로, 찬술 시기를 진성여왕 7년(893)으로 비정(比定)한 점이다. 따라서 최치원의 발자취를 더듬어 보는 과정에서 이 문제를 논하지 않을 수 없을 것이다. 현재 학계에서는 〈수철화상비문〉의 찬술 시기를 893년으로 보는 점에서는 대체로 의견을 같이하는 것 같다.[3] 그러나 결론적으로 찬술 시기 내지 건립 시기가 893년이라는 것은 사실과 다르고 찬자가 최치원이라는 것은 더욱 더 사실과 거리가 멀다.

추 씨는 위 논문에서 "지은이와 글씨 쓴 이에 대하여는 최치원과 김영(金穎)으로 추정한다"고 하면서, 그 이유에 대해

첫째, 관례적으로 새김글은 당대 최고의 문필가와 서법가가 짓는 특성에 비추어 해당 시기를 앞뒤한 인물로는 이들밖에 찾을 수 없고,

---

2) 崔敬淑, 〈최치원의 역사인식〉, 《孤雲의 思想과 文學》, 부산 : 坡田韓國學堂, 1997, 29쪽 註1 참조.

3) 《조선금석총람(上)》, 56쪽 ; 許興植 편, 《韓國金石全文》(고대편), 229쪽 ; 한국고대사회연구소 편, 《譯註 韓國古代金石文》 제3권, 1992, 158쪽 ; 한국정신문화연구원 편, 《한국민족문화대백과사전》 제28권, 〈연표〉 등에서는 한결같이 893년 수철화상이 입적한 그해에 비가 건립되었다고 기술하였다.

둘째, 역임한 직함을 그대로 사용하는 용례에서도 추정되며,

셋째, 어쩔 수 없이 글에서 나타나는 글 버릇으로도 확인된다고 하였다.

그리고 새김글이 지어진 것은 수철화상이 입적한 뒤 1백일 간의 제사가 끝난 진성왕 7년(893) 9월 14일 이후의 일이라고 못 박고, 이는 누구도 부인할 수 없는 사실이라고 단언하였다.[4)]

필자는 추 씨가 이유로 든 세 가지는 대부분 정확한 근거에 의한 것이라기보다는 정황 증거라든지 추정에 의존한 것으로 생각하며, 견강부회한 억설(臆說)이라는 느낌을 지울 길 없다. 특히 지금까지 필적을 접할 수 없었던 김영을 당대 최고의 서법가(書法家)의 위치에 올려놓고 단 한 줄의 증거도 없이 서자(書者)라고 못 박은 것은 고증에 철저해야 할 역사학자로서 중요한 소임 하나를 저버린 것이라고 본다.

먼저 비문이 지어진 시기부터 살펴보기로 한다. 지금까지 대부분 《조선금석총람》에서 비정한 대로 진성왕 7년(893)이라고 보아 왔으나, 필자는 적어도 효공왕 2년(898) 이후에 지어진 것으로 본다. 다행스럽게도 수철화상비에는 이를 입증할 만한 대목이 있으니 "我太尉讓王, 倦彼垂衣, 棄如脫屣, 仍從剪給, □抑煩囂" 운운한 것이 바로 그것이다. 이를 번역하면 "우리 태위양왕께서는 나라를 다스리는 일[垂衣]에 고달파하시고는 (임금의 자리를) 헌 신발을 벗어 던지듯이 하였으니, 이에 허물을 잘라 내는 것을 따름으로써 번잡하고 시끄러운 일을 억제하고자 하였다"는 말이다. 여기서 '태위'는 당제(唐帝)로부터 임금으로 책봉되면서 받은 직함(檢校太尉)이요,[5)] '양왕'이란 왕위를 선양(禪讓)한 임금이라는 뜻이니, '태위양왕'이란 바로 진성여왕을 가리킨다. 진성여왕이 즉위 이후 국정의 문란과 민생의 피폐가 심해지자 마침내 양위를 결정하고 태자 요(嶢 : 효공왕)에게 왕위를 물려주었다. 《삼국사기》에서

---

4) 추만호, 〈深源寺秀澈和尙楞伽寶月塔碑의 금석학적 분석〉, 290~293쪽 참조.

5) 〈대낭혜화상백월보광탑비〉에서도 "太尉大王, 流恩表海, 仰德高山. 嗣位九旬, 馳訊十返."라고 하여, '太尉大王'이란 표현이 나온다(《역주 최치원전집(1)》, 85쪽 참조).

"근년 이래로 백성이 곤궁하여 도둑이 벌 떼처럼 일어났는데, 이것은 내가 덕이 없는 까닭이다. 어진 이에게 자리를 비켜 왕위를 물려주기로 내 뜻이 결정되었다"고 한 진성여왕의 유조(遺詔)라든지 최치원이 대찬(代撰)한 〈양위표(讓位表)〉를 보면, 〈수철화상비문〉에 나오는 위의 대목과 합치함을 알 수 있다. 따라서 '태위양왕'을 헌강왕 또는 정강왕으로 보거나, 위의 문장에 헌강·정강왕 두 임금을 개입시켜 다음과 같이 번역하는 것은 명백히 잘못이다.

> 우리 태위양왕(진성왕)이 헌강왕께서 나라를 다스리는 데 힘들어 하시다가 미투리를 벗고 가듯이 저 세상으로 떠남에 (왕위를 물려받았다). 이에 허물 베어 내기를 좇고 시끄럽게 날뛰는 무리들을 억누르고,[6]

> 우리 진성왕께서 정강왕이 나라를 다스림에 힘들어 하다가 돌아가자, 이에 앞의 허물을 따라 …….[7]

이제 한 가지 사실이 분명해졌다. 진성왕이 양위한 해가 진성왕 11년(897)이니 수철화상비는 적어도 이해 이후에 찬술되었을 것임에 틀림없다고 하겠다.

그러면 이해 비문이 찬술되고 비가 세워졌을까? 이에 대한 답을 얻기 위해서는 찬자 문제가 선결되어야만 한다. 비문의 모두(冒頭)에는 찬자·서자(書者)·각자(刻者)의 관등과 직함·성명 등이 기록되어 있는데, 먼저 각자의 경우 '비구음광(比丘飮光)'이라는 명기(名記)가 있는 것으로 보아 수철의 제자로 추정되는 음광이 새겼을 것임에 분명하다. 다른 비의 예를 보더라도 승려(특히 門人弟子)가 새기는 경우가 많은데 수철화상비도 이러한 사례라

6) 추만호, 앞의 논문, 283쪽.
7) 《역주 한국고대금석문》 제3권, 한국고대사회연구소, 1992, 169쪽.

하겠다. 이어 찬자의 직함과 관등을 보면, "入朝奉賀 □駕遷幸東都使 檢校右衛將軍 司宮臺 ……"로 되어 있는데, 이를 번역하면 "당나라에 입조(入朝)하여 하례를 받들고, 천자의 어가(御駕)를 동도(東都)에까지 따랐던 사인(使人)이며 검교 우위장군으로 사궁대의(이하 결락됨)"가 된다. 이를 본다면 〈수철화상비문〉의 찬자는 적어도 897년 이후에 당나라에 입조사로 다녀왔던 인물임이 분명하다.

그런데 최치원의 경우, 그가 하정사(賀正使)로 중국에 다녀온 해가 진성여왕 7년(893)부터 그 이듬해까지였으니,[8] 일단 이 비문의 찬술과는 무관하다고 보아야 할 것이다. 위에서 소개한 직함 가운데 '□駕遷幸東都使'는 관직이 아니다. 897~898년 무렵 당나라에 들어간 신라의 사신이, 당말(唐末)의 권력자 주전충(朱全忠)의 핍박과 군진(軍鎭)의 잦은 반란으로 말미암아 동도(東都 : 洛陽)에 머물고 있던 황제 소종(昭宗)을 뵙기 위해 그곳에까지 들어갔다는 말이나.[9] 그리고 '檢校右衛將軍 司宮臺 ……'는 당나라에서 외국의 사신에게 의례적으로 내려 주는 임시직 관명이니, '검교(檢校)'[10]라는 말이 이를 말해 준다. 우위장군이란 당나라 위수부(衛率府)의 우위수(右衛率)를 가리키며, 이것은 바로 "천자의 어가를 동도에까지 따랐던 사신"이었기에 주어졌을 것이다. 사궁대는 당나라 내시성(內侍省)의 별호이다.[11] 그런데 이 관직명을 모두 신라의 것으로 의심 없이 받아들인 데다가 더욱이 비문의 찬자

---

8) 최영성, 《최치원의 철학사상》, 358~360쪽 참조.

9) 昭宗은 李茂貞・韓建 등 節度使의 반란과 환관이 책동한 정권 싸움으로 재위 기간 중 여러 차례 피난을 하였다. 더욱이 천하를 차지하려는 야심만만한 실권자 주전충의 핍박으로 도읍을 東都(낙양)에 옮기기까지 했다(曾先之, 《十八史略》 권5, 〈昭宗紀〉 참조).

10) 우리나라에서 檢校職은 신라 때부터 연원하는 것으로 보인다. 그러나 신라 때에는 唐帝가 신라 국왕에게 '檢校太師'니 '檢校太尉'니 하는 의례적인 직함을 내린 데서 그 사례를 찾을 수 있을 뿐, 실제 官制로 운용되었던 것은 고려 시대 초기에 들어서였다.

11) 《通典》 권27, 職官(九), 〈內侍省〉, "大唐武德初, 改爲內侍省, 皆用宦者. 龍朔二年, 改爲內侍監, 咸亨元年復舊, 光宅二年改爲司宮臺"(《文淵閣四庫全書》, 史部 361, 政書類 603, 327쪽).

를 최치원으로 보고 그가 신라에서 '장군'직을 받은 것으로 이해하여 다음과 같이 결론을 내린 것은 성급하다고 본다.

> 육두품 출신인 최치원이 비록 산직(散職)이지만 진골만이 앉을 수 있던 장군직에 올랐다는 사실은, 신라 하대에 와서 더욱 비중 있는 압력을 가한 하부 지배계급의 상승과 상부 지배계급의 상층 권력 독과점이 갈등을 빚으면서 계급제도의 발전을 모색하였고, 그 결과 신라 말에는 지배집단 내부의 논의의 선에서 골품제를 폐기하고 관료제도의 운용 쪽으로 조직을 정비해야 한다는 결론이 났음을 반영하는 것이다.[12)]

위의 인용문에서 특히 밑줄 친 부분은 견강부회가 지나치다고 하겠다. 골품제가 폐기될 운명에 처하고 관료제가 운용될 기미가 보이는 등 정치 현실이 상당 부분 개선되고 개혁이 가능한 길로 나아갔다면, 최치원이 왜 은거해야만 했는지, 그 이유를 어떻게 설명해야 할지 알 수 없는 일이다.

Ⅲ

897년 직후 입조사로 당나라에 다녀온 인사로는 빈공진사 출신인 김영밖에 꼽을 사람이 없는 듯하다. 그는 진성여왕이 효공왕에게 양위한 그해(897) 연말쯤에 하정사로 당나라에 들어가 〈신라하정표(新羅賀正表)〉를 올리고 아울러 진성왕의 양위를 고하는 〈양위표(讓位表)〉, 이 밖에 〈견숙위학생수령등입조장(遣宿衛學生首領等入朝狀)〉, 〈주청숙위학생환번장(奏請宿衛學生還蕃狀)〉 등을 올린 뒤 효공왕 2년(898)에 돌아온 인물이다.[13)] 일찍이 임금의 명을 받아

12) 추만호, 앞의 논문, 297쪽.

13) 《삼국사기》 권11, 眞聖王 11년조, "夏六月, 禪位於太子嶢. 於是, 遣使入唐表奏"라는 記事에 나오는 사신은 바로 賀正使 金穎으로 보인다. 최치원이 代撰한 〈新羅賀正表〉에

〈보림사보조선사탑비문(寶林寺普照禪師塔碑文)〉(884, 헌강왕 10)과 〈월광사원랑선사탑비문(月光寺圓朗禪師塔碑文)〉(890, 진성여왕 4년)을 찬하기도 하였다.

김영이 897년부터 그 이듬해까지 입조사로 당나라에 다녀온 점은 〈수철화상비문〉의 내용과 결부하여 볼 때 그가 찬자일 가능성이 매우 높음을 짐작케 한다. 또한 그가 지난날 선사(禪師)의 탑비를 찬술했다는 점도 중요한 참고 사항이 된다.

한편, 추 씨는 〈수철화상비문〉의 찬자가 최치원이라는 것을 입증하기 위해 최치원의 문체와 글 쓰는 투식(套式) 등을 증거로 제시하기는 했다. 먼저 수철화상비문의 명(銘)이 최치원의 〈지증대사적조탑비명(智證大師寂照塔碑銘)〉과 똑같은 운(韻)일 뿐 아니라 끝까지 하나의 운만 사용했다는 것이고, 다음으로 《사산비명》에서 볼 수 있는 자구와 내용이 있고, 그 밖에도 약간의 변화를 준 것이 적지 않다는 것이다.[14] 그런데 《사산비명》을 비롯하여 최치원의 유문(遺文)을 지속적으로 다루고 역주본 내는 일을 해 온 필자로서는 추 씨의 주장을 이해하기 어렵다. 결론을 먼저 말하자면, 〈수철화상비문〉은 세련되고 정제(整齊)된 변려문의 진수를 보여 주는 최치원의 글과는 상당히 차이를 보이고 있다. 이것은 최치원의 문체에 대해 어느 정도 감식안(鑑識眼)을 가진 사람이면 감지할 수 있는 문제이다.

〈수철화상비명〉과 〈지증대사비명〉이 똑같은 운자(韻字)로 되어 있고 또 처음부터 끝까지 한 운자만 사용했다는 것은 추 씨가 잘못 본 것이다. 〈지증

서 "謹差陪臣守倉部侍郎金穎, 奉表陳賀以聞"이라 하고, 同 〈讓位表〉에서 "謹因當國賀正使某官入朝, 附表陳讓以聞"이라 하며, 同 〈遣宿衛學生首領等入朝狀〉에서 "臣今差前件學生等, 以受領充傔, 令隨賀正使守倉部侍郎級餐金穎船次"이라 하고, 同 〈奏請宿衛學生還蕃狀〉에서 "勒金茂先等, 并首領輩, 隨賀正使級餐金穎船次還蕃"이라 한 것으로 미루어, 그는 897년 말 무렵에 賀正使로 당나라에 들어가 신년을 하례하고 진성여왕의 양위 사실을 알렸으며, 崔愼之 등 8명의 숙위학생을 당나라 국자감에 입학시켰고, 아울러 10년의 기한을 채운 숙위학생들을 인솔・귀국시켰다.

14) 추만호, 앞의 논문, 291~293쪽 참조.

대사비명〉은 칠언(七言)으로 칠언 매구(每句)에 압운(押韻)을 하는 백량체(栢梁體)로 되어 있으며, 게다가 명의 운자가 '직운(職韻 : 入聲)'이다. 44구 모두에 운을 다는 것도 쉽지 않은 일인데, 강운(强韻)으로 일관한다는 것은 여간한 문재(文才)가 아니면 엄두도 못 낼 일이다. 그런데 〈수철화상비명〉은 사언 24구(96자)로,[15] 최치원의 《사산비명》에 보이는 명에 비해 외면상으로 초라할 뿐 아니라,[16] 명의 내용면에서도 완성도가 훨씬 뒤떨어진다. 그리고 제1구부터 제4구까지는 '직(職)'자 운으로 되어 있어(植·則·飾·極) 흡사 백량체를 모방한 듯하나, 제3구부터 마지막까지는 매구(每句)에 압운을 한 것이 아니고 격구(隔句)마다 압운을 하였다. 일종의 변격(變格)이라 할 수 있다. 이것을 백량체에 견준다는 것은 어불성설이다.

추 씨는 또 〈수철화상비명〉에 나오는 '동인(東仁)'·'서교(西教)'·'누갈(縷褐)'로 압축되는 글의 흐름이 사실상 최치원 《사산비명》의 표절을 방불케 한다고 하였다. 그러나 여기서 선사(禪師)의 누더기 차림을 '누갈'이라 하고 불교를 '서교'라고 하는 표현은 다른 자료에서도 얼마든지 볼 수 있으므로, 이것을 단서로 지은이가 최치원일 것이라고 추정함은 지나친 무리다. '동인'이란 표현은 동인의식(東人意識 : 민족 주체 의식)과 관련되는 말로, 최치원 이외의 다른 곳에서 쉽게 찾아볼 수 없는 말이긴 하지만, 역시 마치 동인의식이 최치원의 전유물인 양 잘못 생각한 데서 비롯된 착오라고 생각한다. 최치원의 《사산비명》 도처에서 동인의식의 편린이 다수 보이는 것에 견주면, 단 한 번에 불과한 이 '동인'이란 표현은 역설적으로 최치원이 지은 것이 아님을 증명해 준다고 하겠다. 최치원이 찬자라면 동인의식에 관계된 표현이 단 한

---

15) 東仁所植 西教是則 縷褐之飾 布衣之極. 一枚幻軀 六箇兇賊 他或□□ 師能□得. 謀重慧戈 □用□墨 德水□濯 妖塵靜□. 祖西堂藏 父南嶽陟 化衆十方 爲師一國. 言沃王心 感融佛力 克修善逝 雅訓扇□. 致捨大寶 賴□□□ 歷數古今 □□□□.

16) 참고로 《사산비명》의 碑銘을 분석해 보면, 〈대낭혜화상비명〉은 五言 9章으로 모두 70구 350자이고, 〈진감선사비명〉은 四言으로 모두 40구 160자이며, 〈대숭복사비명〉은 四言 8章으로 모두 64구 256자이다. 〈지증대사비명〉은 七言聯句로서 44구 308자이다.

번 나왔을 리 없다고 생각한다. 결국 〈수철화상비문〉에 나오는 이 '동인'이란 표현을 통해서도, 동인의식이 신라 하대의 지성인 사회에서 중요한 사상적 흐름을 이루었던 하나의 시대사조였음을 엿볼 수 있다.[17] 그리고 글의 흐름상 중요한 측면에서 상통한다는 것은 오히려 이 〈수철화상비문〉이 그 이전에 나온 《사산비명》을 모방하였다는 사실을 보여 주는 단적인 예라고 할 것이다.[18]

〈수철화상비문〉은 외면상 당시 문단의 소상(所尙)인 변려문의 형태를 취하고는 있으나, 대체로 대우(對偶)에 비중을 두었을 뿐 용전(用典)이나 성률(聲律) 면에서는 최치원 특유의 변려문과는 상당히 다르다. 그 격조도 훨씬 미치지 못해, 수십 보를 양보해야 될 듯하다. 최치원의 문장, 특히 비문은 "일자일구에 내력 없는 것이 없다"(蓮潭 有一)는 평을 받을 정도로 전고(典故)의 사용이 두드러진 특징을 보인다. 〈수철화상비문〉에서 이러한 특징이 보이지 않는다면 이것은 곧 최치원의 글이 아님을 증명하는 것이라 하겠다.

또 최치원의 비문은 서술 기법이 독특하며 전개 방식도 일정하지 않고 다양하다. 《사산비명》을 보면 즐겨 쓰는 문투가 반복되어 나오는 경우가 종종 있지만, 구성과 전개 방식은 용의주도하다고 할 정도로 각각 다르게 되어 있다. 따라서 "〈지증대사비명〉의 운자(韻字)와 똑같다"느니 "《사산비명》의 표절을 방불케 한다"는 말이 과연 〈수철화상비문〉의 찬자가 최치원이라는 사실을 주장하면서 증거로 제시할 수 있는 것인지 의심스럽다.

다음으로, 제한된 범위 안에서 〈수철화상비문〉에 나오는 한두 가지 표현을 통해, 최치원이 찬한 비문의 것과 어떻게 다른지 살피고자 한다. 먼저 "시혜성대왕(時惠成大王), 위가덕손(爲家德損)"이라는 대목이 있는데, 혜성대왕

---

17) 동인의식이 신라 후기 사상사에서 하나의 시대사조로서의 구실을 하였음은 최영성, 《한국유학통사》 상권(심산출판사, 2006, 157~167쪽) 참조.

18) 실제로 최치원과 金穎은 상당한 교분이 있었던 것으로 보인다. 897년 김영이 賀正使로 당나라에 들어갈 때 〈新羅賀正表〉, 〈讓位表〉, 〈遣宿衛學生首領等入朝狀〉, 〈奏請宿衛學生還蕃狀〉을 대찬한 사람이 최치원이었다.

이 경문왕의 아우로 각간(角干)을 지낸 김위홍(金魏弘)임은 잘 알려진 일이다. 그런데 최치원은 《사산비명》에서 김위홍을 한결같이 '태제상국(太弟相國)'이라 하고, 자주(自注)를 달아 '추봉존시(追奉尊諡), 혜성대왕(惠成大王)'이라고 하였다. 이것은 '혜성대왕'을 직접 본문에 표출한 것과 다르다. 더욱이 〈수철화상비문〉에 언급된 혜성대왕 관련 사실이 경문왕 때의 일이고 보면, 최치원이 김위홍을 직접적으로 곧장 '혜성대왕'이라고 표현했을 리 없다.

> 咸通十二年秋, 飛鵠頭書, 以傳召曰, …… 欻爾至轂下, 及見 ; 先大王冕服拜爲師. 君夫人・世子, 既太弟相國(原註 : 追奉尊諡, 惠成大王)・群公子公孫, 環仰如一(〈대낭혜화상비문〉).[19]

> 亦既榮沾聖澤, 必將親拜靈丘. 肆以備千乘之行, 奚翅耗十家之産? 遂命太弟相國(原註 : 追奉尊諡, 惠成大王), 致齋淸廟, 代謁玄扃(〈대숭복사비문〉).[20]

그리고 〈수철화상비문〉에 '신부(愼孚)'라는 스님(大朗慧和尙 無染의 제자)의 이름이 나오는데, 〈대낭혜화상비문〉에서는 '사천왕사상좌(四天王寺上座) 석신부(釋愼符)'라 하여 표기를 달리하였다. 찬자가 같은 사람이라면 표기를 달리하기 어렵다고 본다.

한편, 〈수철화상비명〉과 김영이 찬한 〈보조선사비명(普照禪師碑銘)〉・〈원랑선사비명(圓朗禪師碑銘)〉 사이에는 상당한 유사점 내지 공통점이 발견된다. 무엇보다도 이들 세 비명이 변칙(變則)을 꺼리지 않고 통운(通韻)까지도 사용했다는 점을 꼽을 수 있다. 〈보조선사비명〉을 보면 모두 6장 50구인데, 10구로 되어 있는 기일(其一)에서는 '○○○○兮 ○○○◎'(◎는 韻字)와 같은 형태의 구(句)가 다섯 번 반복된다. 이에 비해 기이(其二)부터 기육

19) 《역주 최치원전집(1)》, 76쪽.
20) 《역주 최치원전집(1)》, 206쪽.

(其六)까지는 '○○○○ ○○○◎'와 같은 형태의 구가 각각 네 번씩 반복되어 모두 40구를 이룬다. 그리고 운자에서도 통운의 경우가 보인다. 다음 〈원랑선사비명〉을 보면 모두 32구로 되어 있는데, 제1구부터 제30구까지는 '○○兮○○○○ ○○兮○○○◎'와 같은 형태의 구가 일률적으로 반복되다가 제31, 32구는 '嗚呼哀哉法梁折 勒石銘金示諸有'로 되어 있어 역시 변격(變格)의 형태를 보인다. 이러한 예는 한마디로 최치원의 경우 찾아보기 어렵다. 이처럼 다소 이례적일 정도의 변칙적 전개와 구성은 김영의 글 짓는 습관과 관계가 있는 것인데, 위에서 소개한 〈수철화상비문〉의 명문(銘文)과 같은 양상을 보이는 점을 우연으로만 돌릴 수는 없다. 왜냐하면 김영이 지은 명사(銘詞)와 같은 변격의 예를 적어도 신라 중・하대의 금석문 가운데서 찾아보기 어렵기 때문이다.

Ⅳ

이제 위의 내용을 토대로 논의를 마무리를 하고자 한다. 종래 〈수철화상비문〉은 진성여왕 7년(893)에 왕명으로 찬술되고 또 그해 비가 세워진 것으로 알려져 왔다. 이에 대해 《조선금석총람》 이래 지금까지 별 이론이 없었으나, 사실 비문을 잘못 해독함으로써 제찬(製撰) 연대가 최소한 5년 이상 앞당겨졌다. 제찬 연대는 적어도 효공왕 2년(898) 이후가 분명하다. 비문의 찬자가 최치원이라는 주장은 전혀 설득력이 없고, '찬자 최치원'이라는 설에 부수된 문제는 따라서 아무 의미가 없음을 밝혀 둔다. 아울러 다소 조심스러운 감이 없지는 않지만, 〈수철화상비문〉의 찬자를 급찬(級飡) 김영으로 추정하고자 한다. 찬자를 김영으로 추정한 예는 1978년에 발표된 이기동(李基東)의 논고에서 찾을 수 있지만,[21] 이는 자세한 논증 없이 가볍게 언급한 것이

21) 李基東, 〈나말여초 近侍機構와 文翰機構의 확장〉, 《역사학보》 제77집, 1978 ; ———, 《신라 골품제 사회와 화랑도》, 일조각, 1984, 262쪽 참조.

었다. 이제 이 글에서 제찬된 시기와 문체 등 몇 가지 예증을 제시하여 찬자를 김영으로 추정하고 학계의 재검토를 요청한다.

4. 최치원의 철학 사상 연구사(研究史)

최치원을 전공하여 학위를 취득한 학자[1]는 많지 않지만, 최치원에 대한 연구 논저를 발표한 학자는 적은 편이 아니다. 최치원에 대한 개별 연구를 종합해 보면, 그에 대한 연구 논저의 수는 상당히 많다. 이것은 종래의 연구 성과를 종합하고 '회고와 전망'을 하는 글이 나오기 시작한 것만 보아도 짐작할 수 있다.[2] 그런데 그 내면을 살펴보면, 최치원의 철학 사상이라든지 역사의식 등을 심도 있게 탐구한 학자와 논저는 퍽 드물고 문학을 연구하는 학자들이 다수를 차지한다. 이에 대한 원인 분석이 필요하고 또 다각도로 검토해야 하지만, '연구사의 검토'라는 주제에 충실하기 위해 다음 기회로 미룬다. 여기서는 최치원의 철학 사상에 대한 종래의 연구 성과를 시기별로 살펴보고, 거기서 나타난 문제점과 앞으로 나아갈 방향에 대해 나름대로 진단해 보려 한다.

1970년대 초에 《국역 고운선생문집》 상하권이 나와 최치원의 철학 사상

---

1) 2005년 8월 현재 박사 학위 취득자는 열 명인 것으로 조사되었다. 문학 전공 다섯 명, 역사학 전공 세 명, 철학 전공 한 명이며, 이 밖에 李錫海의 〈최치원 관련 유적의 문화경관 특성 연구〉(상명대학교 대학원, 2005)가 있다.

2) 고운학회(편), 《고운 최치원 연구의 회고와 전망》, 제1회 고운학회 학술회의 발표논문집, 1997 참조 ; 崔柄憲, 〈고운 최치원 연구의 문제점과 과제〉, 《원불교사상》 제21집, 원광대학교, 1997 ; 嚴元大, 〈최치원 研究史에 대한 분석〉, 《고운의 사상과 문학》, 坡田韓國學堂, 1997.

에 대한 연구의 기초가 마련되었다고 한다면, 본격적인 연구는 1980년대에 들어서야 가능했다고 할 수 있다. 최치원의 사상을 한 편의 독립적인 논문으로 발표한 예는 역사학자 김복순(金福順)의 〈고운 최치원의 사상 연구〉(1980)[3]가 그 시초일 것이다. 이 글은 최치원의 사상적 측면에 초점을 맞추어 연구한 개척적인 논문이라 할 수 있다. 다만, 최치원의 삼교관을 중심으로 개괄적인 서술을 하다 보니 최치원 사상을 입체적이고 유기적으로 다루는 데는 미치지 못하였다.

역시 1980년에 성교진(成校珍)의 〈최고운의 도학사상〉이 발표되었다. 그런데 이는 위서(僞書) 시비가 분분한 《경학대장(經學隊仗)》을 기본 자료로 한 것으로, '기본 자료에 대한 철저한 검토'라는 제일차적인 작업을 소홀히 했다는 지적을 면키 어렵다.[4] 더욱이 '도학'이라는 명칭이 중국 송대(宋代)에 나온 것임에도, 시기적으로 훨씬 앞선 최치원을 연구하면서 이를 제목에 드러낸 것은 이해할 수 없는 일이다.

그 뒤를 이어 역사학자 최근영(崔根泳)에 의해 〈고운 최치원의 사회개혁사상〉(1981)과 〈고운 최치원의 사상연구—시에 나타난 고운의 선비정신〉(1982)이 발표되었다. 전자는 최치원의 학문과 경륜을 통해 본 사회 개혁사상의 성격 및 삼교관에 담겨 있는 개혁 정신에 초점을 맞추어 논술한 것으로, 종래 최치원을 실패한 정치가 또는 은둔한 학자로 평가해 왔던 학계의 통념에 대해 일정하게 비판의 논리를 제기했다는 데서 의미를 찾을 수 있다. 후자는 시문을 통해서 최치원의 인간적인 면모와 사상적 경향을 고찰하는 것이 주된 내용이지만, 제목에 걸맞은 참신한 내용이라고 하기는 어렵다.

1981년에 류승국의 〈최치원의 동인의식에 관한 연구〉가 발표되었다. 당

---

3) 이 논문은 고려대학교 대학원에 석사 학위 논문으로 제출되었으며, 이후 《史叢》 제24집에 다시 실렸다.

4) 성교진은 2000년 이후까지도 《경학대장》에 실린 글을 최치원의 것으로 인정하고, 최치원 관련 논고에서 지속적으로 인용, 언급하고 있다.

시까지만 하더라도 최치원 하면 '사대모화주의자'를 떠올릴 정도로 부정적인 인식이 지배적이었다. 이러한 즈음에 최치원의 사상 체계 가운데 핵심의 하나인 '동인의식'의 존재를 확인하고 이를 학계에 제시함으로써 최치원에 대한 일반적 인식을 어느 정도 변화시키는 중요한 계기를 이루었다. 최치원 연구사에서 특기할 만한 일이라 하겠다. 류승국은 최치원의 학문적 경지와 철학 사상에 대하여 적극적으로 평가하면서 다음과 같이 말하였다.

> 최치원의 사상과 학술은 이해하기가 어려울 만큼 다양하며, 수준이 매우 높아, 설명하는 이에 따라 그 평이 상이(相異)하게 나타나고 있다. 그가 시문과 글씨에 뛰어나 신이(神異)한 경지에 도달하였음은 주지(周知)의 사실이지만, 이보다도 사상가・철학가로서 독보(獨步)의 경지를 개척하였다고 할 것이다. 유교・불교・도교 등 당시의 사상 전반에 대하여 능통할 뿐 아니라, 각 종파의 이질적인 교리와 논리를 한 몸에 종합하여 종횡무진(縱橫無盡)하게 융합하였다. 일반적으로 불교학자는 불교의 입장에서 제반 사상을 평가하기 쉽고, 유가학파(儒家學派)는 유가의 입장에서 제반 사상을 평가하기 쉬운데, 최치원은 제삼의 차원에서 모든 사상과 학술을 분석, 종합하고 있음을 알 수 있다.

위에서 '사상가・철학가로서 독보의 경지를 개척하였다'는 평가는 실로 이전에 찾아보기 어려운 것이었다. 비록 당시로서는 지나친 감이 없지는 않았지만, 이후 최치원의 철학 사상을 연구하는 데 일정한 방향을 제공하였다.

1982년에는 송항룡(宋恒龍)의 〈최치원 사상 연구〉가 나왔다. 방대한 분량의 이 글은 최치원의 사상을 철학적 차원에서 본격적으로 문제 삼은 최초의 논문이라는 데 의의가 있다. 이 논문에서 필자는 "최치원의 저술 속에서 철학적 추론(推論)의 발판을 마련할 만한 꼬투리를 찾아본 것이 이 논문의 결과이다"고 전제한 뒤 "최치원은 결코 철학자일 수 없었다"고 하는 결론을 내렸다. 그러나 이는 종래의 일반적인 논의와 평가를 재확인해 주는 데서 머물고 만 것으로, 최치원의 학문과 사상에 대한 새로운 경지의 개척을 기대했던 유지자(有志者)들로서는 실로 아쉬움이 적지 않았다. 다만, 최치원 사상의 철학적 성격과 연구 방법론상의 문제를 처음으로 제기하였다는 점은 평가하지 않을 수 없다.

1983년에는 최일범(崔一凡)의 〈고운 최치원의 사상 연구〉가 발표되었다. 이 논문은 최치원 사상에 접근하는 기초 작업으로, 유·불·도 삼교의 교섭사와 삼교 융합의 차원에서 삼교관을 주로 고찰한 것이다. '만남의 철학'이라는 소제목은 최치원에게서 삼교가 하나로 귀일(歸一)할 수 있는 가능성을 상징적으로 보여 준다. 최치원의 삼교관에 대한 고찰로서는 선구적이며 통찰력을 갖춘 것으로 평가된다. 이후에 나온 유성태(柳聖泰)의 〈최치원의 종교관〉(1985)과 〈최치원의 한민족관〉(1987)은 최치원의 삼교관과 동인의식에 대한 종래의 연구 성과를 바탕으로 이를 재구성한 것으로 새롭거나 특기할 만한 것은 없다. 또 오종근(吳宗根)의 〈최치원의 사상연구〉(1988)는 《사산비명》과 〈난랑비서〉를 중심으로 최치원 사상의 편린을 추적한 것인데, 송항룡의 논문에 나타난 관점을 그대로 따르다시피 한 데다가 내용까지도 흡사한 면이 많아, 그 가치나 의의를 논할 만한 것이 못 된다.

이어 1989년에는 한종만(韓鍾萬) 등 원광대학교에 재직 중인 교수 여섯 사람의 공저로 《고운 최치원》이 나왔다. 이는 최치원에 대한 종합적 연구의 효시로, 최치원의 삼교관과 문학 사상 등을 검토하여, 최치원을 사상가로 부각시킨 동시에, 한국 사상사에서 그가 차지하는 위치 설정을 연구의 주된 목적으로 삼았다. 각 분야별로 집필자가 자신의 전공을 십분 발휘하여 상당히 밀도 있고 풍부한 내용으로 서술하였으며, 또 집필자들이 공동으로 토론한 내용의 개요를 첨부함으로써 본서를 구성하는 데 고심했던 흔적을 엿볼 수 있게 하였다. 그러나 공동 연구가 가지는 한계는 끝내 극복하지 못한 듯하다. 집필자들의 시각과 관점이 일치하지 못하고, 연구 방법이나 자료의 해석에서도 통일을 기하지 못한 것이 본서의 약점으로 지적된다.

이어 1990년에 최영성의 《최치원의 사상 연구》가 출간되었다. 본서는 최치원의 '사상'을 연구 주제로 한 최초의 저술이라는 데 의의가 있다. 또 "최치원은 결코 철학자일 수 없다"는 송항룡의 논문에 대한 반론 성격을 띤 글로, 최치원을 단순한 문장가가 아닌 사상가의 반열에 끌어 올려 그의 사상이 지닌 체계성과 정합성을 논했다는 데서 기본적인 문제의식을 찾을 수 있다. 그리고 류승국의 논문에서 간략하게 제기된 최치원의 '동인의식'을 더욱 구체화하여, 학계에서 통설에 가깝게 인정을 받도록 한 점도 평가할 만한 대목이다. 다만, 문제의식이라든지 연구 방법론 등에서 미흡한 점이 있는 것이 사실이다.

1997년 부산 파전한국학당(坡田韓國學堂)에서 연구논총 제1집으로 《고운의 사상과 문학》(李源鈞 외 지음)을 펴냈다. 생애·사상·문학·전승(傳承)의 네 편으로 구성되어 모두 열 편의 글을 싣고 있는 이 책은 최치원에 대한 종합적인 연구서로 두 번째였다. 그러나 이 가운데 〈사상〉편에 실린 세 편의 글은 책의 이름에 걸맞을 정도로 알찬 내용을 갖추었다고 평가하기는 어려울 것 같다. 기본적으로 '〈사상〉편'에 대한 배려가 빈약한 데다가 실린 논문 역시 대체로 자료 섭렵의 차원에서 크게 벗어나지 못하고 있어, 종래의 연구 성과마저 제대로 반영하지 못했다는 지적을 면키 어렵다.

1999년에는 최일범의 〈최치원의 유학사상〉[5]이 나왔다. 이 글의 필자는 최치원 유학 사상을 동인의식과 관련하여 논하면서 "최치원은 귀국한 뒤 극도로 혼란한 사회 문제를 해결하기 위해서 유교 사상의 필요성을 절감하였을 것이다. 그가 유교를 높였지만 유교를 위해 높인 것이 아니었다. 그의 동인의식이 보여 주듯이 조국 신라를 위해서였으며, 그것은 인간이 진리의 주체라는 신념과 철학에서 비롯되었다"고 결론지었다. 종래의 연구 수준을 한 단계 끌어올린 것으로 평가할 만하다. 역시 1999년에 노평규(魯平奎)의 〈최

---

5) 《東國十八賢》 상권, 율곡사상연구원, 1999.

치원의 유학사상의 특성에 관한 연구〉[6](《범한철학》 제20집)가 나왔는데, 전반적으로 볼 때 앞서 소개한 송항룡의 논문 내용과 큰 차이가 없는 것 같다. 다만 최치원의 유학 사상을 사장 유학(詞章儒學) 범위 안에 있다고 보면서도, 그 속에 도학, 곧 신유학적 성향을 내포하고 있다고 결론을 내린 것에서 차이를 보인다.

역사학자 최병헌(崔柄憲)은 최치원에 대한 연구 성과를 검토하는 글에서 다음과 같이 평가한 바 있다.

> 1980년대 이후 최치원에 대한 연구는 주로 최치원의 생애와 사상, 그리고 최치원에 대한 후인(後人)들의 평가 등의 문제에 집중되는 경향을 보여 주었다. 이들의 대체적인 내용은 1970년대 전후로 제시된 이해의 틀을 크게 벗어나지 않고 있으며, 자료를 좀더 미시적으로 자세히 검토하여 본다는 수준에 머물고 있다. 필자의 솔직한 생각으로는 최치원의 사상과 그의 역사학적 위치에 대한 이해 수준은 1970년대의 그것에서 별로 진전된 것이 없으며, 더욱이 문제의식의 측면에서는 오히려 약화된 것이 아닌가 한다.[7]

이를 보면, 최치원의 사상에 대한 연구는 아직까지도 본 궤도에 진입하지 못하고 있다는 결론에 이를 수 있다. 그러나 평가는 시각과 관점에 따라 달라진다. 좀 더 긍정적으로 평가하자면, 1990년대 이후로 비록 드물기는 하지만, 기본 자료가 지닌 난해성을 극복하고 주목할 만한 논의를 전개한 글이 나온 것도 사실이다. 연구 주제의 세분화에 따라 최치원 철학 사상의 실체가 여러 각도에서 조명되기도 하였다. 이전 시기에 비해 꽤 깊숙한 데까지 파고든 연구 성과도 적지 않다. 몇몇 연구를 보면 하나의 주제를 놓고 상당히 정

---

6) 《汎韓哲學》 제20집, 범한철학회, 1999.
7) 최병헌, 〈고운 최치원 연구의 문제점과 과제〉, 《원불교사상》 제21집, 원광대학교, 1997, 515~516쪽.

밀한 분석까지도 내놓고 있어, 최치원 연구의 전망을 어둡지 않게 한다. 이제는 최치원에 대해 그저 '유·불·선 삼교에 회통(會通)했던 학자요, 우리 고유 사상에 대한 뜨거운 관심으로 풍류도의 존재를 확인해 준 학자'라고 인식하는 데서 그치는 것이 아니다. 여기서 더 나아가 '동인의식'이라 일컬어지는 민족 주체 의식과 뚜렷한 문명 의식을 지녔던 사상가로 평가되기도 한다.[8] 이렇게 본다면, 최치원이 한국 사상사에서 차지하는 위치 역시 전에 비해 훨씬 확고해졌다고 할 수 있다.

그런데 한 가지 분명한 것은 최치원에 대한 연구에서 가장 뒤진 것이 '사상' 분야라는 사실이다. 그 가운데서도 특히 불교와 관련된 연구는 아직도 많은 노력을 필요로 한다. 최치원의 저술 가운데 불교 관계 자료가 상대적으로 많은 분량을 차지함에도 그 이해 수준은 많이 뒤떨어진다는 평을 받는다.[9] 불교 사상이 지닌 심오함에 첫 번째 원인이 있다면 연구자들이 이에 대해 각별한 노력을 기울여야 할 것으로 생각한다. 이러한 중에서도 최치원의 불교 관계 저술을 신라 하대 화엄종과 관련하여 면밀하게 검토하고 분석한 김복순의 연구[10]는 평가할 만한 성과라 하겠다. 다만, 최치원의 불교관에 대한 연구가 역사학 전공자를 중심으로 이루어져 온 것은 아쉬움으로 남는다.

지금까지의 연구 성과를 종합해 보면, 최치원 사상 연구의 중요한 기반이라 할 수 있는 '삼교관'에 대한 연구가 주를 이루고 있다. 그 밖의 주요 주제로는 사회 현실에 대한 참여 의식과 개혁 정신, 심학적(心學的) 특성, 인도주의에 근거한 삼교회통 내지 삼교합일 사상, 동인의식과 민족 주체성 등을 들 수 있다. 특히 삼교관에 대한 연구는 일정한 수준에 이르렀다고 인정할 수

---

8) 2000년대에 들어서는 대개 '동인의식'이란 용어가 학계에서 학술 용어가 되다시피 하여, 일반 논문뿐 아니라 학위 논문에서도 특별한 개념 설명이나 전제 없이 사용되고 있는 실정이다.

9) 최병헌, 앞의 논문, 516쪽.

10) 최치원의 불교 관계 저술에 대한 일련의 연구는 《新羅下代 화엄종 연구—최치원의 불교 관계 저술과 관련하여》(고려대학교 박사 학위 논문, 1989)에 정리되어 있다.

있다. 그러나 '삼교관' 자체를 최치원의 사상이라 할 수는 없다. 과연 최치원 사상의 실체가 무엇이냐는 점에 대해 활발한 논의가 있어야만 한다. 기본적으로 문제의식의 심화와 연구 방법론에 대한 고민이 요청되며, 최치원의 사유 체계에 대한 정밀한 분석이 새롭게 이루어져야 한다고 본다.

요약하자면, 최치원의 철학 사상을 연구하면서 이제는 종래의 연구 틀이나 연구 방식에서 탈피해야 할 때가 되었다고 본다. 전체적이고 총론적인 조망(眺望)에서 각론으로 이행(移行)하여 심도 있는 연구가 이루어져야 할 것이다. 최치원의 사상적 관점과 경향은 한마디로 '이렇다'라고 잘라 말하기는 어렵다. 또 말할 수 있다손 치더라도 이를 통시기적으로 논해서는 안 된다. 그의 사상 경향에 따라 생애를 시기별로 나누어 정밀하게 분석해야 한다는 것이 필자의 생각이다. 그렇게 하지 않으면 최치원의 사상적 본령을 왜곡하는 잘못을 저지를 수도 있다. 이러한 작업을 위해 이미 확보된 자료에 대한 재해석과 함께 새로운 자료의 발굴이 꾸준히 이어져야 함은 더 말할 나위 없다. 그런데 2000년을 기점으로 최치원 사상에 대한 연구가 거의 답보 상태에 머물러 있어 아쉬운 점이 적지 않다. 연구자들이 분발하기를 기대한다.

5. 당은평의 《최치원 신연구》를 읽고

1970년대 이래 외국의 한국학 연구는 상당한 성장세를 보여 왔다. 이것은 우리나라의 국력 신장에 비례하는 것이기도 했다. 근자에 들어 정부 차원의 지원과 관심이 예전 같지 않아 열기가 다소 식었다는 소식이 들리기는 하지만 우려할 만한 수준은 아니라고 본다. 돌이켜 보건대, 신라 말기의 명유 최치원에 대한 연구는 외국인에 의해 시작되었다. 1903년에 존스(G. H. Jones)에 의해 〈최치원—그의 생애(Choe Chiwon : His Life and Times)〉[1]가 발표되었고, 1918년에 일본인 학자 이마니시 류(今西龍)의 〈신라최치원전(新羅崔致遠傳)〉[2]이 그 뒤를 이었다. 우리나라의 인물이 외국인에 의해 연구되기 시작했다는 사실이 1980년대 이전의 최치원 연구 정황을 간접적으로 대변한다고 하겠다. 외국인에 의한 최치원 연구는, 대개 1980년대 이래 간헐적으로 이루어져 오다가 1990년대 이후로 적지 않은 성과가 있었다. 지역상으로 중국과 일본에 국한되기는 하지만, 2000년 이후로 국내 학자들도 외국인들의 연구 성과에 주목하기에 이르렀다.

그동안 외국인들의 최치원 연구는 그에 대한 독립적인 연구보다 '나당(羅唐) 간의 문화 교류'라는 큰 틀 속에서 이루어져 왔으나, 근자에 들어 최치원 개인에 대한 연구도 적지 않게 이루어졌다. 중국의 경우가 두드러진다. 국외

---

1) 《The Transaction of the Korean Branch of the Royal Asiatic Society》 No 3, 1903.
2) 《歷史と地理》 제2권 6호, 1918 ; 《新羅史硏究》, 東京 : 近澤書店, 1933.

에서 최치원을 전공하여 박사 학위를 취득한 사람으로는 중국인 당은평(党銀平 : 1964~)을 들 수 있다. 당 씨는 1999년 중국 난징대학(南京大學)에서 중국인 최초로 최치원 전공 박사 학위를 취득하였다. 당 씨가 최치원에 대해 지속적인 연구를 하게 된 것은 최치원 개인에 대한 호감이나 관심도 크지만 그보다도 '나당 간의 문화 교류'를 대표하는 인물들을 점검하는 가운데 최치원의 위상에 대해 새롭게 인식한 것이 계기가 되었던 것 같다.

당 씨는 최치원 전공자 가운데 외국인으로는 그 정점에 있다고 할 수 있다. 그는 최치원 관계 논문을 지속적으로 발표하였을 뿐 아니라, 최치원의 《계원필경집》과 시문집을 다년간 정독하면서 교감본의 출판까지도 추진해 오고 있다. 특히 국내에서 가치를 인정받지 못하는 《계원필경집》의 진가를 밝혀 국내의 최치원 연구자들을 부끄럽게 하였다. 당 씨는 본래 시 문학을 전공한 학자이다. 그의 글을 보면 시 문학에 대한 조예는 말할 것도 없고, 전고(典故)에 대한 해박함이 넘친다. 수많은 역대 자료를 종횡으로 섭렵하고, 철저한 고증을 통해 그동안 묻혀 있었던 역사적 사실을 새롭게 밝혀내고 조명하는 것이야말로 당 씨의 특장이라 할 만하다. 또 그가 보여준 문사겸전(文史兼全)의 학문 방법은 전통 시대의 학문 방법이 오늘날까지도 얼마나 유효하고 필요한지를 실증하였다.

《최치원 신연구》(2004)는 당 씨의 학위 논문(원제 : 신라 문호 최치원 연구)을 한림대학교 아시아문화연구소에서 번역, 출간한 것이다. 본서는, 제1장 최치원의 출생과 사망 연대, 제2장 최치원의 본적과 가보(家譜), 제3장 당나라에서의 최치원의 사적, 제4장 최치원의 시문 정리와 수집, 제5장 최치원과 당대 빈공진사에 대한 고증, 제6장 최치원과 나·당 문화 교류, 제7장 한 이국(異國) 막료가 기록한 당말 실록(實錄) 등 모두 7장으로 구성되었다. 최치원 재당 시절의 활동에 초점을 맞추었다. 신라와 당나라 사이의 문화 교류를 문헌 실증적으로 파헤친 점이라든지, 《계원필경집》의 사료적 가치를 크게 부각하였다는 데서 이 책이 지닌 의의를 찾을 수 있다. 최치원의 문학이나 철학 사상, 역사의식 등을 정면에서 다룬 것이 아니고 크게 보아 '재당 시절의 생애'를 고증하고 재구성한 것에 불과하다. 그럼에도 우리가 이 책을 주목할 수밖에 없는 것은, 아직까지 최치원의 재당 시절 발자취에 대해 더 많은 연구가 필요하고, 또 바로잡을 부분이 많다는 현실적 이유 때문이다.

사실 이제까지 최치원의 생애에 대한 연구는 그의 명성에 비해 부진함을 면치 못하였다. 이마니시의 〈신라최치원전〉이 발표된 뒤로 최치원에 관한 논문과 저술이 적지 않게 나왔지만, 그의 생애에 대하여 비교적 만족할 만큼 상세하고 밀도 있게 다룬 것은 사실상 없었다. 《삼국사기》, 〈최치원전〉에 실린 내용을 옮겨 놓다시피 한 것이 대부분이다.[3] 최치원이 당나라에 들어가 수학하고 활동했던 시기가 미개척지로 남아 있고, 신라로 돌아와서 여러 벼슬을 지내다가 입산하여 은거한 이후의 일은 증거될 만한 것이 없다시피 하여 고증이 어렵다.

그러나 실제로는 말년의 일을 제외하고는 최치원이 남긴 글을 철저히 분석해 보면 재구성이 불가능한 것이 아니다. 대다수 사람들이 손쉽게 《삼국사기》, 〈최치원전〉에만 의지하여 마치 그 내용 이상의 탐구가 불가능한 것인 양 생각하는 것이 문제요, 또 최치원의 글이 모두 난해한 변려문인 까닭에 연구자들이 이용을 기피하는 것이 문제라 하겠다. 이러한 즈음에 《계원필경집》을 주요 자료로 다룬 《최치원 신연구》가 나와 최치원의 재당 생애와 관련하여 새로운 경지를 개척한 것은 고무적인 일이다. 이것은 최근 일본 큐슈대학(九州大學)에서 나온 '최치원찬 《계원필경집》에 관한 종합적 연구'[4]와 함께,

---

3) 최치원의 생애를 연구하면서 《삼국사기》, 〈최치원전〉의 테두리를 벗어나고자 시도했던 선구적인 학자는 오주 이규경이라고 생각한다. 그는 일찍이 서유구가 《계원필경집》을 간행할 때 교열을 맡았는데, 《오주연문장전산고》 권49, 〈최문창후사적변증설〉에서는 그간 학자들이 별로 참고하지 않았던 《계원필경집》을 중요하게 다루어 최치원의 在唐 생애를 복원하는 데 힘썼다.

4) 九州大學 교육 연구 프로그램, 연구 거점 형성 프로젝트 B-2(13042), 2001~2002, 연구책임자 濱田耕策.

외국인에 의해 이루어진 최치원 연구의 양대 성과라 할 만하다.

본서에서 우리의 이목을 끄는 것은 제3장부터라고 할 것이다. 제3장에서는 재당 시절 최치원의 활동과 발자취를 생생하게 그려 냈다. 율수현에서의 현위(縣尉) 생활과 회남(淮南) 막부(幕府)에서의 활동상을, 《계원필경집》을 토대로 하면서 중국의 여러 자료를 동원하여 유기적으로 엮었다. 더욱이 최치원이 28세 때 당나라 생활을 접고 신라로 돌아올 수밖에 없었던 원인을 고증한 데서는 생생함이 정도를 더한다. 당시 회남 막부 안에서 급박하게 돌아가던 여러 가지 상황 전개 및 최치원과 고병 사이의 관계 변화를 논하는 데서는 탄탄한 고증도 훌륭하지만 설득력 있는 추리도 빛난다. 이로써 우리는 "나이 28세가 되었을 때 치원이 본국으로 돌아가서 어버이를 뵈려는 뜻을 가졌으므로, 당나라 희종 황제가 그 뜻을 알고는 조서를 가지고 돌아가게 했다"는 〈최치원전〉의 내용이, 귀국의 원인을 서술한 것치고는 너무나 고심한 흔적이 없고 엉성함을 느끼게 된다.

제4장에서는 최치원의 시문을 수집하고 정리하는 문제를 제기하였다. 이것은 국내에서도 이미 꾸준히 제기되어 왔던 문제이고, 본서에서 논한 내용 역시 크게 다를 바 없다. 다만, 국내에서 중요성을 제대로 인식하지 못하고 있는 《계원필경집》의 가치와 의의를 크게 부각했다는 점은 특기하지 않을 수 없다. 그가 《계원필경집》을 '당말 실록'이라 한 데서 《계원필경집》의 사료적 가치를 어느 정도 높이 평가했는가를 짐작하게 한다. 어떤 면에서는 최치원 연구보다도 중국의 역사 연구를 위해서 더 큰 의의를 부여한 것 같기도 하다. 당 씨는 《계원필경집》의 판본과 계통을 고증하면서, 조선 순조 34년(1834)에 풍석 서유구가 취진자(聚珍字)로 간행한 조선본 《계원필경집》이 중국의 해산선관총서본(海山仙館叢書本 : 1847), 사부총간본(四部叢刊本 : 1919)에 비해 판본이 우수하고 내용이 정확함을 증명하였다. 그러면서도 18개의 사례를 통해 오자 및 오류를 잡아냈는데(121~129쪽), 고증 하나하나가 형안(炯眼) 아님이 없다. 이것은 앞으로 최치원의 시문집 및 《계원필경

집》을 교감, 정리하는 데 본을 보인 것이라 할 수 있다. 오래지 않아 그의 감식 높은 안목으로 교감한 《계원필경집》이 나오기를 고대해 마지않는다.

제5장에서는 당대 빈공진사 제도에 대해 집중적으로 고찰하였다. 이는 당대 과거 제도에 대한 문제인 동시에 한중 문화 교류와도 긴밀한 관계를 가지는 것이다. 당 씨는 한국의 여러 자료에서 최치원이 빈공과에 급제하였다고 기술하고 또 후대 학자들이 이를 무비판적으로 따르는 것에 대하여 치밀하게 변론(辨論)을 전개하였다. 그리고 당대에 빈공과는 존재하지 않았으며 '빈공진사'를 빈공과로 잘못 인식한 것이라고 결론지었다. 이것은 당 씨의 탁견이라 할 만하다. 종래 자세한 검토나 연구 없이 '빈공과' 운운해 오던 것이 앞으로는 시정되어야 할 듯하다. 다만 신라 출신 빈공진사에 대해 논하면서 그와 무관해 보이는 인물들을 나열한 것이라든지, 신라인들의 '서학(西學)' 풍조를 단순히 당나라 문물에 대한 동경과 신라 국학의 수준 낮은 유학 교육에서 비롯된 것으로 결론지음으로써 정치적 사회적 배경에 대한 이해를 보여 주지 못한 것은 아쉬운 점이라 하겠다.

제6장에서는 최치원의 저술, 특히 국서(國書)에 나타난 내용을 통해 당 말 나・당 문화 교류의 여러 양상 등을 고찰하였으며, 나・당 교류의 주요 거점이었던 양주(揚州)에서 활동하던 신라인에 대해 살폈다. 이 장에서 특별히 돋보이는 것은 최치원과 당말 문인들의 교유를 자세히 서술하였다는 점이다. 이는 당나라에서 전개된 최치원의 구체적인 활동과 함께 국제적 위상을 살피는 데도 중요하다고 하겠다.

제7장에서는 《계원필경집》의 사료적 가치를 극대화하고 있어 주목된다. 《계원필경집》의 사료적 가치는 당 씨에 앞서 중국의 여러 선학들이 언급해 온 바이다. 최치원이 회남 막부에서 쓴 공사(公私) 간의 여러 문첩(文牒)은 당말의 역사적 상황을 살피는 데 매우 중요한 사료이다. 특히 중국에서 자료가 없어지거나 기록이 자세하지 못한 것을 보완해 주는 가치가 있다는 것이 중국 학자들의 공통된 견해이다. 난해한 변려문으로 되어 있고 또 중국에 관

계된 내용 일색이라는 점에서 국내 학자들이 이용을 기피하고 그 가치를 제대로 인식하지 못하는 것과는 대조적이다. 이 장에서는 당 말에 갈등과 쟁투로 점철되었던 동남 방진(方鎭) 간의 복잡하고 미묘한 관계가 핍진하게 그려져 있고 또 회남 막부의 내부 기구가 자세히 밝혀져 있어, 만당 시기의 역사 연구에 그 중요성이 높다. 한마디로 이 장에는 최치원에 대한 연구에 앞서 당 말의 시대 상황을 엿볼 수 있는 수많은 자료들이 제시되어 있어, 최치원 연구와 관련하여 부수적으로 얻는 성과가 퍽 크다고 생각한다.

그러나 이 책은 성과가 풍성함에도 한계가 없지 않다고 본다. 당 씨는 이 책에서 일관되게 중국과의 관계를 염두에 두고 연구를 수행하였다. 최치원 개인에 대한 관심보다도 나·당 간의 문화 교류를 우선시하여 다룬 측면이 있으며, 당 문화의 우월성을 은근히 부각하는 방향으로 서술된 대목도 없지는 않다. 이것은 그가 중국인이기 때문에 자연스러운 일이고 또 불가피한 측면이 있기는 하지만, 중요한 것은 최치원이 어디까지나 신라인이라는 사실이다. 궁극적으로는 최치원에게 초점을 맞추어야지 중국과의 관계에 주안을 둘 수는 없다고 본다. 그리고 중국 측의 문헌 자료나 논문, 저서 등은 퍽 방대하고 면밀하게 수집하여 이용하면서도, 한국 측의 연구 논저는 중국어로 번역, 출간된 소수의 것을 제외하면 거의 인용하지 않고 있어 아쉬움으로 남는다. 한국 학계에서 이미 이루어 놓은 상당한 수준의 성과마저도 수용, 섭취하지 못한 것이 상당하다. 이것은 학술 교류상 커다란 한계라 할 수 있을 것이다.

이 밖에 오자와 탈자 및 번역상의 부실이 꽤 많다. 물론 번역자가 최치원을 전공한 이가 아닌 데다가, 그것도 변려문투성이의 인용문을 완벽하게 번역한다는 것이 처음부터 불가능했을지도 모른다. 그러나 최치원 전공자가 책임 감수를 했음에도 번역상의 오류는 물론 사실 관계의 고증 등 여러 곳에서 잘못이 걸러지지 않은 채 출판된 것은 유감이라 하지 않을 수 없다. 예를 들어 〈무염국사비〉에 나오는 박옹(朴邕)을 '권옹(權邕)'이니 '권읍(權邑)'으로 오기, 오독한 것(182쪽)이라든지, 최인연과 최언위를 각각 다른 사람으로 논술한 것(182~183쪽) 등이 그 본보기이다. 논자가 원저를 직접 보지는 못했으나 저본상(底本上)의 오류도 없지는 않았을 듯하다. 원저자가 자료를 명백히 잘못 인용하였을 경우 이를 바로잡아 번역하고, 그 사실을 각주에 명기해 주는 것이 옳은 방법이 아닐까 한다.

요컨대 이 책은 몇 가지 아쉬움도 있지만 '최치원 신연구'라는 제목에 어긋나지 않게, 국내의 연구 성과를 보완할 수 있는 많은 자료를 제공하였다. 종래 취약한 부분으로 남아 있던 재당 시기 최치원의 활동이 상당한 수준으로 정리된 만큼, 최치원 연구를 한 단계 끌어올렸다는 평가가 지나치지 않으리라고 생각한다. 끝으로 저자 당은평 씨에게 두 가지를 당부하고 싶다. 첫째, 저자의 최치원 연구는 최치원 한 사람을 연구하는 데 그치는 것이 아니고 한중 간의 학술 교류 내지 문화 교류에서 중요한 의미가 있는 것이므로, 한국 측의 연구 성과를 수용, 섭취하는 데 유념해 주기 바란다. 둘째, 앞으로 연구의 폭을 넓혀 문학·역사학·철학 사상 등 다방면으로 연구 업적을 쌓아 주었으면 하는 바람이 크다.

찾아보기

【ㅂ】

【ㅅ】

【ㅇ】